처용가와 현대의 문화산업

처용가와 현대의 문화산업

처용가와 현대의 문화산업

허 혜 정

글누림

저자 **허혜정**

1966년 경남 산청 출생
1987년 한국문학 신인상 수상
1995년 현대시 평론상
1997년 중앙일보 신춘문예 평론상
시인, 평론가. 시문화 운동가
현재 한국사이버대학교 문예창작학부 교수

저서 『혁신과 근원의 자리-한국근대낭만주의 시와 불교적 사유의 만남』,
『현대시론』 1, 2권, 『멀티미디어 시대의 시창작』, 『에로틱 아우라』,
공저 『시를 써야 시가 되느니라』, 『시창작이란 무엇인가』, 『낙화』 등 다수

글누림 문화예술 총서 ❹

처용가와 현대의 문화산업

초판인쇄 2008년 4월 21일
초판발행 2008년 4월 30일
지 은 이 허혜정
펴 낸 이 최종숙
책임편집 이소희 안유미
편   집 권분옥 양지숙 김지향
펴 낸 곳 글누림출판사
주   소 서울시 서초구 반포4동 577-25 문창빌딩 2층
전   화 02-3409-2055 | 팩시밀리 02-3409-2059
홈페이지 http://www.geulnurim.co.kr
이 메 일 nurim3888@hanmail.net
등록번호 2005년 10월 5일 제303-2005-000038호

ISBN 978-89-91990-94-4 03330
정 가 18,000원

머리말

*

　본 저술은 수많은 현대시인들뿐 아니라 문화인들의 미적 탐구의 표적이 되어왔던 「처용가」를 통해 문학과 문화의 접점 및 현대문화산업의 미래를 생각해보고자 하는 의도에서 기획되었다.

　「처용가」는 그 수사적 충격이나 저자에 대한 특이한 이해, 전승의 역사, 광범위한 문화적 파장, 대중적 호응력, 현대문화와 문학에 끼친 영향력에 있어서까지 엄청난 콘텐츠를 가진 작품으로, 현대문화의 미래적 향방을 가늠하기 위해서도 반드시 의미심장한 접근을 필요로 하는 작품이다.

　본 저술은 십수세기에 걸쳐 한국문학사에 당당히 살아있는 「처용가」라는 한 편의 박력있는 작품이, 우리의 현대문화에 어떤 엄청난 파장을 끼쳤으며, 문화적 실행에 있어 어떤 미래적 비전을 제시하는가를 다양한 측면에서 논의해본다. 문학사적인 측면에서 처용전승에 관한 서지적 연구, 설화연구, 주제와 형식 등의 특질을 추적한 논문은 대단히 방대하여 현재 320여 편의 논문 및 저술이 생산된 실정이지만, 현대의 문화콘텐츠 분야에서의 학술적 탐색은 전무하다시피 하여, 본 저술은 「처용가」로부터 생성변형된 문학적 감수성과 문화적 여파, 현대문화에서 진행되고 있는 콘텐츠들의 의미, 그 풍속적 자취를 아랍문화와의 연계선상에서 폭넓게 짚어본다.

현대문학, 특히 시를 연구하는 학자로서 필자는 오래 전부터 「처용가」에 상당한 관심을 가져왔다. 현대시사에서 가장 혁신적인 시인들은 「처용가」를 통해 그 창조적인 정신을 쇄신했으며, 일례로 김춘수, 신석초, 정일근과 같은 무수한 현대시인들은 일종의 '처용계보'를 형성할 만큼 「처용가」의 압도적인 영향 하에 놓여있기 때문이다. 이는 문학적 관점에서 충분히 흥미를 가질 만한 요소이다. 이렇게 「처용가」가 천 삼백여 년의 전승역사를 거쳐 현대문학 / 문화에 이르기까지 면면한 문학적 생명력을 가질 수 있는 까닭은 무엇인가? 이런 질문을 가지고 출발한 이 글은 처용계보의 현대시를 연구하기 위한 전초적 탐구로서 「처용가」와 처용의 문화에 대한 심도 있는 고찰이 필요하다는 판단에서 감행되었다. 하지만 현실적인 여건상, 현대의 문화진영에서 축적된 창

작물과 연구물들을 일일이 세밀하게 검토하는 작업은 그 분량상
으로 볼 때 거의 불가능한 작업이라고 해도 과언이 아니다. 이 저
술을 쓰는 동안에도 인터넷 등의 공간에서 처용관련 텍스트는 생
성되고 있는 '과정'이며, '처용'이라는 이름 하에 판타지소설 등
이 70회를 넘기며 생산되고 있는 판이다. 매해 송년 시즌마다 공
연되는 처용 관련 연주회며 공연물들은 또 얼마란 말인가.

때문에 본 저술은, 거시적으로 '처용'의 전승맥락이라는 통합
적 시각을 확보하면서, 주목할 만한 텍스트 및 자료들을 미시적
으로 검토하여, 그동안 연구에서 간과되어왔던 처용관련 문화콘
텐츠에 대한 아우트라인을 제공하고자 한다. 매일같이 다양한 방
식으로 '처용'이라는 표제를 달고 새로운 텍스트가 방류되고 있
는 형편을 감안해보면, 일단 처용관련 문화콘텐츠에 관련된 연구
는 처용관련 텍스트라고 여겨질만한 범주의 확정, 자료발굴, '처
용'에 대한 대중의 문화적 인식에서부터 검토되어야 할 필요가
있다. 하지만 상이한 예술장르의 자료들을 수집 · 정리 · 확정하
고 검토해야 하는 광대한 작업은 본 저술이 간행된 이후에도 지
속적으로 수행되어야 할 작업이며, 본 저술에 지나친 과부하를
가져올 수 있는 것이다. 또한 각 처용관련 콘텐츠의 맥락을 어떻

게 해석, 연관시키고 배치할 것인가 하는 통합적 의미화의 문제
도 쉬운 일은 아니기 때문에, 이 연구에서는 대중에게 다소 널리
알려진 처용관련 문학 / 문화텍스트, 혹은 현재 개발되고 있는 특
이한 작품이나 해석에 초점이 맞춰져 있다. 이는 현대문화의 키
워드인 '새로움'이란 문제를 온고지신해볼 수 있는 계기가 되기
도 할 것이다.

*

　본 연구가 형성되어온 과정을 밝히고 싶다. 현대문학 연구자인
필자가 고전문학에 대한 강렬한 흥미를 가지게 된 계기는 국문학
계의 저명한 학자이시자 필자의 은사님이신 임기중 교수님의 「향
가」 강좌로부터 비롯되었다. 학부 3학년 때, 향가문학을 중심으
로 한 고전시가 강좌에서 임기중 교수님께서는 처용의 아랍도래
설이라는 김용범 선생의 입론을 소개해주셨고, 그 특이하고 매력
적인 학설을 나는 오랫동안 문학적 화두처럼 간직해온 셈이다.
특히 향가문학을 주술적 관점에서 읽어내신 선생님의 연구서는
학부시절은 물론, 박사과정까지 고전문학 강좌를 기웃거리게 한

커다란 계기가 되었다. 박사과정까지 필자는 선생님의 가르침으로 알찬 노트를 소장할 수 있게 되었고, 중국시론에 이르기까지 고전문학에 대한 강렬한 흥미와 눈을 뜨게 해주신 선생님의 은덕으로 필자는 현대문학 연구자이긴 하지만 향가나 가사같은 고전문학 연구논문을 틈틈이 발표해왔다. 그중에는 2004년 동서비교문학회에서 발표한 「'처용가(處容歌)'를 통해 본 달의 에로티즘 연구」(『동서비교문학저널』 제10호(2004년 봄, 여름호), 2004년 동서비교문학회 춘계심포지엄 발표 및 동학회지 수록)이라는 논문이 포함된다.

　「처용가」에 관해 발표한 첫 논문에서 필자는 아랍의 후벌신앙(달신앙)과 한국의 달신앙을 연계시켜 「처용가」를 채색하고 있는 독특한 마적인 정조에 대한 특질을 규명하였다. 즉 아랍의 문화기류가 「처용가」의 생산에 어떻게 작용하였으며 그것을 통해 생성 변형된 이색적인 특질들을, 처용과 관련된 여러 전승물들의 도움을 받아, '달' 이라는 코드를 통해 중점적으로 규명했다. 여기에서 본인은 처용의 정체에 관한 수많은 학설*을 설득력있게 받

---

* 이용범, 「처용설화의 고찰 ─ 당대 이슬람상인과 신라」, 『진단학보』 32, 진단학회, 1969 ; 『대동문화연구』 별집1, 성균관대, 1972 ; 『향가연구』 국문학논문선Ⅰ, 민중서관, 1977.

아들이며, 처용이 아랍인임을 '달'의 상징을 중심으로 한 구체적인 작품분석을 통해 주장하였다.

「처용가」에 관해 더욱 깊이 있게 연구해볼 계기를 가지게 된 것은 고려가요와 스페인 안달루스 지역의 무왓샤하트를 연구하는 학술진흥재단 지원의 기초인문학 분야 프로젝트였다. 2005년 9월에 개시된 이 프로젝트는 한국의 고려가요와 아랍문화의 자장 속에 있는 스페인 안달루스 지역 시문학과의 연계선을 짜는 연구였지만, 현대문학 전공자인 내게는 도대체 현대문학 / 문화진영에서 아직도 대중들의 열광을 불러일으키는 처용 열풍의 비밀은 어디에 있는 것인가? 이러한 질문이 앞섰음을 고백해야겠다. 그래서 필자의 연구는 고전문학으로서의 「처용가」와, 아직도 면면히 살아있는 현대의 처용 관련 문화콘텐츠에 대한 이중의 초점을 유지하게 되었다.

2005년 9월 본격적으로 프로젝트가 개시된 이후 필자는 몇 차례의 학술논문발표를 통해 처용의 정체를 실크로드를 중심으로 한 아랍권 문화와 연관시켜 구체적으로 조명한 바 있다. 먼저 2006년 2월 10일 서강대학교 인문관에서 〈〈처용가〉와 현대의 문화콘텐츠〉(『현대문학의 연구』 28호 수록, 한국문학연구학회, 200년 3월

발간)를 발표하며 처용 문화콘텐츠의 현황과 처용의 문화가 본래적으로 내장하고 있는 국제적인 속성을 세밀하게 짚어 발표하였다. 2006년 4월 22일 단국대학교 서관에서 발표한 〈아라비안 나이트, 실크로드 그리고 ‘처용’의 문화〉(〈중세 아랍 시문학의 자장 속에 존재했던 안달루스 무왓샤하트와 고려가요의 비교연구〉 학술대회, ‘단국대학교 아시아 아메리카 문제연구소’ 주최)를 발표하며 「처용가」와 실크로드를 중심으로 느리게 퍼져온 『천일야화』와 중앙아시아에 널리 분포되어 있는 삼각관계 모티프의 연관성을 논증하였다. 또한 처용의 아랍 도래설을 더욱 깊이 논증하기 위해 동일한 제목인 〈천일야화, 비단길, ‘처용’의 문화〉라는 표제로(동서비교문학회 2006년 춘계 학술대회 발표. 『동서비교문학저널』 14호 수록. 2006. 6) 2007년 8월 일본 가나자와에서에서 열린 ASLE Japan-Korea joint Symposium에서 "The Arabian Nights", the Silk Road, and erotic motif in 'Cheoyongga(處容歌)'를 발표하며 ("Place, Nature, and Languag" session1. 발표 및 합동논문집 수록) 처용의 문화와 수피즘의 연관성을 규명하였다.

"고려가요와 아랍, 스페인이 연관되어 있다"는 학문적 아이디어를 학술적인 연구주제로 끌고 갈 수 있었던 데는 실로 임기중 선생님과 단국대학교 아시아 아메리카 연구소의 고혜선 교수님의 도움이 가장 결정적이었다. 두 분께서는 연구가 진행되는 동안 학술적 영감과 에너지를 불어넣어주심은 물론 구체적인 조언과 도움도 아끼지 않으셨다. 두 분 교수님의 도움은 전적으로 이 저술 전체에 걸쳐져 있다. 연구가 진행되는 동안에 행보를 같이 해온 젊은 동료 교수님들이 계시다. 중세 아랍과의 교역상황에 대한 대단히 어려운 역사적 논증을 감행해오신 젊은 역사학자 김철웅 선생님, 훌륭한 번역가이자 스페인 문학 연구자이신 윤선미 선생님, 감탄할 만한 문화사적 지식과 스페인 문학에 대한 해박한 식견을 지니신 김승기 선생님, 한국 유일의 아랍 현대시 학자로서 빛나는 연구역량을 과시하고 계신 임병필 선생님이 그분들이시다.

특히 고전문학 진영에서 훌륭한 학술적 명망을 쌓고 계신 김명준 선생님은 수많은 학술서지와 연구물을 제시해 주심으로써 내게 너무나 큰 도움을 주셨다. 『삼국유사』에서 발췌된 처용 본문 이외의 전승텍스트들은 김명준의 『고려속요집성』(도서출판 다운샘, 2002)에서 발췌하였음을 분명히 밝힌다. 현대문학 연구자인 내게 김명준 선생께서 다각적으로 베풀어주신 감사한 도움은

이 저술 전체를 관통하고 있다. 그리고 본인의 학술적 입론을 발표할 수 있도록 배려해준 여러 학회에도 감사를 표해야 마땅할 것이다.

필자가 오래도록 몸담아온 사이버 공간의 시문화 운동의 오랜 동반자인 장경기 멀티포엠 아티스트는 처용을 주제로 한 디지털 텍스트 관련 콘텐츠를 기획하는 데 행보를 같이해 왔다. 그리고 본 연구에 착수하기 전부터 아랍문화에 깊은 매력을 느끼게 해준, 해박한 문화적 식견을 가진 독실한 무슬림 친구 Kahn이 있었음을 밝힌다.

무엇보다 학술발표회장에서 「처용가와 현대의 문화콘텐츠」 발표를 들으시고 출간을 진행해 주시기로 한 글누림출판사 최종숙 사장님의 은덕에 깊이 감사드리고 싶다.

2008. 4.

허 혜 정

'처용' 관련 필자의 연구 및 발표 이력

1. 〈처용가를 통해 본 달의 에로티즘 연구〉

2004년 5월   동서비교문학회 춘계 학술발표대회 발표 논문

2004년 6월   『동서비교문학저널』 10호 수록 논문(한국동서비교문학회)

2. 〈처용가와 현대의 문화콘텐츠〉

2005년 2월   한국문학연구학회 학술발표대회 발표 논문

2005년 3월   『현대문학의 연구』 28호 수록 논문(한국문학연구학회)

3. 〈아라비안 나이트, 실크로드, 그리고 '처용'의 문화〉

2006년 4월   "중세 아랍 시문학의 자장 속에 존재했던 안달루스 무왓샤하트와
고려가요의 비교연구" 학술대회 논문집 수록(단국대학교 아시아
아메리카 문제연구소 주최)

2006년 5월   동서비교문학회 춘계 학술대회 〈천일야화, 비단길, '처용'의 문화〉
라는 표제로 논문 발표

2006년 6월   〈천일야화, 비단길, '처용'의 문화〉 『동서비교문학저널』 14호 수록
(한국동서비교문학회)

4. 디지털 텍스트 개발 (국내 등재지 학술심포지엄 및 국제 학술심포지엄 발표작)

2006년 5월   Young Writer's festival(한국번역원 주최) 포럼에서 〈처용가와
                나의 문학적 실험〉 발표

2006년 4월   '단국대학교 아시아 아메리카 문제연구소' 주최 학술심포지엄
                〈처용의 도시〉, 〈역신의 노래〉 등 처용관련 개발 디지털 텍스트
                3부작 발표(단국대학교)

2006년 11월   국제어문학회 월례발표회. 〈처용가와 토털콘텐츠〉 발표 및 디지털
                텍스트 상영(성신여대)

5. "The Arabian Nights", the Silk Road, and erotic motif in
   'Cheoyongga(處容歌)'
   2007년 8월 일본 가나자와 ASLE Japan-Korea joint
   Symposium "Place, Nature, and Languag" session1에서 논문
   발표. "Place, Nature, and Languag" session1. 발표 및 합동
   논문집 수록(문학과 환경학회)

6. 멀티포엠 방송국 토탈 콘텐츠 처용 교육자료 개발(www.multipoem.com)

7. CD롬 개발 『멀티포엠 아티스트 작품선』 허혜정 편저, 장경기 연출(2006년
   시와사상사) 처용을 주제로 한 디지털 텍스트 〈검은 아내〉 수록

8. 콘텐츠화 현황 : 2006 울산의 〈처용제〉를 겨냥하여 처용 관련 관광문화자원이
   될 테마파크 구성을 기안하고 프리젠테이션
   현재 허혜정 총기획 / 장경기 연출로 애니메이션 개발 추진 중

차 례

1

세계화 시대의 문화전략과
문화재 콘텐츠산업의 필요성

1. 디지털 헤리티지(Digital Heritage) 콘텐츠 개발의 중요성

오늘날 국경을 초월한 '자유무역'의 바람 속에 문화적 교류가 늘어나면서 대중의 기호와 유행, 사상에 이르기까지 전 세계는 급속히 하나가 되어가고 있다. 국가 간의 상호교류와 연대성이 강화되면서 국익차원의 문화수출과 문화적 정체성의 확보를 위한 문화 전략과 담론의 확보는 이른바 세계문화의 확장과 더불어 우리 학계의 절박한 문제로 놓여있다. 이러한 현실에서 한국의 문화산업은 그 잠재적인 성장가능성으로 인해 국가적인 차원에서도 대단히 주목받고 있는 상황이다. 2004년 한국신용평가정보 조사에 의하면 한국의 문화콘텐츠 사업은 세계 52개국 중 종합순위 9위에 이르고 있는 실정이다.[1] 아울러 2005년 3월 아시아문화산업교류재단이 산업정책 연구원(IPS)에 의뢰해서 조사한 연구 결과에 의하면, 텔레비전 드라마로부터 시작된 한류의 경제적 효과는 4조 5,000억에 이르는 것으로 나타났다.[2]

문화적 오리엔탈리즘이나 '미국화'의 경계심을 노출했던 아시아 문화시장에서 '아시아 문화'의 기류를 주도적으로 장악해 나가고 있는 한국에 대한 반기류도 만만치 않은 현실이기에, 그러할수록 '세계성'과 '지역성'의 공존을 모색할 수 있는 문화자원의 발굴은 더욱 시급한 문제로 던져져 있다 할 수 있다. 여러 모로 보아 세계화 시대의 문화시장에서 한국문화의 독특성을 보존하고 세계시장에서 상품화시킬 수 있는 콘텐츠의 개발은 우리 학계에 던져진 최우선의 과제라고 해도 과언이 아닌 것이다.

이른바 국제화와 더불어 급박하게 진행되고 있는 '문화전쟁' 시대에 문화관광부와 한국문화콘텐츠진흥원에서는 문화산업의 창작기반 조성과 체계적인 육성을 위해 2003년도부터 우리 문화원형의 디지털 콘텐츠화 사업 및 문화콘텐츠 기술개발 사업 정책과제를 적극 추진하고 있다. 이는 고구려의 유적이나 농악무와 같은 고유문화를 중국이 자국의 무형문화재로 등록(2006. 6)하고 자신의 문화자원으로 편입하고자 하는 정책 등에서도 엿보이듯이 문화전쟁 시대는 이미 급박하게 진행되고 있다. 현재 문화재를 콘텐츠화하고자 하는 국가정책은 문화유산화 추진, 고품질의 문화콘텐츠를 제작·공급할 수 있는 핵심성장기반을 조성하고, 문화콘텐츠 산업의 체계적인 육성을 위한 기반 조성 및 기술 개발 지원을 목표하는 것으로 국제화 시대의 문화시장에서 국가적 경쟁력을 확보하기 위함이라 할 수 있다.[3]

또한 오늘날 문화콘텐츠 산업은 "막대한 경제적, 문화적 파급효과를 일으키는 고부가가치 산업"이며 "문화콘텐츠 산업의 성공여부는 거기에 담긴 내용의 독창성에 의해 판가름 난다고 해도 과언이 아니며, 이러한 독창성을 확보하기 위해서는 우리 고유의 전통문화를 되살려 시대적 요구를 창조적으로 수용, 새롭게 창출하는 것이 핵심키"라고도 할 수 있는 것이다.

이렇듯 국가적 차원에서 문화산업 육성 방안으로 다양한 정책이 모색되고 있는 상황에서 한국문학·문화의 핵심축을 이뤄온 「처용가(處容歌)」와 처용의 문화는 매우 중요한 문화산업의 리소스가 아닐 수 없다. 잘 알려져 있다시피 신라 향가 「처용가」에서 발단된 처용의 문화는 중요무형문화재 39호 및 지방문화재 등으로 지정되어 있지만, 아직 처용의 문화에 대한 디지털 헤리티지화에 대한 관심은 미미한 수준이다. 하지만 전통문화콘텐츠 산업 육성 및 문화콘텐츠 개발을 위한 디지털 리소스를 확보함과 동시에 전통문화의 현황을 보존하고 문화산업화 시키기 위해서 처용의 문화는 대단히 문제적으로 돌아보아야 할 우리 전통문화의 용광로와도 같은 것이다. 지역축제와 문화시설 등을 연계한 문화콘텐츠 개발, 문화원형을 응용한 관광 상품 등 현대 문화콘텐츠 산업에 있어 처용의 문화는 가장 빼어난 상상력의 용광로라 해도 과언이 아니기 때문이다. 특히 중요무형문화재 39호로 지정되어 있는 처용무는 우리 전통문화의 핵이라고 해도 과언이 아닐 정도로 중요한 문화자산이기에 입체영상의 저장이 필수적이며 이는 국가문화는 물론 관광 홍보자료 및 영상물을 통한 전통문화원형의 보존, 지역문화재의 육성을 용이하게 해줄 것이다. 뿐만 아니라 처용의 문화에서 발단된 현대의 처용무, 무용극, 오페라 등의 사례도 디지털 콘텐츠화 할 필요가 있다.

2002년부터 시작된 우리 문화원형의 디지털콘텐츠화 작업과정과 그 응용방안을 담은 자료집 『문화원형 콘텐츠 총람』(한국문화콘텐츠진흥원 발간)에 의하면, 진흥원은 디지털 시대에 창작소재로 활용가능한 전통문화 콘텐츠를 발굴하고, 그것의 디지털화 작업을 지속해왔다. 총 61개 과제 개발을 완료한 데 이어 현재 40여 개의 새로운 과제 개발을 추진하고 있는 현실에서, 처용 문화콘텐츠에 대한 학술화 작업 및 프로젝트가 추진된 바 없다는 사실은 매우 놀라운 일이다. 처용의 문화는 그 전승의 역사나 문화적 파급력, 대중적 장악력은 물론 우리 현대문화 시장에서 가장 이목을 집중시키고 있는 문화자산이기 때문이다. 처용관련 문화자산의 보전과 문화상품화에 있어 디지틸 콘텐츠화 작업은 가장 선차적이고 필수적인 것이다.

2. '처용' 문화재 디지털 콘텐츠의 필요성과 육성방안

한국문학사에서도 그 유래를 찾아볼 수 없는 이색적인 작품이면서도, 가장 생명력 있는 정전으로 확고하게 자리매김 되어온 「처용가(處容歌)」는 본래 신라시대의 향가로서 창작되었다. 지배층의 고급한 장르로서 향유되던 향가가 속요라는 기층민의 시가로 확장 수용되는 과정에서 「처용가」는 일등공신으로서의 역할을 담당했다고 할 수 있다. 단 한편의 시가로서 국가문화 전체에 미친 거대한 영향을 보면, 「처용가」는 세계에서도 그 유래를 찾아보기 힘들만큼 전무후무한 기념비적 작품이라 해도 과언이 아니다. 실제로 「처용가」는 대단히 폭넓은 문학적 호소력을 발휘하며 궁중예술, 굿거리, 세시풍속 의례 등 광범위한 문화적 전승역사를 가지고 있음은 물론, 풍부한 민속학적 자료로서의 가치를 충분히 인정받아왔고, 한국의 전통예술, 현대문학과 문화진영에 끼친 파장 등을 고려해보더라도 확실한 대중적 장악력을 가진, 과거와 현재의 경계를 넘어서는 너무나 중요한 문학텍스트이다.

이러한 「처용가」에서 발단된 처용의 문화는 한국의 문화사에서 그 유래를 찾아보기 힘들 만큼 제도권의 선택 속에 적극적으로 장려되어왔으며, 동시에 민주적인 대중의 '선택'에 의해 가장 폭넓게 오래도록 향유된 문화자산이라는 점에 주목할 필요가 있다고 본다. 처용 관련 문화재나 풍속, 민속자료 등은 거의 우리 문화의 전영역이라 할 만큼 광범위한 영역에 걸쳐져 있기에 콘텐츠의 범위 또한 그 범위가 상당히 광범위할 수밖에 없다. 현재 중요 무형문화재 39호로 지정된 처용무의 보전을 비롯해, 중요사적, 명승지와 같은 관광자원이 되어있는 지방문화재, 민예품, 미술과 같은 중요자료, 서지 등은 물론, 생활문화 콘텐츠에 대한 광범위한 포지셔닝도 필요하다. 현재 문화시장에서 지속적으로 생성되고 있는 처용 문화에 관련된 정보들이 디지털 콘텐츠화된다면 시간과 공간의 제약 없이 문화재 관련 자료, 교육 홍보 자료 및 문화시장에서의 상품으로도 그 활용 범위가 넓어지게 된다. 특히 3D나 VR, 동영상 등의 멀티미디어 콘텐츠로 한 단계 더 가공될 경우 파급 효과는 엄청나게 커진다. 처용전승

물들과 관련된 드라마틱한 요소를 영화, 드라마, 애니메이션 등으로 가공한다
면 문화재나 민속자료로서의 가치는 물론, 연구자료, 교육자료로서의 효과를
거둘 수도 있고, 게임과 같은 각종 디지털 매체의 소재나 배경 등으로도 활용
가능하다. 즉, 하나의 원천콘텐츠가 다양한 문화산업에 적용되고 무한 가공이
가능한 원 소스-멀티 유스(one source-multi use) 개념의 모범적인 사례가 될
것이다.

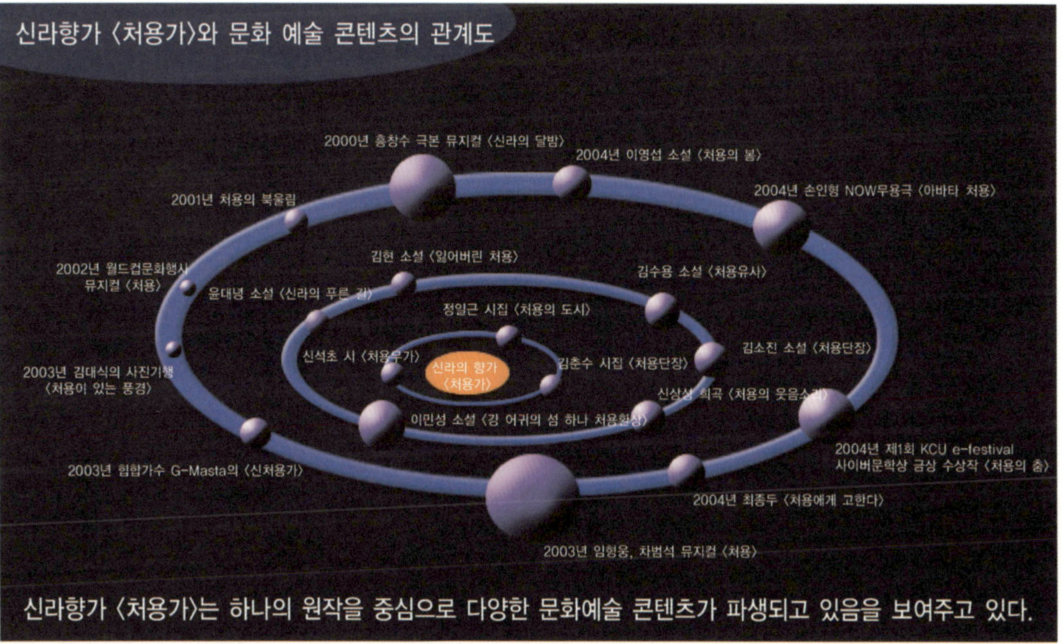

신라향가 〈처용가〉는 하나의 원작을 중심으로 다양한 문화예술 콘텐츠가 파생되고 있음을 보여주고 있다.

　　입체적으로 디지털 헤리티지화가 진행된다면 처용문화 관련 디지털 리소
스는 문화콘텐츠 산업 시장에서의 응용가능성은 물론, 문화재 보전과 전파
를 위한 시청각자료, 연구 및 교육자료, 관광콘텐츠 등 활용의 폭이 무궁무

진하다.

특히 처용전승이 가진 드라마틱한 요소 자체가 대중의 흥미는 물론 한국전통문화에 대한 해외의 관심을 쉽게 끌 수 있기에 해외 판매까지도 가능한 토털 콘텐츠를 구축할 필요가 있다. 또한 중요 무형문화재로 지정된 처용무를 디지털콘텐츠로 개발하는 것은, 무형문화재 전승에 있어서 하나의 모델로도 기능할 수 있을 것이다. "처용의 춤"에서 발단된 처용무는 이미 1,300여 년간 대중에게 광범위하게 향수되어왔고 현대의 문화시장에서도 이미 오페라, 무용극, 대중가요 등의 상품화의 전망을 보증 받고 있는 것이기에 더욱 긴요한 콘텐츠라 할 수 있다. 처용 디지털 콘텐츠화 작업이 진행되면 문화재청 학교 및 관공서용 E-book 형태로 활용될 수 있다. 개발된 콘텐츠들에 대한 본격적인 마케팅이 이루어질 경우 관련 콘텐츠들의 활용도는 대단히 높아질 수 있다. 특히 처용의 문화는 우리나라뿐만 아니라 아시아권과 다양한 문화적 접합점을 가지고 있기에 제대로 콘텐츠화만 진행된다면 콘텐츠 상품화의 전망은 놀랍도록 밝은 것이다.

3. '처용' 문화재 디지털 리소스 개발의 방안 및 단계

문화콘텐츠 산업은 막대한 경제적, 문화적 파급효과를 가진 고부가가치 산업이다. 처용 문화자원의 디지털 헤리티지화는 전통문화 보전과 문화콘텐츠 산업 육성이라는 차원 외에 미래의 문화콘텐츠 개발을 위한 리소스를 확보한다는 의미가 있다. 특히 처용무와 같이 무형문화재로 존재하는 문화자산은 입체영상의 저장이 필수적이며 이러한 영상물은 관광 홍보자료 및 영상물을 통한 문화재의 원형 보존과 육성을 용이하게 한다. 문화시장을 위한 처용무, 무용극, 오페라 공연물들 지역축제와 문화시설 등을 연계한 문화콘텐츠 개발 사례와 문화원형을 응용한 관광상품 등도 현대에 지속적으로 생성되고 있는 처용문화의 전승상황을 보여주는 중요한 자료이기에 디지털 콘텐츠화 할 필요가 있다.

하지만 처용문화 디지털 콘텐츠화 작업은 결코 쉬운 일이 아니다. 이를 위해서는 우선 광범위한 자료발굴과 촬영이 진행되어야 하기에 적절한 개발비의 지원이 필수적이며, 전통문화 원형을 현대화시켜가는 텍스트 범주의 확정, 디지털 정보화 작업의 복잡한 절차 등이 동시적으로 조준되어야 한다. 처용문화의 보전은 물론 처용 관련 문화콘텐츠의 생성과 흐름을 알 수 있는 통합검색 네트워크까지 효율적으로 구축된다면 이는 현대문화의 창작소재 뱅크로서의 역할도 원활히 활용될 것이다. 디지털 자원의 효율적인 이용을 위한 공신력 있는 문화콘텐츠를 구축하기 위해서는 다음과 같은 구체적인 개발단계와 전략내용 등에 대한 고민이 필요하다.

◉ 개발 단계

:: 연구를 거친 개별 정보의 촬영과 수집, 가공, 배치

‖ 맥락에 따라 광범위한 정보를 촬영, 수집

‖ 디지털 콘텐츠화 대상이 되는 텍스트를 확정하고 맥락에 따라 배치

‖ 이미지, 동영상 등 다양한 텍스트에 대한 가공

‖ 검색의 정확성을 위한 용어 및 개념 확정

‖ 텍스트의 연계성을 구축하고 통합 검색을 통해 제공될 수 있는

　일원화된 설명정보 확정

‖ 검색대상에 대한 통합검색이 가능하도록 효율적인 구분, 배치

:: 시스템 구축전략

‖ 문화재 콘텐츠 특성에 맞는 다양한 정렬

‖ 체계적인 웹기반 콘텐츠 관리 도구 개발

‖ 검색 엔진 구축과 인터페이스 제공

‖ 처용 문화 콘텐츠의 특성을 감안한 통합구축

‖ 디지털 리소스의 안정적인 제공을 위한 상품화 전략과 마케팅라인 링크

◉ 디지털 리소스의 내용

‖ CT 로드맵 : 처용 관련 학술자료와 박물자료

‖ 처용 전통문화의 원형(사진, 홍보자료, 영상물 등)

‖ 처용무 디지털 입체영상(동영상으로 가공)

‖ 대중가요, 오페라, 무용극 등 문화재의 문화콘텐츠화 사례(탐방과 촬영자료)

‖ 지역 축제, 문화시설 등과 연계한 문화콘텐츠 개발품들

‖ 부적, 탈, '처용 마이크' 등의 문화원형을 응용한 관광상품 및 첨단산업 생산품

‖ 전통문화유산 홍보자료로 활용함으로써 국가 이미지 제고와 경쟁력 확보

‖ 문화원형 보전을 위한 문화콘텐츠 산업의 기반 마련

‖ 대중을 위한 문화산업, 창작물을 위한 데이터 뱅크

‖ 인문학 및 순수예술 등 기초학문 분야의 연구 기반 마련

‖ 예술과 첨단기술 산업의 연계 가능성 기반 마련.

‖ 세계문화시장을 겨냥한 첨단 기술로 DB구축함으로써 차후의 콘텐츠 생산 자극

‖ 고품질의 3D입체정보로 문화재 보존관리, 원형복원, 보수 등 문화유산 관리에 활용

‖ 관광상품 및 홍보자료 등으로 활용, 국가경제 활성화 기여

‖ 대학 및 교육기관에서의 교육자료로 활용

‖ 문화산업 현장에서 실용화를 적극 추진

‖ 대중의 문화적 공감대 확산과 문화적 인식을 바탕으로 한 생활문화콘텐츠화

처용 문화재의 디지털 콘텐츠화 작업은 우리나라를 세계적인 '문화콘텐츠 강국'으로 만드는 데 일조함은 물론, 국가적 부의 증대, 콘텐츠의 글로벌화 및 첨단 기술환경 변화에 대비한 'CT'(Culture Technology)를 활용한 미래문화의 창출에도 커다란 기폭제가 될 것이다. 또한 홍보·학술·교육 분야의 데이터 뱅크로서도 다양하게 활용될 것이다. 물론 이를 위해서는 개발비 지원과 문화 예술적 소양 및 인문 사회적 사고를 가진 인력 확보, 학술적 워크숍을 위한 총체적이고 구체적인 지원이 전제되어야 함은 말할 필요도 없다. 처용은 무엇보다 문화산업 활성화 차원에서 최우선적으로 디지털 콘텐츠화가 진행될 필요가 있는 최고의 전통문화자산이며 문화와 과학의 상호연계를 보여주는 훌륭한 모델이 될 수 있다. 또한 처용의 디지털화 작업을 통해 학술작업을 대중화시킴으

로써 문화콘텐츠 향유기회를 대중에게 제공할 기회도 노려볼 수 있을 것이며,
창작페스티벌 등을 통해 문화생산을 자극하고 효율적인 학술활동을 위한 지식
기반으로 활용할 수 있을 것이다.

◉ 디지털 문화콘텐츠 시대를 선도하는 대학

첨단 기술을 활용한 처용 문화재 디지털화 작업은 과학기술을 기반으로 하
는 예술분야의 개척을 시도하는 대학의 위상을 높임은 물론 대학의 수익 리소
스를 확보하는 데도 커다란 기대효과를 가질 수 있다. 특히 학술의 대중화를
위한 처용 문화상품이나 행사를 기획해 학교홍보 자료로 활용한다면 학교홍보
에 시너지 효과를 창출할 것으로 기대된다. 과학기술을 기반으로 한 문화콘텐
츠화 사업을 지속적으로 발굴해나가는 특성화 사업에도 크나큰 일조를 할 것
이며 교육·홍보 활동 및 학술 공동 워크숍의 개최 등을 통한 문화교육 프로그
램으로도 활용 가능하다.

2

'처용'과 블루 오션

토털콘텐츠화와 문화마케팅 전략

토털콘텐츠 '처용' 비즈니스 구성도

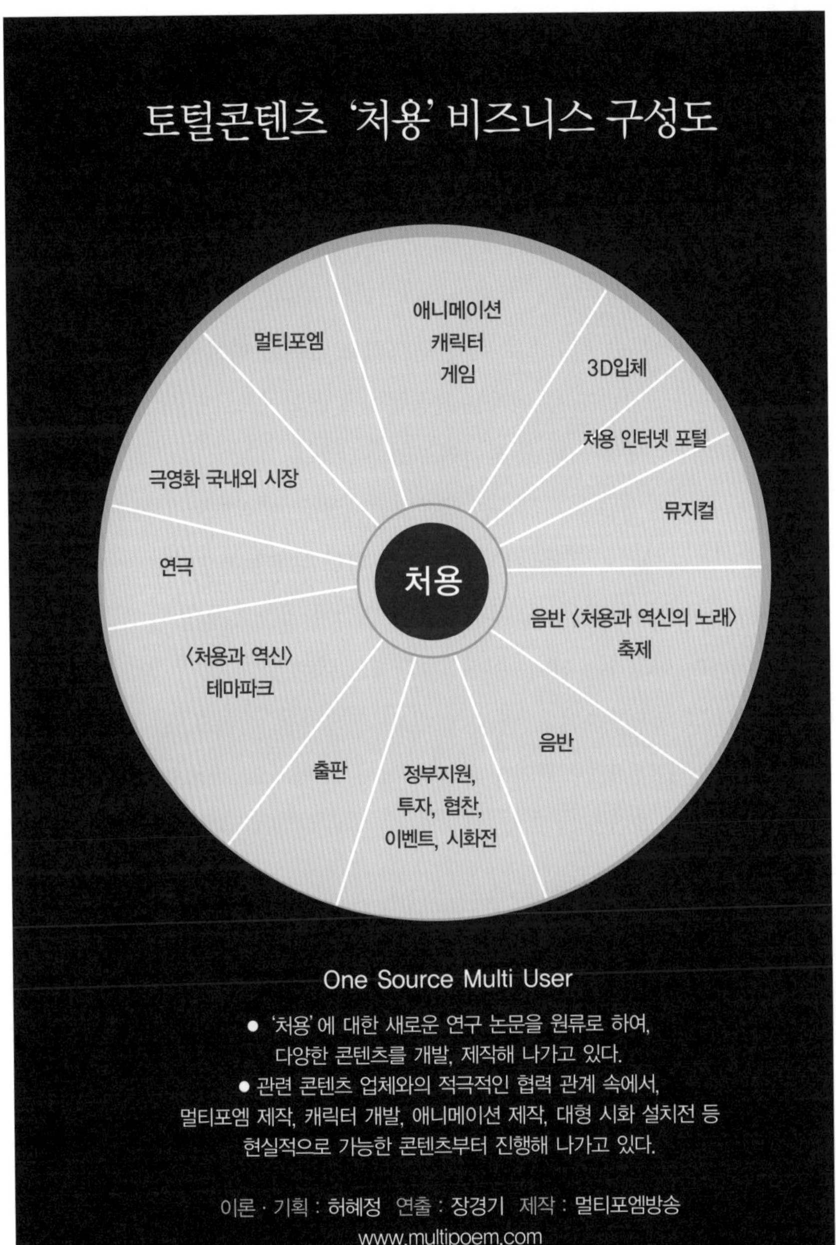

One Source Multi User

- '처용'에 대한 새로운 연구 논문을 원류로 하여, 다양한 콘텐츠를 개발, 제작해 나가고 있다.
- 관련 콘텐츠 업체와의 적극적인 협력 관계 속에서, 멀티포엠 제작, 캐릭터 개발, 애니메이션 제작, 대형 시화 설치전 등 현실적으로 가능한 콘텐츠부터 진행해 나가고 있다.

이론 · 기획 : 허혜정   연출 : 장경기   제작 : 멀티포엠방송

www.multipoem.com

1. 토털콘텐츠, 토털엔터테인먼트 속의 처용

「토털콘텐츠, 토털콘텐츠, 토털엔터테인먼트 '처용'」은 2004년부터 필자가 발표해온 학술논문을 리소스로 하여 진행되고 있는 문화콘텐츠 프로젝트(총기획 : 허혜정)이다. 이는 '처용'이라는 전통문화유산을 실크로드를 경유한 아시아문화의 총합체로서 해석해낸 본인의 학술논문들을 바탕으로, 치밀한 예술적 연구와 탐색이 병행된 문화상품을 생산하고자 하는 목적으로 기획되었다. 「처용가」가 전통문화의 빗장을 열어젖히고, 멀티미디어가 이루어내는 「미디어믹스 대륙」으로 발을 디뎠을 때, 어떤 새로운 변화가 밀려오는가.

멀티미디어 세계라는 신대륙은 이 순간에도 새로운 추진력을 받으면서 가속적으로 확대되고 있다. 전화, 영상, 라디오, 텔레비전, 비디오, 컴퓨터, CD-R, 디지털, DVD, HD, 3D 입체영상, 신디사이저, 스테레오, 돌비시스템, 5.1채널, MPEG, 인터넷, 위성방송 등 새로운 추진력들이 더해질 때마다 매체들 간에는 소위 미디어믹스(Media Mix) 현상을 일으키면서, 더욱 가속적으로 그 영토를 넓혀가고 있다. 그야말로 끝없는 빅뱅을 일으키고 있는 것이다. 처용이 전통문화라는 시대의 빗장을 열어젖히고 이 멀티미디어라는 가속적으로 확산되고 있는 신대륙(가상의 대륙, 사이버대륙)에 발을 디뎠을 때, 어떤 변화를 겪게 될까? 본 장에서는 이미 시인이자 비평가로서, 그리고 사이버공간의 시문화운동가로 오랫동안 활동해온 필자와, 본 기획의 연출을 맡고 있는 멀티포엠 아티스트 장경기가 현 시점에서 기획하고 있는 처용 콘텐츠 현황을 소개함으로써, 처용의 문화가 현대문화 속에서 어떤 위상을 가질 수 있으며 어떤 도전과 변화를 겪게 되는가를 보여주고자 한다. 그리고 이러한 작업을 통해서 멀티매체가 처용의 문화에 어떤 신세계의 가능성을 제시하고 있는지, 또 어떻게 하면 이러한 신세계를 잘 개척하여 다매체 다채널 환경 속에서 문화의 르네상스 시대를 열어갈 수 있는지 그 방향을 가늠해 보고자 한다.

◉ 문화콘텐츠 비즈니스의 발원지로써의 학술연구

현재, 국내에서는 엔터테인먼트 영상 기업체들을 중심으로 미국과 일본 등 영상 선진국의 기업군 내지는 토털콘텐츠 시장과의 교류와 제휴를 통한 국제화와 멀티미디어화가 가속적으로 이루어지고 있다. 멀티미디어의 성공에는 세계화, 시장규모의 확대, 지역적 · 개인적 오리지널리티 등이 필수적이기 때문이다. 그와 함께 콘텐츠비즈니스에 있어서 가장 중요한 것은 역시 프로그램의 내용(콘텐츠)이라는 인식이 형성되면서, 오리지널 영상적 재능이나 문화 예술적인 재능, 천재적 멀티전문가들이 기업과 분리되는 기능 분화(전문화)가 명확해지고 있다. 이러한 변화는 학자이자 문화 예술인의 측면에서 봤을 때는, 콘텐츠 비즈니스의 세계에서 전문적인 재능을 발휘할 수 있는 기회로 이어지고 있는 듯이 보인다. 「처용가」와 '처용'의 문화에 대한 필자의 학술적 입론이 콘텐츠화의 발원지 역할을 할 수 있는 기회가 주어진 것 역시 그런 콘텐츠 비즈니스계의 흐름 속에서 이루어진 것이라 할 수 있기 때문이다.

「처용가」는 한국 문학사의 정전이자 정수로서, 처용의 문화도 한국전통문화의 핵심부분을 이루고 있다. 이러한 특성은 '원 소스 멀티 유스'라는 콘텐츠의 세계에서 다양한 아이템으로의 파생 효과를 처용의 문화가 지니고 있다는 것을 의미한다. 높은 산봉우리에서 출발된 물줄기일수록 많은 힘을 가지고 길고 폭 넓은 강을 이룰 수 있듯이 학술적 탐구가 병행되는 문화생산은 그만큼 폭 넓고 다양한 장르, 콘텐츠들을 파생시키는 발원지, 원류로써의 역할을 할 수 있게 되는 것이다.

‖ 학술연구를 원 소스로 한 토털콘텐츠 〈처용〉 진행. 사진 장면은 2006 학술진흥재단과 아시아 아메리카 연구소 주최 학술발표대회에서 필자의 논문과 디지털 텍스트 〈역신의 노래〉(장경기)를 발표한 현장사진이다. 현재 필자는 학술연구와 더불어 필자의 총기획, 장경기의 연출로 콘텐츠 개발을 병행하고 있다. 멀티포엠 연작 '디지털 처용'을 중심으로 하여, 영화, 연극, 음반, 사진집, 캐릭터, 애니메이션, 축제 등 다양한 콘텐츠를 생산하는 토털콘텐츠 '처용'을 진행하고 있다. 현재 학술논문('처용을 통해 본 달의 에로티즘 연구', 〈처용가〉와 현대의 문화콘텐츠', '천일야화, 비단길, '처용'의 문화')과 함께 멀티포엠 〈처용의 도시〉, 〈역신의 노래〉를 발표했고, 〈검은 아내〉를 CD-ROM 편저에 수록, 발간한 바 있다. ‖

특히 「처용가」는 그 드라마틱한 내용, 노래와 춤이라는 감성적 요소, 처용의 정체와 관련된 신비적 요소, 대중적 장악력, 필자가 연구한 바로는 실크로드를 중심으로 한 다문화적 요소를 충분히 내장하고 있다. 또한 그 문화의 전승맥락을 볼 때 현대문화의 모든 장르들을 포용할 수 있는 장점도 있다. 예로부터 처용의 문화가 음악이나 굿거리, 제례 등의 극적인 요소 등과 밀접한 관련을 가져왔듯이, 미디어믹스의 세계에 적응하는 것이 용이하다. 한 편의 문학작품과 그에서 파생된 문화, 그리고 학술적 입론을 문화콘텐츠화 시키는 작업은 '원 소스 멀티 유스' 전략에 있어서, 「처용가」 및 그 문화가 '원 소스'의 역할을 해 낼 수 있는 가장 적합한 리소스라는 점에 착안한다. 중요무형문화재, 지역 문화재 등으로 지정되어 처용 문화의 중대성은 그 빛을 더해준다. 또한 그 실현 방식의 다채로움, 미디어믹스가 용이한 장르라는 점 등은 토털콘텐츠 비즈니스의 발원지 역할을 훌륭하게 해낼 수 있다는 것을 증명해 준다. 콘텐츠 비즈니스의 핵심은 '상상력'이다. 상상력이 바로 부(富)를 낳고, 산업을 일으키는 시대에, 상상의 보고이자 샘인 처용 문화의 중요성은 더 강조할 필요가 없다.

◉ 토털콘텐츠 「디지털 처용」

디지털 처용! 필자가 현재 몰두하고 있는 토털콘텐츠의 부분 명칭이다. 「토털콘텐츠」라는 말이 자주 쓰이게 된 것은 멀티미디어 시대가 열리면서부터다.

영화, 음악, 음악, TV, CATV, 위성방송, 신문, PC, TV전화, 인터넷 전화, 통신 가라오케 등의 미디어는 인터넷이라는 전세계 인프라 네트워크망과 결합하면서 그야말로 그물망 같은 미디어망(World Wide Web)을 이루며, 우리의 생활문화는 물론 감수성 깊은 곳까지 속속들이 파고들고 있다.

이러한 복합미디어(Multimedia)들은 최종 소비자들의 기호와 환경에 적응하기 위해서, 다양한 미디어창구(영화, CD-ROM, 비디오, TV, CATV, 위성방송 등)를 마련하면서 다양한 채널을 형성하게 된다. 특히 멀티미디어 시대의 디지털 이노베이션은 90년대 초반 CD-ROM 드라이브에서 출발하여, 가정용 오디오와 홈비디오, 컬러 TV, DVD, 인터넷을 이용한 오락 레저 문화를 종합적으로 즐길 수 있는 홈엔터테인먼트시대를 촉진시킨 계기를 마련해 주었다.

‖ 허혜정 · 장경기 공동운영의 인터넷 방송국 ‖

　이와 같은 다매체 & 다채널화 경향 속에서 거대해진 시장 규모는 현재 매체들간의 융합이라는 '미디어믹스(Media mix)' 양상을 띠면서 더욱 급속도로 확산되고 있다. 각각의 특성을 지닌 채 스스로의 그물망을 확장해오던 미디어들은 무한 경쟁 속에서 더 큰 고부가가치를 빚어내기 위해서, 서로의 경계를 무너뜨리면서 서로에게 촉수를 내밀고, 융합하여 더 큰 그물망을 형성하는 것이다. 영화 비즈니스의 경우를 예로 들면 복합 영상시대의 미디어믹스 양상을 띠면서 극장 개봉뿐만 아니라 렌탈 비디오, 셀스루, TV, PPV, 캐릭터, DVD 등 10여 개 이상의 다양한 수익 창구를 통해 전개되고 있다.

　이와 같이 미디어들이 함께 생존하고 번성하는 길, 곧 미디어공생(Media Symboisis)을 이루기 위해서, 미디어들 간에 가속적으로 촉진되고 있는 미디어믹스 현상은, 이제까지 매체와 업종별 테두리 내에서 출판, 방송, 음악, 영화업계 등의 형태로 별도로 전개되어 왔던 미디어 사업 환경을 근본적으로 바꾸고 있다. 멀티윈도우별 유통구조의 복합적인 기능에 따라 전개되고 있는 것이다.

이에 따라 멀티미디어의 세계에서 유통되는 내용물들도 그만큼 서로 간에 밀접한 관련을 가지면서 다양한 형태를 지니게 되는데, 이를 총칭해서 토털콘텐츠라고 부르며, 이를 활용한 산업을 콘텐츠 비즈니스(산업)라고 한다. 오늘날 콘텐츠 산업은 엔터테인먼트 산업(소프트 산업)의 핵심으로 떠오르고 있는데, 엔터테인먼트 산업하면 일반적으로 콘텐츠 산업을 일컬을 정도가 되었다. 그만큼 미디어 콘텐츠산업의 새로운 양상은 엔터테인먼트 산업 분야에 근본적인 변화를 일으키고 있는 추세다.

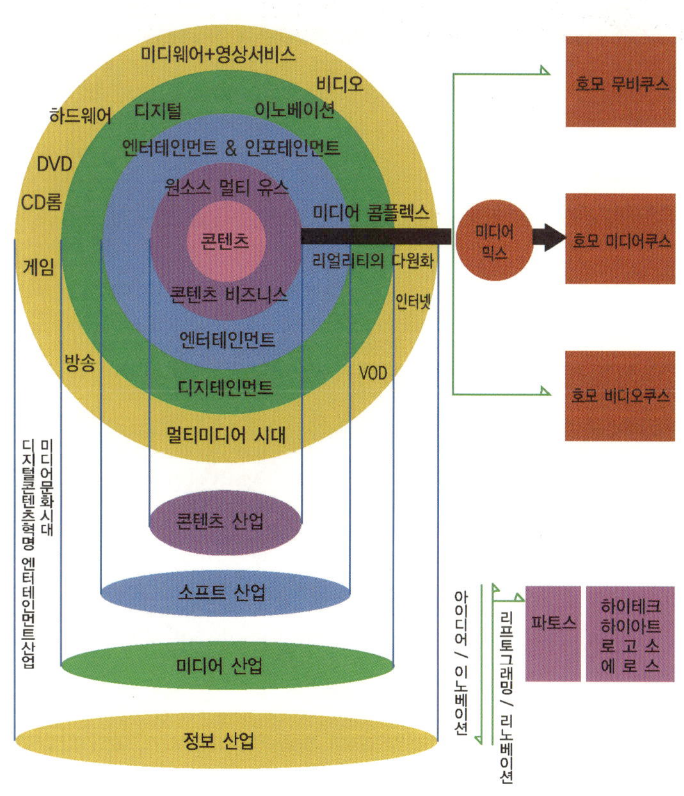

‖ 처용 관련 디지털 텍스트 첫 개발 작품(기획 : 허혜정, 연출 : 장경기) 2006년 2월 한국문학연구학회 학술대회에서 학술논문 「'처용가'와 현대의 문화콘텐츠」와 함께 발표. 동학회지 『현대문학의 연구』 28호(2006. 3. 31)에 수록 ‖

엔터테인먼트 산업은 이제 콘텐츠산업의 근간인 영화, 게임, 음악 등을 중심으로 종합적이면서도 다양한 미디 어문화산업으로서의 인프라를 구축함으로써, 엔터테인먼트 산업은 컴퓨터, 레저(여행), 정보통신 분야와 함께 지속적인 성장과 발전 가능성을 내포한 21세기의 전략적인 지식기반산업으로서 자리 잡아 가고 있는 것이다.

'처용'은 이와 같은 흐름 속에서 탄생한 엔터테인먼트 산업의 토털 콘텐츠로, 기획 단계에서부터 철저히 그런 관점에서 진행되어 왔다. '처용'이라는 기획안이 제작되면서, 제일 먼저 작품 형태로 드러난 것은 디지털 텍스트 「처용의 도시」(기획 : 허혜정, 연출, 제작 : 장경기)였다. 이는 필자의 논문 「'처용가'와 현대의 문화콘텐츠」를 학회에서 발표하면서 동시 공개한 첫 작품이다.

그러나 멀티포엠 형태로 제작된 이 작품은 일반 시의 경우처럼 완성된 형태는 아니다. 이 역시 연작시처럼 앞으로의 창작 과정에서 많은 성장과 변이를 거치는 것이다. 필자의 논문을 상상의 발원지로 하여 갖가지 매체들이 합류하고 미디어믹스 현상을 일으키면서 다양한 형태의 창작품들이 탄생하게 되는 것이다. 이는 DVD, 3D 입체 영화, 멀티포엠, 스틸 사진, 비디오, 방송, 음반, 게임, 캐릭터, 케이블, 만화, 출판 등의 형태로 확대되며, 관련 창작품으로 캐릭터, 게임, 만화, 연극 등이 파생되어 갈 것이다.

◉ 작품성과 상품성을 조화시키는 아트 매니지먼트

문화 예술에 대한 엔터테인먼트 산업계의 관심은 나날이 높아가고 있다. "상상력이 부를 창출시키는 엔터테인먼트 산업이 새로운 21세기 국가경쟁력에서 전통적인 제조업을 대신할 것이다." 미래학자 존 케네스 갤브레이스의 예견이다. 이제까지 비즈니스와는 거리가 있어 보였던 문화, 예술이 미디어 믹스 시대로 진입하면서, 엔터테인먼트 산업의 원천으로서 21세기 하이아트형(고감성) 멀티콘텐츠 산업의 꽃으로 재인식되고 있는 것이다.

이 순간에도 급속히 팽창하고 있는 멀티미디어 시스템의 하드웨어는 그만큼 많은 콘텐츠의 생산과 유통을 요구하고 있다. 이런 필요 속에서 한국의 전통문화를 현대물로 재창조하면서 대중의 문화적 감수성 속으로 파고들 수 있는 문화, 예술을 중심으로 한 엔터테인먼트 비즈니스는 그야말로 미디어시대의 '황금알을 낳는 거위' 산업으로 21세기 영상, 디지털, 정보산업의 황금밭으로 떠오르고 있는 것이다. 영화, 음악 등 예술분야라고 하면 돈만 써야 하는 예술감상형 소비대상으로만 여겼던 기존의 구식 패러다임 시대는 가고, 문화 부문을 벤처 비즈니스 산업화할 수 있는 길이 열린 셈이다.

‖ 2006년 5월 Young Writer's festival(한국번역원 주최) 포럼에서 「처용가」 연구물과 결부된 필자의 문학적 실험을 발표. 사진 속의 스크린은 필자와 장경기 공동 운영 인터넷 방송국 사이트이다. ‖

이러한 흐름 속에 한국 문화의 핵을 이루어왔던 처용의 문화를 상품으로 콘텐츠화시키는 데 과연 문제는 없는 것인가? 여러 가지 의견과 염려가 있을 것이다. 그리고 그러한 문제는 반드시 진지하게 고려되어야 한다고 본다. 왜냐하면 문화 예술이 산업의 세계로 진입하는 순간부터 예술과 비즈니스라는 두 개의 모순된 환경에 놓이기 때문이다. 그리고 그 대립과 공존의 양상은 제작 규모가 커질수록 기존 문화 예술이 지녔던 상업성과는 양상을 달리한다. 전쟁이라고 해야 옳을 것이다. 이렇듯 문화, 예술이면서 동시에 엔터테인먼트 비즈니스의 콘텐츠상품이라는 양면성은 양자를 조화시킬 수 있는 새로운 시각, 곧 아트 매니지먼트(Art Management : 예술경영학) 차원에서 접근을 필요로 한다.

예술성과 상업성이 공존하는 콘텐츠 비즈니스의 세계에서는 그 어느 쪽도 무시될 수 없다. 한쪽 측면만을 고려하다가는 둘 모두를 잃고 마는 결과를 초래하는 것이다. 콘텐츠 비즈니스에 일반적으로 참여하는 인력 구조만 봐도 이러한 측면을 잘 반영하고 있음을 알 수 있다. 「처용」의 경우를 예견해 보면, 순수예술을 해온 시인이자 비평가인 필자, 멀티포엠 아티스트인 장경기가 주축이 되어 있다. 차후로 사진작가, 음악인, 이제까지 상업성과 예술성을 동시에 추구해온 영화감독과 스텝진들, 그리고 보다 상업성에 치우쳐 있는 DVD, 3D 입체 영상 전문인들, 콘텐츠를 철저히 상품이라는 시각으로 보는 제작자, 배급자, 광고인 등 다양한 욕구와 관점을 지닌 많은 이들이 참여하게 될 것이다. 그에 따른 결과물들 역시 보다 예술성이 강한 것에서부터 완전히 상업성에 치우쳐 있는 것까지 다양하게 나오게 될 것이다. 그러나 이 결과물들은 기획에서부터 제작, 홍보, 납품, 감상에 이르기까지 토털콘텐츠라는 한 울타리 안에서 서로간에 밀접한 관련 속에서 제작될 것이기에, 서로를 존중하고 조화를 이루는 자세가 필요한 것이다.

◉ 「처용」 콘텐츠는 배가게임의 법칙이 적용되는 '원 소스 멀티 유스' 형 비즈니스

필자가 「처용」 연작 학술논문을 집필하고 「처용콘텐츠」를 기획하는 과정에서 항상 유념해야 했던 점은 바로 '원 소스 멀티 유스' 라는 아트 매니지먼트 차원의 전략이었다. 앞에서도 언급하였듯이, 복합매체시대의 엔터테인먼트 산업은 매체 간의 융합(Media Mix)을 통해 콘텐츠 비즈니스의 성격을 띠면서 최종 소비자(End User)에게 다양한 상품을 제공한다. 복합영상시대의 다매체 & 다채널화가 발달하면 발달할수록 그 엔터테인먼트 콘텐츠의 배급창구는 다양하게 증가하게 된다. 이러한 이용 기회의 증가는 멀티미디어 시장 속의 막대한 수익 창출이라는 배가게임의 법칙(스노우볼 게임)이 적용되는 계기를 마련해 준다. "눈송이 한 주먹을 굴리면 눈사람처럼 커진다"는 데 비유할 만큼, 배가 효과가 큰 확대 재생산의 원리가 적용되는 것이다.

영화의 경우를 보면 CATV의 보급과 홈비디오의 등장으로 극장 개봉과 다채널 방영, 비디오 출시의 새로운 홀드백 기간을 설정함으로써 극영화의 콘텐츠 수입은 엄청난 증가일로(배가게임의 법칙)에 이르렀다. 영화라는 알맹이(콘텐츠) 하나로 두 번, 세 번도, 경우에 따라서는 10번 이상까지도 수익을 올릴 수 있는 기회를 창출할 수 있다. 이것이 바로 멀티미디어 시대 콘텐츠산업의 첫 번째 특성으로서, 배가게임의 법칙이 적용되는 '원 소스 멀티 유스'형 비즈니스이다. 바야흐로 문화 예술은 '원 소스 멀티 유스'라는 전략에 따라서 스스로를 확대시키면서, 엔터테인먼트 소프트이자 미디어문화 상품으로써 메가히트―메가 컨페티션 시대(초메가톤급 경쟁)를 방불케 하는 하이리턴형 벤처 비즈니스의 문화전쟁터 속에서 소용돌이 치고 있는 것이다.

「처용」역시 '원 소스 멀티 유스' 전략에 의한 배가 효과를 최대로 증폭시키기 위해서 기획 단계에서부터 다양한 복안을 가지고 출발하였다. 우선 본인의 학술논문을 리소스로 선택한 것부터가 이와 같은 종합적인 측면에서의 검토 끝에 이루어진 것이라고 할 수 있다. 즉 21세기 세계인 공동의 화두인 국제화 문제, 한국문화의 독창성을 아울러 강조한다는 콘셉트를 갖추었다. 처용을 현대적 문맥 속에 부활시키고 한류 시대의 새로운 문화상품 개발을 선언하며 바다의 아들 처용과 달신적 속성을 가진 역신, 대지적 요소을 가진 처용 아내에 대한 학술적 해석을 통해 인간과 자연과의 조화와 화해의 길을 제시함으로써 인류가 지향해야 할 방향을 제시하고 있다. 콘텐츠화의 전초적 기반이 된 학술 작업은 풍부한 상상과 표현을 가능케 하며, 다양한 이야기와 에피소드, 캐릭터, 볼거리 등을 파생시킨다. 곧 '원 소스 멀티 유스' 전략에 의한 미디어믹스의 극대화를 꾀할 수 있도록 한 것이다.

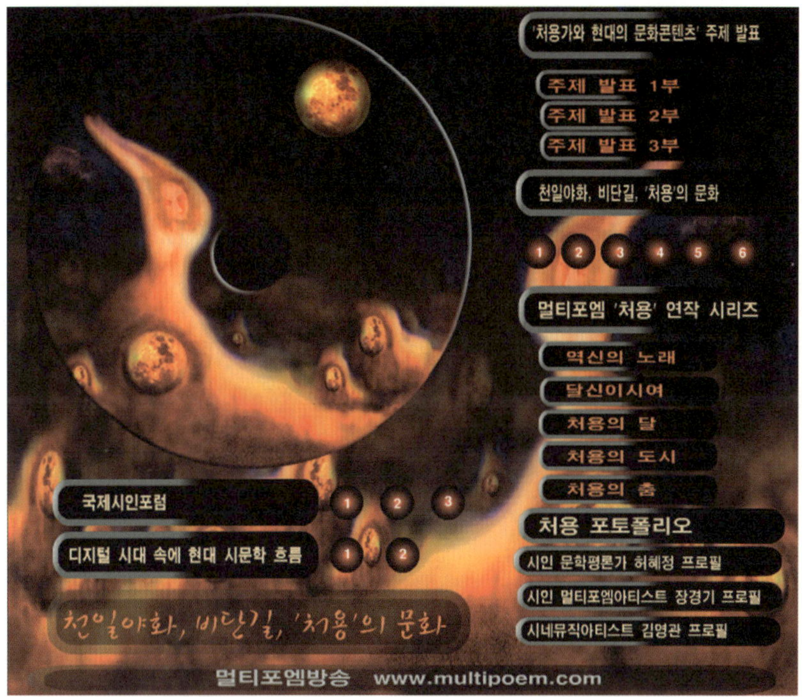

‖ 필자의 학술물들을 시청각 교육자료로 활용하기 위해 인터넷 방송국에 화상자료, 음악 등을 입혀 콘텐츠화 하였다. ‖

◉ 디지테인먼트적인 교육 자재와 콘텐츠웨어 개발 전략

디지테인먼트, 곧 사이버 엔터테인먼트란 가상현실을 이용한 쌍방향성 오락적 콘텐츠를 포괄적으로 일컫는 말이다. 이를 뒷받침하는 핵심요소가 바로 멀티미디어 콘텐츠산업이다. 멀티미디어 콘텐츠에는 쌍방향성(Interactive)을 기반으로 한 영화, 애니메이션, 게임 등의 영상소프트와 가상교육용 큰텐트웨어 등이 포함된다. 이러한 콘텐츠들은 디지털 하이테크로 제작되어 시청각 교육용 자재, 교육비디오나 DVD 소프트 등으로 이용될 수 있다는 점에서 사이버 엔터테인먼트의 범주에 속한다.

이와 같은 문화 예술, 정보와 오락의 접목으로부터 태동한 영화, 비디오, 게임 등 디지털, 영상, 멀티 정보의 콘텐츠산업은, 호모비디오쿠스, 호모무비쿠스, 호모미디어쿠스, 호모디지쿠스라 불리는 젊은 세대의 교육자료로서 그 역할을 다하게 됨은 물론, 고감성(하이아트) 산업으로서 어뮤즈먼트산업의 핵심으로 자리 잡게 될 것이다.

◉ 예술적 컨셉과 아이디어, 콘텐츠의 오리지널리티 확보

멀티미디어 신대륙에 발을 디뎠을 때, 도전 받는 첫째 문제는 아마도 창작의 주체에 대한 문제일 것이다. 미디어믹스를 특징으로 하는 콘텐츠 비즈니스의 세계 속으로 처용 콘텐츠가 진입했을 때, 「처용」 콘텐츠의 발원지인 필자의 연구는 순도 100%라고 할 수 있을 것이다. 이러한 학술적 아이디어와 콘셉트를 활용하여 창작된 상품 또한 대단히 창의적이고 새로울 것이다. 그러나 이는 개인 작업이 아닌, 촬영, 편집, 녹음 등 다양한 제작진들이 참여하는 공동작업 형태를 지니게 되며, 창작 매체 역시 문자, 영상, 음, 기타 요소들이 동등한 관계 속에서 간섭하고 융화되면서 하나의 목표를 향해서 구체화되어 갈 것이다. 이는 캐릭터, 만화, 게임 등의 토털콘텐츠 시스템을 통과하게 되면서 변형과 확산을 겪게 되는 것이다.

토털콘텐츠 시대의 문화예술 피라미드

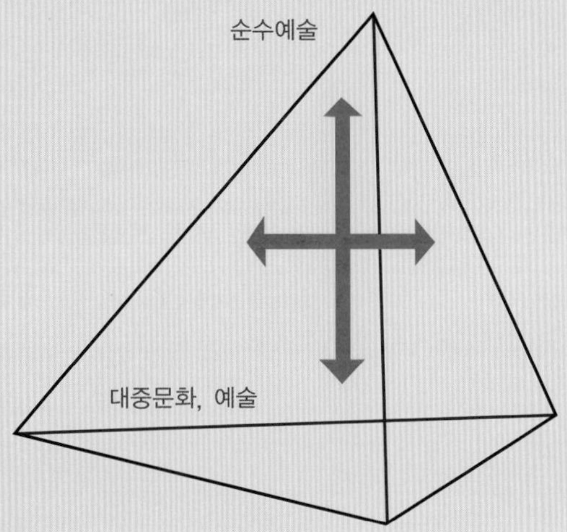

미디어믹스 환경 속에서
각 장르와 매체들은 부단히 스스로를 변신시키며 서로 융화된다.
순수예술, 대중예술, 혹은, 음악, 미술, 영상 등 각 장르들이
별개로 독립되어 있던 시대에서 벗어나,
하나의 재료(원 소스)가 다양한 형태로 파생되는
원 소스 멀티 유스 원리에 따라 스노우블 효과를 거두기 위해서
토털콘텐츠 비지니스의 양상을 띠게 된다.

피라미드의 각 면들은 음악, 미술, 문학, 영화 등
각각의 장르에 해당되며 하나의 아이템(원 소스)은
순수예술 형태에서 대중예술로까지 다양학 파생된다.

한류 붐을 넓히는 문화수출품 드라마 「비단길의 가인, 처용」 제작

처용 콘텐츠 개발이 본격적으로 이루어질 여건이 확보된다면 수많은 스텝진들이 참여하게 될 것이다. 기획자로서의 필자의 역할 외에, 대본, 나레이션, 연출, 촬영, 사진작가, 특수효과, 가공과 제작, 홍보, PPL 등 다양한 스텝진들이 참여하게 된다. 이들의 공동작업에 의해서 디지털 자료화 작업을 비롯한 DVD, 3D 입체 영상 등의 갖가지 결과물들이 만들어지는 것이다. 이러한 결과물들은 종합 매체의 바다로 뛰어들면서 무한한 시장 창출이 가능하다.

현재 필자의 처용 관련 연구물들을 바탕으로 한 드라마 제작을 외부에서 타진해오고 있는 상태이다. 필자의 감수로 제작될 이 드라마는 문화 한류붐을 중앙아시아, 아랍권까지 넓힌다는 목적 하에 기획되고 있다. 드라마 형식의 문화수출품을 만드는 것이 일차적 목적이지만, 이를 통한 캐릭터 사업 등 다차원적인 콘텐츠가 부가 개발될 것이다.

「처용」 콘텐츠의 경우, 앞에서도 빈번히 강조했듯이 결과물들이 나오기 까지는 지원이 필요하다. 「처용」 기획안은 곧 대규모 사업 기획안이기도 한 것이다. 문화재 디지털화 작업일 경우 처용무 촬영 현장에서만도 DVD 카메라, 3D 입체 카메라, HD카메라 등이 돌아가야 한다. 촬영 현장을 스케치하는 6mm 카메라, 작품 사진을 촬영하는 스틸 카메라는 물론 기본적이다. 하지만 이로 인해서 생산되는 제품은 극장용 스크린자료, DVD, 3D입체영화, 특수촬영현장 비디오, 출판형 사진작품집 등 다양한 형태로 상품화될 수 있다. 캐릭터들은 캐릭터, 게임, 모바일 시장 등으로 파생되고, 인터넷 방송, 일반 방송, 해외 방송으로 파급된다. 그야말로 '원 소스 멀티 유스'라는 전략을 기본으로 하는 종합 엔터테인먼트 비즈니스 형태를 지니는 것이다.

이와 같은 대규모 사업에 실제로 자금이 투여되기 위해서는 그만큼 철저한 상업성과 시장성에 대한 보장이 전제되어야 하며, 이러한 측면들은 기획안에서는 물론, 디지털화 자료나 소재 확정, 내용 전개, 캐릭터 설정 등에 이르기까지 치밀하게 고려되어야 하는 것이다. 「처용」 콘텐츠 중의 하나인 「디지털 처용」 및 기타 콘텐츠 역시 철저히 예술성과 상품성의 대립과 조화 속에서 탄생된다. 이와 같은 현상은 제작비를 필요로 하는 콘텐츠 비즈니스의 속성상 끊임없이 부딪치게 되는 숙제가 될 것이다.

◉ 한국문화전통을 알리는 관광산업화
울산 처용제 대형 설치전 기획

2006년 울산 「처용」제에 맞추어 대형 설치전(처용 테마파크 조성·영상쇼·시화전)을 주 내용으로 하여 2006년 3월 울산정책 연구소와 처용문화재 추진 위원회에 프레테이션을 진행하였다.

◉ 멀티 환경이 대학에 요구하는 변화의 물결
교육 재화 창출과 재정영역 구축

자본주의 사회에서 대학의 교육 커리큘럼은 철저히 '교육 서비스'의 개념을 지향하고 그를 향해 이동해야 한다. 그만큼 철저한 계획과 자본을 필요로 한다는 것을 의미한다. 기존의 강의식 교육만이 아니라 효율적인 시청각 교재 등의 활용은 필수적이다. 이러한 교육자재를 창출하고 기획하고 현실화 시키는 것

처용, 처용의 사람들 이야기

멀티포엠방송, 멀티포엠협회

서울시 중구 태평로 2가 340–5 대한일보빌딩 10F

전화 (02)856–8161 담당 016–273–8161 장경기

www.multipoem.com multipoem@hanmail.net

은 물론 만만치 않은 일이다. 하지만 철저히 시대를 앞서 가는 탁월한 연구자와 기획된 교수법, 문화시대의 생리나 운영 방법을 이해하고, 그것을 교육현장에서 활용할 수 있는 자재를 확보함으로써 교육현장에 변화의 물결을 일으킬 수 있을 것이다.

학계에도 이제 변화의 물결은 오고 있다. 문화 콘텐츠 사업이 21세기 문화사업의 핵으로 등장하면서, 학자와 문화예술인들이 사업의 변두리가 아닌 그 핵심에 서서, 큰 재화를 창출해내는 시대가 우리나라에도 현실로 다가온 것이다. 인터넷 등 멀티 정보화 사회의 거센 물결은 수많은 콘텐츠를 필요로 하게 되었고, 그에 따라서 콘텐츠를 생산해 내는 연구자 및 문화인들의 능력이 많이 필요하게 되었다. 그만큼 새삼스럽게 문화 연구자들이 주목을 받게 되었고, 그 역할에 대한 고민 또한 심화되고 있는 추세이다. 필자의 「처용」 콘텐츠화 감행이 한 예가 되듯이 학술연구가 문화 사업의 발원지 역할을 하고 실질적인 주체 역할을 하는 시대가 온 것이다. 이러한 양상은 결코 극히 일부에게나 일어나는, 혹은 일시적으로 일어나는 현상이 아니다. 문화의 정점에 위치해 온 학술 연구자들이 21세기 문화산업의 시대에 주체적인 역할을 하는 것은 지극히 당연한 일이라고 할 수 있는 것이다. 전문가들의 연구와 경험을 기반으로 창출된 콘텐츠를 교육 자재로 활용하고, 시장에 흘려보내 교육재화의 리소스로 다시 활용하는 시대가 열린 것이다.

◉ 학문과 문화와의 연대

대학 특성화 전략에 부응하는 콘텐츠

제작비가 만만치 않게 투여되는 콘텐츠 개발 이야기를 했을 때, 대학재정의 현실로 보아 그것이 현실적으로 가능한 얘기인가 하는 생각부터 앞섰으리라고 생각된다. 부정적인 의견이 제기 될 수도 있다고 생각된다. 하지만 학술적인 디지털 시스템을 구축하고 교육자재와 수익을 창출할 수 있는 상품화가 동시에 진행된다면, 그리고 효율적인 시스템을 통해 운용할 수 있다면 그것은 장기적으로 보아 대단히 생산적인 작업이 될 것이다. 하나의 제작물을 가지고 한국 문화 홍보, 대학 특성화 사업 머티리얼 활용, DVD, CD, 방송, 인터넷, 출판물, 관련 기획물, 이벤트, 해외 시장 등 다양한 용도로 활용할 수 있게 하는 것이 그 핵심이라고 할 수 있다.

이러한 '원 소스 멀티 유스' 전략에 의해 처용 문화재, 처용 문화라는 나름 대로의 영역을 가지고, 단일 아이템만으로는 감히 상상할 수도 없었던 다양한 프로젝트로, 좀더 완성도 높은 작품으로, 그야말로 멀티미디어 시대를 선도하는 대학의 이미지를 구축하는 것이다. 처용 관련 디지털 콘텐츠화가 진행되면, 콘텐츠를 각각의 용도와 대상 등에 맞도록 수정과 변화를 가할 수 있다. 교육 대상이나 감상 대상의 눈높이에 따라서 난이도 등이 조정되기도 하고, 콘텐츠의 용도에 따라서 어느 부분을 특징적으로 부각시키기도 한다. 디지털 자료는 많은 형태로 분열되고 가공되고 조합되면서 변형의 과정을 거친다. 또한 이미 만들어진 것들이 합해지고, 여기에 새로운 것이 더해져서 하나의 새로운 콘텐츠가 만들어지기도 한다. 대학이 소유하고 있는 하나의 콘텐츠로 무한한 콘텐츠 재생산이 가능하며, 이는 대학과 문화시장의 연계라는 새로운 기류를 형성해갈 것이다. 연구자들 또한 문화적 활용성이 높은 값진 연구물 생산에 박차를 가하게 될 것이다.

일단 콘텐츠가 멀티 매체의 급류를 타게 되면, 발원지가 되었던 창작자의 의도와 거의 관계없이 자신의 손길이 미치지 않는 영역에서 자신도 모르게 빠른 속도로 전파되므로 대학 홍보물의 역할도 톡톡히 하게 된다. 멀티 매체 바다 속의 디지털 콘텐츠의 가장 큰 특징 중의 하나는 바로, 한번 탄생한 개개의 정보나 작품들이 다른 요소와 합체, 융화, 간섭 등의 과정을 거치면서 진화하고 변형되며 제3의 작품으로 탄생되거나 하는 등의 현상을 겪으면서 멀티 매체의 격류 속을 타고 함께 흐르는 것이다. 멀티의 바다는 여러 매체들이 서로 결합되고 융화되면서 정보를 생산하고 유통시킨다. 그런 환경 속에서 가장 고급한 문화생산자로 생존하기 위해서는 대학 역시 멀티 매체 환경에 적응하여야 한다.

◉ 미래의 교육비전
교육환경의 멀티화, 쌍방향성 지향

쌍방향성의 교육을 지향하는 것은 확장은 오늘날 대학교육의 일반적 추세이다. 이는 교육기관의 생존을 위해서도 끊임없이 철저히 장려될 필요가 있다. 대학수업에서 디지털, 컴퓨터, 동영상 등 다양한 교육자재 및 매체들을 이용하는 것은 이미 일반적인 풍속이 되었고, 현재도 가속적으로 교육 테크놀로지가 개발되고 있으며, 이들 매체들을 결합시킴으로써 보다 종합적이고 통감각적인, 다층적인 교육시스템을 구축할 필요가 있다.

멀티 매체의 발달과 함께 젊은 세대의 중요한 특징으로 나타난 것이 바로 다중 감각의 체질화이다. 멀티미디어는 동시에 보고 듣고 읽고 쓰는, 혹은 그 이상의 감각을 동시에 동원하게 되는 소위 다중 감각의 체질화를 초래한다. 멀티 매체 환경 속에서 살아가는 신세대들의 감수성과 인식수준에 맞추어 창의적인 교육환경을 적극 궁리할 필요가 있다. 신세대들은 영화, TV, 인터넷, 뮤직비디오, 애니메이션 등 다양한 형태의 매체와 다양한 형태의 장르, 시각, 청각, 문자 등 다양한 형태의 감각과 인식방법, 곧 통감각적인 표현, 전달, 인식 방법에 익숙해져 있다. 문자 세대들이 좌뇌만을 주로 활용하면서 문자라는 매체를 통해서 사물을 추상적이고 분석적으로 인식하는데 반해서, 통감각적인 세대들은 좌우뇌를 함께 활용하며 시각, 청각 등을 종합적으로 활용하여 인식하는 방식으로 두뇌 구조가 바뀌고 있다. 감각과 인식 방법을 종합적으로 활용한 통감각적인 인식을 하게 되는 것이다. 신세대들의 이러한 인식 방법에 대해서 비판적인 입장을 취하는 경우도 있지만, 필자는 인간의 인식방법이 문자 위주의 인식방법에서 벗어나 균형을 되찾게 되고 종합적인 인식이 가능해진 진화된 세대라는 표현을 쓰고 싶다.

이렇게 통감각적인 인식 방법이 일반화된 멀티미디어 환경 속에서 대학이 효율적인 교육 커리큘럼을 가동하지 못하면 비정한 교육시장에서도 도태의 운명을 면할 수 없다. 통감각적인 세대에 맞는 혁신적인 방법론 모색, 이제까지 완고하게 쌓았던 학문분과의 경계를 넘나드는 학술적 통합화, 교육자재의 공유 등을 위한 과감한 혁신이 필요하다. 문화적 감각을 가진 우수한 교수와 감각적인 세대, 양질의 교육콘텐츠의 만남 속에서 교육효과는 극대화됨은 물론 대학은 미래교육기관으로서의 위상을 확고하게 장악하게 될 것이다.

3

'처용' 문화의 탄생과
문화콘텐츠의 현황

1. '처용' 문화의 탄생과 전승 경로

'처용' 문화의 발단은 「처용가」에서 비롯된다. 「처용가」는 그 수사적 충격이나 저자에 대한 특이한 이해, 전승의 역사, 광범위한 문화적 파장, 대중적 호응력, 현대문학·문화에 끼친 영향력에 있어서까지 엄청난 콘텐츠를 가진 작품으로, 한국의 현대문화의 미래적 향방을 가늠하기 위해서도 반드시 의미심장한 접근을 필요로 하는 작품이다. 역사적으로 보아 「처용가」는 원작 자체에 크게 얽매이지 않고, 춤, 음악, 굿거리 등 영역이 확대되어 거의 우리 문화의 전면적인 영역과 소통해왔기에, 단순한 시텍스트로서보다 철저히 문화적 감각을 통과하여 통찰될 필요가 있다. 여러 시대와 장소를 거쳐 여러 저자에 의해 편집, 재창조된 「처용가」는 '최종'의 텍스트를 거부하며 아직도 현대문학과 문화 진영에서 무한생성되고 있다.

「처용가」는 향가작품은 물론 해독의 계기를 마련해준 고려속요, 처용희의 일부로서 가창되었으며, 의식무, 또는 연희의 성격을 띠고 고려와 조선 시대까지 계속 전승되었다. 「처용가」는 향악정재(鄕樂呈才)의 하나로 창제·공연되었고, 국한문의 가사로 된 「처용가」가 학연화대처용무합설(鶴蓮花臺處容舞合說)에서 여기(女妓)에 의해 노래로도 불려졌다. 세종 때 윤회(尹淮)가 「처용가」의 곡조를 개찬(改撰)한 「봉황음(鳳凰吟)」의 악보가 『세종실록』에 수록되어 있다. 봉황음은 조선 세종 때 윤회(尹淮)가 지은 별곡체 악장이다. 「처용가」의 가사만 「봉황음」으로 바꾸고 악곡은 「처용가」의 악곡을 그대로 얹어 부를 수 있도록 지은 작품으로 나라와 왕가(王家)에 대한 송축가이다. 가사가 『세종실록』 권

146에 악보와 함께 실려 있고, 나례의식(儺禮儀式) 후 거행된 학연화대처용무합설(鶴蓮花臺處容舞合說)에서 「처용가」 등이 연주되었다는 기록이 있다. 「악학궤범(樂學軌範)」 권5 「시용향악정재조(時用鄕樂呈才條)」에 「처용가」, 「동동」, 「정과정」 등의 고려가요와 함께 실려 전하는 가사는 「처용가」의 생명력을 확연히 입증하는 자료들이다.

「처용가」는 우리의 현대문화뿐 아니라 과거의 문화전통에서도 항상 중심의 위치를 차지해왔고, 연구사를 통해 보더라도 가장 가열한 '해석과 평가'의 대상이 되었다. 「처용가」는 '향가'라는 장르적 틀을 뛰어넘어, 고려가요, 악장 등의 수많은 장르적 확산을 되풀이해왔고, 향악정재 등의 연희무 등의 수많은 문화적 변용을 거쳐 계승되어온 거의 십 수세기에 걸친 문화자원인 것이다. 또한 오늘날까지도 오페라, 대중가요, 각종 문화행사, 문화제, 연극 등에서도 아직도 생성 중인 대단히 신비로운 한국 문학사의 보고와 같은 텍스트이다. 역사적 관점이나 역사적 대중적 생명력을 보더라도, 「처용가」는 우리의 문화사에 던진 파장이 그 무엇보다 심대한 전무후무한 텍스트라 할 것이다.

현대에 와서 「처용가」 관련의 문화콘텐츠 영역으로는 문학, 음악, 무용, 연극, 오페라, 퍼포먼스 같은 창작예술분야가 있고, 최근 들어 관심을 끌고 있는 디지털 영역의 감수성을 살린 작품, 그리고 놀이와 여가 레크레이션을 위한 공연물 등이 있다. 그 내용과 형식이 워낙 방대하여 명료하게 범주화시키기 어려우나 '처용' 관련 콘텐츠는 무형문화재, 사적, 민속자료, 명승, 기념물, 책, 그림, 음반, 고문서, 민예품 등 광범위한 영역에 걸쳐져 있다. 지속적인 전승이나 발표공연, 전시 등의 방법을 통해 처용을 보존하고 쇄신시켜가는 과정은 한국의 문화전통의 '특색'이자 미래문화 실현의 방법론적 측면에서도 새로이 해석될 필요가 있다. 「처용가」라는 하나의 원전이 어떻게 새로운 시대의 옷을 덧입고, 다양한 대중의 흥미와 어떻게 접목되고 있으며, 그 핵심적인 미감의 뿌리와 정체는 무엇인지는 차후에도 면밀히 검토돼야 할 것이다. 무엇보다 가치로운 것은 「처용가」는 우리의 문화를 단순히 단일민족의 개성적인 문화로서가 아니라, 아시아 문화 전체가 혼합된 국제적인 문맥에서 바라보게 해줄 거점이기도 하다는 점이다.

잘 알려진 대로 「처용가」는 신라 49대 원강왕(879년) 때 동해 용왕의 일곱 아들 중 한 아들이 임금을 따라 서울에 와서 정사를 보좌한 덕으로 아름다운 아내를 선택받아 급간(級干)의 벼슬을 얻어 살고 있던 중 어느날 밤 역신(疫神)이 아내를 탐하고 있음을 보고 노래와 춤으로 그 역신을 감복시켜 퇴치케 했다는 내용에 바탕을 두고 있는 8구체의 향가이다. 「처용가」의 기술물은 『삼국유사』 권2 「기이(奇異)」에 나타나는데 그 내용을 보면 다음과 같다.[1]

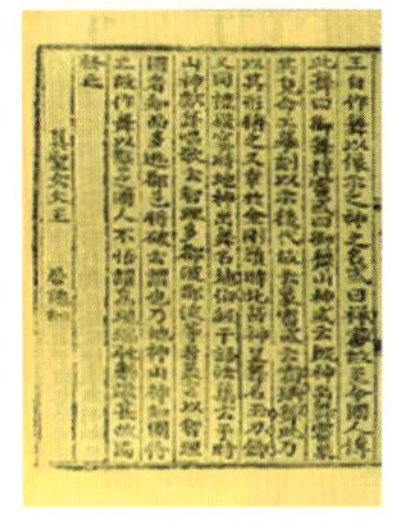

‖ 삼국유사 ‖

“처용이 밖에 나갔다가 집에 돌아와서 자리 속에 두 사람이 누운 것을 보고 노래를 부르고 춤을 추면서 그만 물러나왔다. 그 노래에 이르기를

동경 밝은 달에

밤 이슥히 놀고 다니다가

들어와 자리를 보니

다리가 넷이고나

둘은 내해었고

둘은 뉘해인고

이때에 귀신이 처용의 앞에 정체를 나타내어 무릎을 꿇고 말하기를
"내가 당신의 안해를 탐내어 지금 그를 상관하였소. 그런데도 당신은
노하지 않으니 감격스럽고 장하게 생각한 나머지 이제부터는 맹서코
당신의 얼굴만 그려 붙여 둔 것을 보아도 그 문 안에 들어가지 않겠소"
하였다. 이 까닭에 우리 나라 사람들이 처용의 형상을 문에 그려 붙여
나쁜 귀신을 쫓고 복을 맞아 들이는 것이다."[2]

위의 기술물은 처용과 역신, 아내 사이의 '간통'으로 암시되는 사건을 둘러
싼 처용의 예술적인 반응과 효과, 역신의 감복과 후퇴에 관한 폭넓은 내용을
보여주고 있다.

『삼국유사』권2 「기이(奇異)」에 수록된 기술물에서 유래된 「처용가」는 하나
의 원작을 출발점으로 해, 다양한 장르로 재창조되어왔다. 「처용가」는 우리 문
학사에서 1,300여 년간 면면한 생명력을 과시해온 작품으로 우리 전통의 핵이
라고 해도 손색이 없는 작품이다.

주로 처용이 던져놓은 문화적 충격은 세 가지 통로를 통해 계승된다. 하나는
무수한 패러디 작품으로 출현하는 개인창작물, 둘째는 집단적인 카니발의 형
태, 셋째는 처용 예물(禮物) 정비[3]와 같이 그의 개인적인 행적이나 장소, 정체성
을 저장하고 재현하기 위한 컬렉션 등이다. 그러나 현대에는 처용을 영감의 원
천으로 한 디지털 예술장르가 하나 더 추가되어야 할 듯하다. 이미 처용은 폭
발적인 시장 창출이 가능한 디지털 텍스트로도 실험되고 있는 추세이다.

대체적으로 처용관련 현대의 문화콘텐츠는 '대면(對面)', 즉 실연문화콘텐츠

라고 할 수 있다. 이는 주체와 객체가 동일장소, 동일 시간대에 만나 커뮤니케이션의 형태를 취한 것으로, '비대면'(매체) 문화콘텐츠는 도구나 미디어 등 중간매체의 활용을 통해 주체와 객체의 간접적인 만남에 비해 시공간의 제약으로부터 자유로울 수 있다. 이러한 비대면 관련 분야로, 현재 개발 중인 멀티포엠 작품 등이 있다. 이는 디지털 멀티미디어 콘텐츠로 시, 소설, 수필, 판타지 같은 것을 음반 출판으로 콘텐츠화 할 수 있는 것이다. 이것이 더 개발된다면 영화, 다큐멘터리, 애니메이션, 드라마, 영상쇼 등으로 확장될 수 있을 것이다.

2. '처용' 문화콘텐츠의 특성

「처용가」는 발생기부터 문화 서비스의 객체였던 특권 귀족층을 위한 전유물이 아니라 일반적인 서민과 피지배층의 광범위한 향유물이기도 했다. 「처용가」가 이렇게 1,300여 년 동안이나 문화콘텐츠로 광범위하게 실현될 수 있는 데는 몇 가지의 중요한 요인이 있는 것으로 보인다. 그 첫째는 공유성이다. 「처용가」는 개인이 아닌 대중이 공유할 수 있는 의례, 제의 등의 사고와 행동을 포함하면서도, 우리 모두가 공유하고 있는 문화적 호기심을 재생성한다. 즉 대리체험과 문화적 레크레이션을 통해 대리만족을 주는 것이다. 둘째는 축적성이다. 「처용가」는 하루 아침에 생긴 것이 아니라 오랜 세월에 걸쳐 형성된 것이다. 문학·문화적 유산으로서 수세기에 걸쳐 모방되고 계승된 모티프와 그 형성맥락이 언어, 몸짓, 음악 등의 통로를 통해 전달되면서 문화적 통합기능을 수행하고 있다. 다양한 요소를 통한 축적과정을 통하여 다음 세대로 전수될 때마다 재창조되는 것이다. 가장 중요한 요소는 '문화의 통합성'이다. "문화의 통합성은 문화의 각 영역이 상호 밀접한 관련을 갖고 유기체적인 전체를 이루고 있음을 말한다."[4] 문학, 무용, 오페라 등은 모두 각기 떨어져 있는 것처럼 보이지만 실제로는 이 모두가 유기적인 연관을 맺으면서 「처용가」의 전체를 이루고 있는 것이다. 더욱 중요한 것은 '생활성' 또는 집단성이다.

그러나 가장 중요한 요소는 시각적 · 청각적 예술로 쉽게 이동할 수 있는 '호환성'과 「처용가」 자체의 제재와 드라마틱한 요소라 할 것이다. 단지 문학만이 아니라 음악, 무용 등의 영역을 아우르는 「처용가」의 전승상황을 볼 때 문학텍스트로서의 「처용가」보다 오랫동안 연희전통을 이뤄온 '처용'의 문화에 동시적으로 초점을 맞추는 것이 바람직하리라 여겨진다. 처용은 단순히 문학작품이 아니라 우리의 오랜 문화사에서 연희전통의 중핵을 구성하며 다차원적인 텍스트로 실현되어 왔기 때문이다.[5]

3. '처용' 문화재 현황

처용의 문화전승 상황은 김명준의 [악장가사연구](도서출판 다운샘, 2003)에 자세히 소개되어 있다.[6] 아마도 이보다 상세하고 명료한 연구는 찾기 힘든 듯하여 김명준의 연구를 그대로 인용하기로 한다.

"고려후기에 형성된 「처용가」는 생성 당시부터 궁중과 민간에서 자주 연행된 것 같다. 「처용가」가 탄생부터 자연스럽게 적응할 수 있었던 것은 처용 전승이 단일하지 않았지만 전대부터 전래된 익숙한 소재인 점, 내용이 벽사진경인 점, 놀이로서 적합한 점 등이 작용한 것으로 보인다. 고려 궁중에서 「처용가」를 즐겼음은 『고려사』에 보이는데,[7] 주로 연향과 굿에서 사용된 것 같다. 민간에

서 「처용가」가 널리 퍼져 있음은 개인 문집에서 확인
할 수 있다."[8] 위의 기록에서 민간에서의 「처용가」의
수용도 궁중과 비슷했음을 보여준다.

　이렇게 「처용가」는 고려시대에 궁중과 민간에서 인
기 있는 곡목이었듯이 이런 상황은 조선시대에도 계속
이어졌다. 윤회(尹淮, 1380~1436)는 「처용가」를 참고
하여 「봉황음(鳳凰吟)」을 파생시켰으며,[9] 이 두 노래를
세종과 세조 때에 중요 궁중 가무악으로 삼기도 하였
다.[10] 또한 세종 때 「처용가」와 처용무에 대한 정비,[11] 세
종 31년(1449)에 「처용가」를 정재 악곡으로 추가하여
연습케 한 기록과[12] 성종 때 향악정재의 곡목으로 지정
했던 것에서[13] 이를 짐작할 수 있다. 태종과 세종 대에
「처용가」의 정비를 통해 초기 처용무가 독무(獨舞)이던

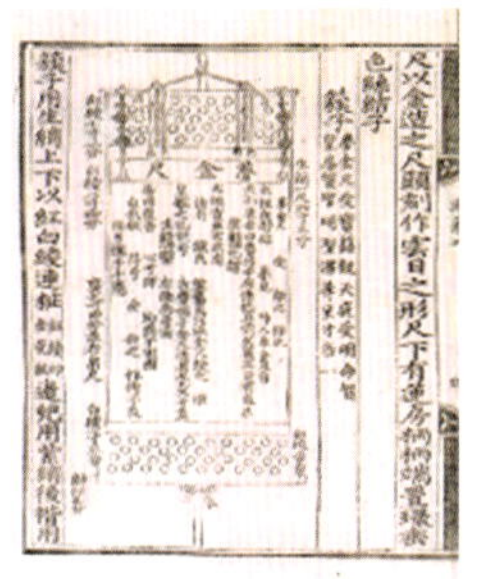
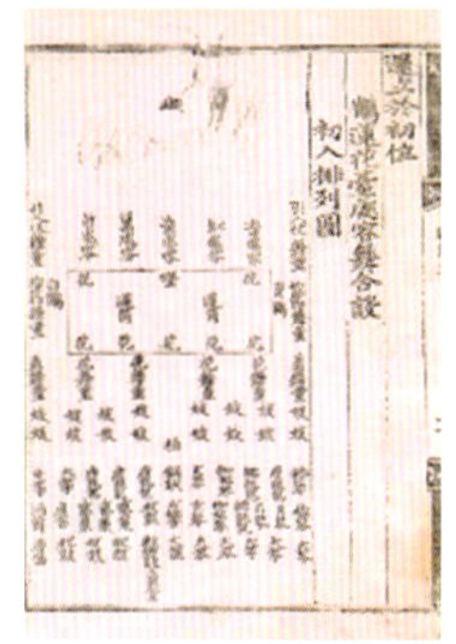

‖ 05332-003 악학궤범 학연
화대처용무합설 본문 ‖

것을 대무(對舞)로 확장시켰고, 성종 대에 이르면 오방
(五方) 처용무로 완성하여 궁중 나례(儺禮)에서 학무(鶴舞)와 연화대무(蓮花臺舞)
를 합설(合設)하여 후대 궁중 연희의 중요 종목으로 전승되었다는 점에 의의를
둘 수 있다. 이후 「처용가」는 조선시대 궁중 연회에 자주 사용되있는데, 연산군
시대에 오면 절정에 오른다. 공연 관람,[14] 처용 예물(禮物) 정비,[15] 연향 무악(舞
樂)으로서 적극 권장,[16] 직접 공연[17] 등 「처용가」와 처용무는 연산군 때 궁중 가
무악의 주류였음을 알 수 있다. 이러한 처용 전승은 중종 대에 오면 위기를 맞
는다. 중종 반정(1506) 이후 중종이 「처용가」와 관련된 일체의 궁중 공연을 금
지한 것이다.[18] 이와 같은 조치는 연산군과 관련된 모든 것을 개혁하고자 한 의
도와 맞물린 것으로 보인다. 하지만 중종 19년(1524)에 이르면 처용 의식을 부
분적으로 허용하기에 이른다. 중종은 세시를 헛되이 넘길 수 없으므로, 진풍정

(進豊呈)과 관처용(觀處容) 등의 일을 멈추고 곡연과 양재처용(禳災處容)만을 베풀도록 하였다.[19] 이는 벽사 의식의 필요성을 느낀 현실적 조치라 할 수 있다. 이로부터 중종은 여러 종친들과 함께 세밑마다 처용희를 관람하였다.[20] 한숙(韓淑, 1494~1560)이 올린 차자에 중종이 '처용희만을 크게 베풀고 고악(鼓樂)을 시끄럽게 울리면서 즐거이 구경하다가 새벽이 되어서야 파하였습니다.'[21] 라고하여 중종 또한 집권 말기에 이르면 처용희를 즐겼음을 알 수 있다. 광해군 시기에 이르면 학무와 처용무가 분리된 것으로 보인다.[22] 실록 사관에 의하면 광해군 때에도 처용무에 막대한 비용을 지출했다는[23] 언급으로 보아 궁중 내 처용희가 여전했음을 보여주고 있다. 인조와 현종 시대에 궁중 내 처용무공연에 관한 실록 기록은 없지만 이들에게 내린 사연(賜宴)에 처용무가 있어 전승이 지속되었음을 알 수 있다. 인조는 원년에(1623) 이원익(李元翼, 1547~1634)에게 궤장하사연(杖下賜宴)을 베풀었는데 그 자리에서 처용무 공연이 있었으며,[24] 현종 9년(1668)에는 이경석(李景奭, 1597~1671)에게 궤장을 내리던 사연에서 처용무를 추었다.[25]

숙종 때에 이르면 인정전 진연,[26] 승전전 진연[27] 경현당 진연[28]과 같은 각종 진연례에서 처용무가 빠지지 않고 공연되었다. 숙종 대의 처용에 관한 의식은 전대와 비교해 보면 비교적 긍정적이었음을 알 수 있다. 중종부터 광해군 때까지는 처용희에 대해 여러 가지 이유 예컨대, 비용·문제 음란성 시비 등으로 군주 자신이나 관료·사신(史臣)에 이르기까지 일정 정도 비판적 거리를 가지고 있었다. 그러나 숙종은 그 자신과 장악원 관원들의 합의 아래 진연례는 물론 크고 작은 궁중 잔치에 처용무를 사용하였으니,[29] 처용에 관한 인식이 다시 복귀되었음을 알 수 있다. 이후 경종·영조·정조 시대에도 처용무는 궁중 진연, 소연(小宴) 등에 계속 공연되었음을 사료를 통해 알 수 있다.[30] 또한 헌종 14년(1848)에 순원왕후(純元王后) 김씨[大王大妃, 1789~1857]의 육순(六旬)과 신정

왕후(神貞王后) 조씨[王大妃, 1808~1890]의 망오(望五)를 축하하기 위해 창경궁 통명전(通明殿)에서 가진 진찬례에서 처용무 공연이 있었으며,[31] 고종 때에도 「처용가」가 불린 것으로 보이나,[32] 이 시기에 이르면 「처용가」는 전대에 비해 상용되지는 않아 그 세력이 점차 약화되었음을 엿볼 수 있다.[33] 이렇게 「처용가」와 처용무는 중종 재위 20년 동안을 제외하면 다소 변화는 있었지만[34] 조선시대 전반에 걸쳐 궁중 의식과 잔치에 줄곧 사용된 가무악이었음은 부인할 수 없을 것이다.[35]

한편 처용 가무에 대한 민간 전승은 조선시대에도 고려시대만큼 활발했던 것으로 보인다. 실록에서 「처용가」와 관련된 기사를 보면, '사대부가에서 처용희를 즐기는데, 그 폐단이 이루 말할 수 없다.'는 문맥이 주를 이룬다.[36]

이런 경향은 영조 때 실록 사신(史臣)의 주(註)에서 '사연에 처용을 쓰는 일이 많다.'는[37] 언급으로 보아 조선후기까지 계속된 것 같다. 이와 같은 분위기 속에서 「처용가」는 심광세(沈光世, 1577~1624), 이익, 이광사(李匡師, 1705~1777) 그리고 이학규(李學逵, 1770~?)와 같은 일부 사대부들에 의해 악부시로 전승되기도 하였다.[38]

'처용무'는 신라의 오기와도 연관이 있는데, 전체적으로 나례와 처용무와의 관계는 벽사진경과 관계가 있다. 현재 처용무는 현재 중요무형문화재 제39호로 지정되어 보존하고 있다. 울산시는 울산 남구의 '처용암'[39] 등을 지방기념물 4호로 지정되어 관광지로 개발하였다. 처용제는 경북지방의 문화관광 자원으로 적극 보호 장려되고 있는 실정이다.

‖ 처용암 ‖

4

'처용'의 문화와 실크로드

※※※

1. '처용' 시대의 국제교류 상황

한 민족의 문화적 요소가 다른 문화에 흡수되고, 특별히 그 지역의 감수성에 걸맞은 새로운 옷을 입고 등장하는 것은 흔한 일이다. 새로운 문화는 전파된 지역에서 재창조 과정을 겪고, 필연적으로 각 지역의 전통문화와 융화되어 그 민족 문학의 유기적 성분이 되는 것이다. 다양한 문화의 공존과 경쟁의 논리를 바탕으로 한 세계화 시대에 「처용가」는 단순히 단일민족의 개성적인 문화로서가 아니라, 아시아문화 전체가 혼합된 국제적인 문맥에서 한국의 문화를 바라보게 해줄 열쇠가 되기도 할 것이다.

「처용가」를 둘러싼 복합적이고 신비로운 요소들이나 이 작품에서 발단된 문화적 파장은 '중앙아시아' 혹은 실크로드로 묶여져 있는 '아시아'라는 문화권역의 개념을 제기한다. 주지하다시피 '비단길'의 명칭은 기원전 1세기경으로 거슬러 올라간다. 로마인이 비단을 알게 된 기원전 1세기부터 극동아시아와 유럽 사이에 무역거래가 이루어지면서 만들어진 실크로드는 신라가 해외문화를 받아들이는 중요한 통로가 되기도 했다. 실제로 「처용가」가 생성된 신라는 물론 고려시대의 문화가 폭넓게 중국을 경유하여 아랍문화와 연계되어 있다는 사실은 그리 어려운 추론이 아님을 다양한 정보와 자료들은 입증해주고 있다. 그간의 연구에 의해 신라불교는 아랍과의 문화교류에 상당히 관여되어있음이 이미 드러나 있는 상황이며, 고려문화에도 실크로드를 통해 유입된 서역문화의 영향이 상당히 깊게 침투해 있음은 다양한 자료들이 제시해주고 있다.

잘 알려져 있듯 실크로드는 전 지구를 아우르는 문명교류의 통로이다. 지구

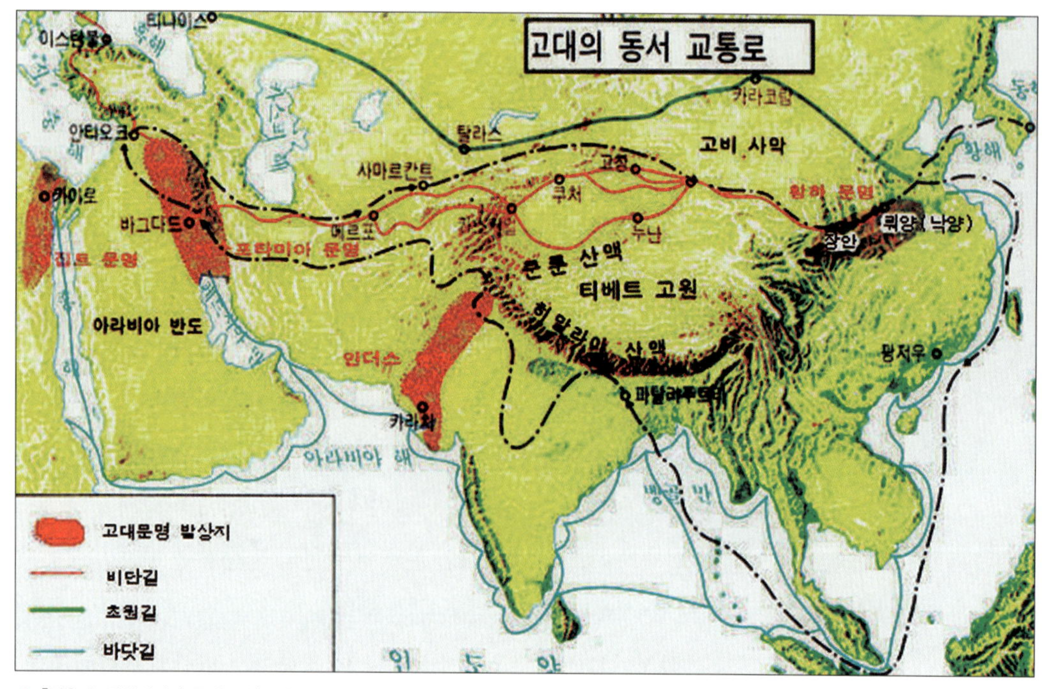

‖「처용가」탄생시기의 동서 교역로 ‖

의 동서를 가로지르는 3대 간선과 남북을 세로로 뚫는 5대 지선을 비롯하여 수많은 길들이 줄줄이 이어져 실크로드라는 하나의 상징적인 문명교류 통로를 이루고 있다. 이 통로는 우리 한반도와 잇닿아 있다. 1,500년 동안이나 동서양을 잇는 대동맥 구실을 한 육로와 해상로인 '비단길' 은, 기원전 1세기부터 향료, 종이, 도자기, 보석 등을 교역했던 통상로였을 뿐 아니라, 동서양의 학문, 종교, 기술이 상호 교류되던 통로이기도 했다. 『한서』「서역전」의 기록에 의하면 음유시인이나 곡예사들도 사절단과 동행했다. 아랍인이 동서양의 중개자 역할을 하며 해상무역을 독점하던 시대는 몽고제국의 발흥으로 종말을 고한다. 페르시아만, 인도양, 그리고 중국해 사이의 해상로의 자료는 아랍 지리학자들과 여행 견문담으로 폭 넓게 남아있다. 둔황의 고문서는 중국어, 티베트어, 위구르어, 산스크리트어 등으로 방대하다. 거기에는 중국역사에 대한 방대한 내용, 불교는 물론 역사, 지리, 고전, 문학 등에 대한 방대한 기록이 담겨있다. 이 모든 것은 11세기 전의 것이다.[1]

「처용가」가 생성되던 시기는 대단히 국제교역이 활발하던 시기였고, 우리가 통념적으로 생각하는 것보다 더욱 다문화적 요소가 짙었던 시기였다. 한 가지 예를 들면, 851년에 술라이만이 쓴 『중국과 인도소식』에서 신라를 "sila"로 표기하여 소개하고 있다. 그리고 알 이드리시(1099~1166)는 세계지도를 제작하면서 '신라'의 위치를 명기하고 있다. 라쉬드 알딘(1248~1318)은 『종합사(Jamio' d Tawarikh)』에서 신라 대신 "고려[Kauli]"로 표기하고 있다. 또한, 알리 아크바르는 『키타이書(Hitayname)』에서 고려가 상업이 매우 발달한 풍요로운 나라로 묘사하고 있다. 이처럼 중세 아랍인들이 고려에 대해 가졌던 지식과 정보는 단편적인 것이지만, 기록된 사실 자체만으로도 고려에 대한 이슬람 세계의 관심의 정도를 말해준다.

「처용가」가 생성되던 당시 신라에서는 서아시아의 지중해 연안에서 성행한 로만글라스의 유품도 다수 발굴되었다. 경주시 외동면에 있는 괘능(掛陵, 8세기 말의 원성왕릉으로 추측)을 지키고 서 있는 한 쌍의 무인석상은 서역인 형상이며, 안강(安康)에 있는 흥덕왕릉(9세기 전반)에도 이와 똑같은 무인석상이 있다. 8~9세기에 아랍-무슬림들이 이미 신라 땅에 나타났다는 기록을 감안할 때, 이토록 사실적이고도 생동한 석상은 현지에서 그들을 모본으로 하여 만들어졌을 것이다. 이 외의 다양한 외래품이 보여주는 중계교역의 흔적은, 신라와 아랍-이슬람제국 간의 직접적 교역의 결과라고 볼 수도 있다. 이러한 직접적인 교역을 시사해 주는 사례로는 고려 초에 대식 상인들이 고려에 집단적으로 내왕한 사실을 들 수 있다. 그런가 하면 고려 초에 대식(大食, 아랍) 상인들이 상역차 수도 개경에 대거 내왕했다는 명백한 기사도 있다. 이러한 사실들은 일찍이 신라

‖ 중세 아랍 지리학자 알이드리시가 제작한 세계지도에 나타난 신라 부분(5개 섬) ‖

와 이슬람 세계 간에 문물교류나 교역이 진행되었음을 입증한다. 정수일의 조사에 의하면 『고려사』에, 고려 초기인 1024년, 1025년, 1037년에 대식 상인들이 100여 명씩 수은과 용치(龍齒) 등의 교역품을 가지고 수도 개경에 찾아와서 방물을 바치고 후한 대우를 받았다는 기록이 있다.

‖ 서역모자(고깔모)를 쓴남자토용, 두 손으로 홀을 잡은 서역 남자토용상 ‖

정종 6년(1040), 대식국(大食國) 상인이 물건을 바치자 그들을 객관에 머물게 하였다는 『고려사』의 기록은 이러한 교류 사실을 서지적인 차원에서 뒷받침한다. 이것은 대식 상인들이 사전에 고려와의 무역에 관한 상당한 정보를 갖고 있었을 뿐만 아니라, 그 이전 신라시대에 이미 여러 형태의 교역이 선행되었음을 말해 준다.

이렇듯 한반도에서 아랍-이슬람제국을 비롯한 서역의 유물이 발굴되고, 아랍 문헌에 무슬림 상인들이 신라에서 가져간 교역품에 관한 기사가 보이며, 또한 신라가 서역이나 동남아의 문물을 일본에 전한 사실도 기록되어 있다. 9세기 중엽 아랍 문헌의 내용을 종합해 보면 첫째, 일찍이 우마이야조 아랍제국이나 아바스조 이슬람제국 시대부터 아라비아 반도나 이라크, 그리고 기타 지역의 무슬림이나 외방인들이 중국을 경유해 그 동편에 위치한 신라에 도착했고, 둘째, 무슬림들이 신라에 잠시 내왕하거나 여행한 것만이 아니라 장기간 정착했으며, 셋째, 그들이 신라에 진출하여 타향살이에서 오는 갖가지 어려움을 극복하면서 정주한 것은 신라의 공기가 맑고 물이 좋으며 땅이 비옥하고 금을 비롯한 자원이 풍족한 것 등 여러 이점이 있었기 때문이다.

이러한 국제교류에서 무엇보다 주목해야 할 인물들이 있다. 다름 아닌 신라시대에 한국인으로서 두 지역 간의 교류에 큰 발자취를 남긴 사람은 고승 혜초(慧超)와 맹장 고선지(高仙芝)다. 혜초는 4년간(723~727년)의 서역 순방 기록인 『왕오천축국전』을 남겼는데, 이것은 대식을 비롯한 서역 일원에 대한 한국 서적 중 가장 오래된 책이다. 그는 사상 최초로 아라비아를 대식(大寔, 즉 大食)으로 명명했으며, 8세기 인도와 페르시아, 중앙아시아 지역에 관한 귀중한 정보를 전해 동서 문명교류사와 중세사 연구에 불후의 업적을 남겼다. 특히 혜초는 한국인으로서 최초로 이슬람 세계에 다녀와 한국과 이슬람 세계의 관계사에서 개척자적 역할을 했다. 고구려 유민 출신의 고선지는 대당 건설이란 명분 아래 파미르 고원을 다섯 차례나 넘나들면서 전장에서 희세의 위훈을 세웠다. 그의 서정으로 인해 파미르 고원 이동 지역에 대한 당의 경영권이 확립되고, 이 고원을 경계로 당제국과 이슬람제국이 병립하는 새로운 국제질서가 출현하여 중세 동서관계사에 전기가 마련되었다. 이를 통해 당대의 선진문명의 척도라 할 수 있는 종이(식물성 셀룰로오스로 만든 오늘날의 종이) 제조기술이 이랍-이슬람 제국을 거쳐 유럽에 전파되고, 슬슬(瑟瑟)이나 양마 참 목 등 서역 문물이 중국과 신라에 전래되었으며, 이슬람 문

명권과 한문명권 간의 상호이해가 증진되었다. 무엇보다 나폴레옹의 알프스 돌파보다 더 위대하고 성공적인 것으로 평가받는 고선지의 서역 원정은 세계 전쟁사의 빛나는 한 장이었으며, 그의 용맹과 기지, 도덕성은 한국인의 민족적 자존과 긍지를 온 세상에 과시한 것이다.[2]

이처럼 지금으로부터 1천여 년 전 신라와 이슬람 세계 간의 교류와 만남은 향후에 전개될 교류와 만남의 전주곡이었다. 고려시대부터는 한국측 문헌기록에서도 찾아볼 수 있다시피 오늘날까지 이어지는 여러 형태의 접촉이 이루어졌다. 정수일 교수의 상세한 조사에 의하면, 그간 한반도의 여러 곳에서 신라시대에 유입된 아랍-이슬람제국을 비롯한 서역 유물이 적지 않게 발굴되었다. 1966년 경주 불국사 석가탑에서 세 꾸러미의 유향(乳香)이 발견되었는데, 이것은 아라비아 반도 남단에 위치한 하드라모우트나 반도 북부의 팔레스타인에서 유입된 것으로 밝혀졌다. 통일신라 시대의 대표적 유리공예품의 하나인 칠곡군 송림사 전탑의 사리병은 그 표면에 사산계의 환문(環紋) 장식이 있어 페르시아에서 들어왔거나 그 영향을 받아 만들어진 유품임이 분명하다. 이러한 문화교류 흔적과 8~9세기에 아랍-무슬림들이 이미 신라 땅에 나타났다는 기록을 감안할 때, 이토록 사실적이고도 생동적인 당대의 문화적 흔적들은 신라와 아랍-이슬람제국 간의 직접적 교역의 결과라고 볼 수도 있다.

신라와 서역 간에는 교역뿐만 아니라 문화교류도 진행되었음이 여러 측면에서 실증되고 있다. 신라 중대 이후 고구려가 수용했던 것을 재수용했거나 당으로부터 직접 들여온 서역 악기가 여러 종 있다. 대표적인 것이 타악기인 박판과 현악기인 당비파와 공후, 그리고 관악기인 피리와 횡적 등이다. 최치원의 『향악잡영오수(鄕樂雜詠五首)』에 의하면 신라 때 금환(金丸, 공 던지기) 등의 5종의 놀이가 유행했는데, 모두 서역 계통의 것이다. 그중 산예는 오늘날까지도 일종의 전통예술로 전승되고 있다. 이 외의 공예분야에서도 서역적 요소가 뚜

렷한 몇 가지 기법이 도입되었다. 이집트에서 발생한 뒤 중앙아시아와 중국을 거쳐 전래된 다채장식 양식의 누금(鏤金)과 감옥(嵌玉) 기법이 대표적인 일례다. 이 두 기법은 신라와 백제시대에 장신구 장식법에서 하나의 특색을 이루었다. 그 밖에 페르시아에 기원을 둔 대칭문양도 채용되었다. 이슬람 문화의 한반도 유입을 보여주는 이러한 구체적인 물증들을 통해 볼 때 신라와 이슬람 세계 간의 교류는 그 주역들의 내왕에 의해 이루어졌음은 자명하다(정수일, 「신라 서역 교류사」, 「고대문명교류사」 등과 번역서 「이븐 바투타 여행기」 등의 자료).

때문에 한국의 문화전통만이 아니라 국제적인 맥락에서 「처용가」 관련 문학·문화를 좀 더 심도 있게 검토해 보는 것은 지극히 온당할 것이다.

서역－중국－한국－일본 등 아시아 경제가 실크로드로 묶여있던 당시의 문화교류 현황을 볼 때, 처용은 당시의 글로벌 헤게모니를 장악하고 있었던 아랍과 긴밀한 연관성을 가지고 있는 것으로 짐작된다. '처용'이 보여주는 것은 전통문화의 바탕에서 외래적 요소를 역동적으로 융합해낸 다문화적 요소이다. 이러한 다문화적 요소를 함축한 처용의 문화전통은 세계화 시대에 우리 현대문화의 정체성 형성과 미래적 비전에 상당히 많은 것을 시사해준다고 하겠다. 우리나라의 민족문화는 역대 정권의 선전으로 인해 지나치게 폐쇄적이고 고정적인 것으로 오도된 감이 있다. 하지만 오히려 처용은 전통문화의 특수성과 함께 역동적이고 광범위한 아시아 문화의 총합체로서 다시 조명될 때 더욱 객관적인 시야와 관점을 마련할 수 있는 것이 아닌가 한다.

2. '처용' 문화의 국제성

고려시대에 극성을 이루었던 「처용가」의 패러디 및 전승텍스트들, 고려와 조선조에 크게 발흥했던 처용희의 카니발적 요소는 고전문학 진영의 연구 성과에 의하면 중국-아랍-몽고의 영향 아래 탄생한 '원곡'의 영향으로 인해 발생한 것으로 알려져 있다. 처용 출현의 첫무대가 국제적인 상인을 맞아들이는 문화행사이듯이, 이방문화에 개방적인 글로벌한 기류가 신라나 고려시대에 가능하지 않았다고 생각하면 안 된다. 당대의 이방문화라면 당연히 중국을 떠올리지 않을 수 없는데, 여기서 의미심장하게 주목해볼 것은 중국과 아랍문화간의 긴밀한 관계, 그리고 중국을 경유한 한국과 아랍간의 오랜 교류사이다. 비록 「처용가」와의 직접적인 영향관계를 밝혀주는 문헌은 찾기 어려우나, 인도-페르시아-아랍-중앙아시아-중국의 문학적 동선을 그려줄 수 있는 문화적 교류의 한 예로 우리는 '음악'을 주목해볼 수 있는 것이다.[3]

당시의 글로벌한 기류와 활발한 문화적 교류상황은 같은 시기의 발해문화에서도 확인된다. 문헌기록에 의하면 발해에는 소리와 타령뿐 아니라, 「릉절」, 「부수」, 「팔선」 등 무용으로 연주된 악곡도 널리 보급되었다. 뿐만 아니라 「신당서」의 기록에 의하면 민족악기가 매우 다양하게 발전하였다. "형태가 다양한 악기와 려율(呂律)이 부동한 악곡이 많이 창작되었기 때문에 20여 종의 관현악을 사용하는 연주집단이 있었고, 조선조시기에 음악과 무용을 관할하던 장악원과 비슷한 역할을 논 「교방」이 발해의 연주, 가창, 가무예술가들을 이끌어 창작, 출연하게 되었다. 이와 같이 발해의 음악이 매우 발전하였기 때문에 악기를 수출하기도 하고 인근 나라들과의 음악교류도 빈번하였다. 814년 4월에는 악기와 함께 악곡 2부를 당나라에 보냈다. 중국과 일본에서 진행된 발해사람들의 공연은 그 나라사람들의 흠모와 절찬을 자아내었다. 일례로 794년 12월에 5천 명의 일본사람들 앞에서 한 발해의 공연을 들 수 있다(속 일본기, 권 17). 발해예술인들의 공연을 감상한 일본왕과 귀족들은 깊이 감탄되어 저들의 암악가를 발해에 보내 높은 수준을 보여준 음악을 배워오라고 하였다. (중략) 우수한 악곡과 무용은 당과 일본에 전파되어 발해 예술의 높은 경지를 보여주었다. 「릉절」은 「고려녀」, 「애기녀」로 불리우면서 일본들이 오랫동안 연주하여 왔으며 「답추」라는 가무도 일본에 알려졌다."[4]

이러한 활발한 국제교류 상황을 볼 때 중세기간 글로벌 헤게모니를 장악하고 있었던 아랍문화가 중국을 경유해 신라–고려로 흘러든 것으로 추측되는데, 이러한 문화교류상황은 고려조의 「처용가」나 '처용' 문화의 형성에 필수적으로 고려되어야 할 전제가 아닌가 싶다. 그러나 무엇보다, 고려조에 이르러 '처용'의 문화가 아랍문화와 연계되어 있다는 핵심적인 증거를 우리는 고려가요가 이슬람의 영향을 받았던 송사와 원곡의 영향을 받았다는 점에서 찾아볼 수 있다. 잘 알려져 있다시피 송사는 만당시대에 시작되며, 흔히 서역이라 불리는 중앙아시아의 영향을 받았다. 고전문학 진영의 연구 성과에 의하면, 고려조에 크게 발흥했던 속요 및 그것의 예술적 실현은, 중국–아랍–몽고의 영향 아래 탄생한 '원곡'[5]의 영향으로 알려져 있다. 고려의 「처용가」에 영향을 미친 중국의 음악은 서역과 긴밀한 문화교류 아래 탄생한 것으로 알려져 있는데 관련 기록을 보면 다음과 같다.

"수당 시기 때 외래음악과 한민족 고유의 민간음악이 서로 융합하여 형성된 새로운 음악인 연악(燕樂)이라는 것이 있다. 연악의 계보가 보편화되어 유행할 때, 민간의 예인들은 이러한 새로운 소리에 근거하여 새로운 곡을 창작하기 시작"하였는데 이것이 바로 '사' 의 기원으로, "돈황 석실에서 당인 사본 곡자사가 발견된 바 있다. 이러한 사는 대부분이 당대 민간사이다. 이러한 민간사는 다양한 형식을 가지고 있으며, 그 중에는 짧은 영사(슈詞)와 자수가 좀 많은 中調가 있을 뿐 아니라 1백자 이상의 장조長調도 있다. (중략) 그 중 특히 애정을 묘사한 작품은 매우 진지하고 열정적이며 새롭고 생동적이다"[6]

"고려는 송·원·명으로부터 대성아악(예종 11년, 1116)·석전제악(충렬왕 25년, 1299)·명의 아악(공민왕 19년, 1370)과 악기를 꾸준히 수입함으로써 음악 문화 발전에 노력을 경주하였다. 이렇게 고려시대에도 대외적으로 중국의 음악을, 대내적으로 전조의 음악을 수용함으로써 당대 음악의 다양성과 음악적 자산을 확장시켰던 것이다. 조선 초기에도 명·몽으로부터 음악과 악기 수입은 계속되었다. (중략) 이처럼 조선시대에도 고려가 그랬던 것처럼 밖으로는 명·몽 등의 음악을 받아들이고, 안으로는 고려의 악곡을 적극 수용 활용함으로써 음악 정비를 도모했던 것이다. 따라서 전대 음악의 수용은 당대 음악적 활용과 음악적 자산의 확장을 위한 것으로 조선시대뿐만 아니라 신라시대부터 내려온 음악 문화의 전통이라 할 수 있으며, 조선시대에 고려속요의 수용과 전승도 음악 전통의 관례로 볼 수 있다. 따라서 『악장가사』 소재 고려속요도 효용성 차원에서 수록·전승된 것이라 할 수 있다."[7]

앞의 기술에서 보이듯이 서역과 중국의 음악적 관계는 대단히 긴밀했으며, 음악을 기반으로 한 처용의 문화는 그러한 아랍문화와 습합된 중국의 영향 아래 탄생한다. 이렇게 「처용가」뿐 아니라 '처용'의 문화는 그 발생기부터 철저히 국제적인 감각을 통과하여 통찰될 필요가 있다. 한국 문화전통의 유구한 핵심코드가 되었던 처용은, 마치 외국에서 흘러들어오는 음악, 비디오같은 상품을 통해 급진적인 문화적 실행을 자극받는 현대처럼, 국제적인 문화충격이 토착적인 문화와 뒤섞이고 융합되는 과정에서 생성된 것으로 받아들여져도 좋을 듯하다. 이에 관한 간략한 도표를 제공하고자 한다.

옆의 지도가 보여주듯이 아랍의 아바스 제국의 부흥과 762년 바그다드 건설 등으로 중동과 동북아시아 간의 해상무역은 막대한 무역거래를 유발했다. 페르시아만을 출발한 상선들은 「중국과 인도 견문록」(851)에 기록된 여행로를 따라 여행했는데, 상인들의 최종 목적지는 중국의 항구도시 광둥이었다.[8] 이 무렵 중국을 통해 아랍의 값비싼 패물, 빗, 너

‖ 장보고 시대의 해상무역 경로 ‖

울 등이 신라에 대량 수입되었고, 아시아의 지중해 역할을 하던 황해에서 해적의 약탈을 막기 위해 장보고의 청해진이 설치되었다.

특히 고려조에 들어와 왕실이 무역상인의 집안이었던 만큼 고려의 상인들은 개경을 벗어나 예성강 입구의 벽란도·전포 등지의 항구를 끼고 상업 활동을 벌였고, 부상(富商)들은 또한 해외무역에도 종사하였을 것으로 생각된다. 고려

는 예성강의 벽란도, 무주의 회진·승평, 강주, 전주의 임파군과 희안현, 정주, 풍주 등의 항구를 대외교역 창구로 활용했으며, 개경에 가까운 벽란도는 고려 최대의 교역항이었고, 정주 역시 이에 버금가는 무역항이었다. 고려 조정은 서해안과 남해안에 있던 이들 포구를 조운로라 불리던 해로로 이용했으며, 포구를 직접 관장함으로써 대외교역을 통제했다. 이러한 여건은 고려의 대외교역이 활발하게 전개된 기본 요인으로 작용하였다. 송측의 자료에 '고려상인', '고려매인(高麗買人)'으로 표현된 이들, 그리고 고려 상선의 존재와 고려망수(高麗綱首)에 대한 시박세(市舶稅)의 내용을 통해 해외무역에 종사하던 고려 상인들을 구체적으로 확인할 수 있다. 고려와 송의 교역은 예성강에서 대동강구를 거쳐 산동지역에 이르는 북선항로와 예성강에서 흑산도를 거쳐 명주에 이르는 남선항로를 통해 이루어졌다. 외국 상인들의 무역활동은 상품을 고려왕에게 헌상하고 그에 대하여 무역 허가와 회사를 받는 사헌무역(私獻貿易)의 형태를 취하였다. 이른바 '팔관회적 질서'는 중국의 전통적인 조공질서에 대응하는 고려의 주체적인 외교체제였으며, 이는 국가적 차원에서 대외교역 정책이 추진되었음을 시사한다. 특히 고려·송의 교역에서 가장 큰 비중을 차지한 것은 송상(宋商)이었다. 이들의 역할은 고려측에서도 매우 중요하였다. 즉 송상은 고려에서 무역을 하기 위해 입국하였으며, 때로는 주문을 받아 물품을 대는 도매상이기도 하였다. 뿐만 아니라 이들은 양국간 외교문서를 전달하는 국제사절의 역할을 수행하였으며, 불경을 고려에 들여오기도 하고, 개인간의 서신을 전달해주기도 했다. 송상들은 교역 이외에 정치적, 문화적 교류나 사적인 친분의 매개자였던 것이다. 국가들의 영토와 문화적 경계가 교역과 상업로를 통해 작용하던 신라 헌강왕시절, 처용은 신라의 문화적 특성을 과격하게 격변시킨 예에 해당된다고 하겠다.

5

'처용'의 정체와
캐릭터 콘텐츠

1. 비단길의 가인, 처용랑(處容郎)

「처용가」 발생기의 전후맥락을 보면 처용의 상징을 생산해낸 것은 바로, '낯섦' 이라는 문화적 충격이다. 처용의 노래와 춤은 그 출현시부터 문화적 고양을 자극하였고, 아무도 잠재울 수 없었던 처용 열풍은 일정한 문화전승을 이루며, 고려-조선조는 물론 현재까지도 폭발적인 패러디 작품으로 생산되었다. '처용' 의 문화는, 대중적 전파력이라는 측면에서 볼 때 우리 문학사 속의 그 어느 문학텍스트보다 월등하며, 현대문화에 던지는 문화적 파장과 대중성 또한 타의 추종을 불허한다.

도대체 이렇게 대중들의 열광을 불러일으켰던 처용 열풍의 비밀은 어디에 있는 것인가?

무엇보다 중요한 점은 처용의 문화가 우선 기이한 인물을 맞아들이는 대중의 열광에서 출발한다는 점이다. 한 지역의 문화적 기억에 새로운 요소가 첨가될 경우, 그 낯설음을 새로운 놀이로 전유하려는 대중의 욕망은 발생하며, 그러한 낯설음을 나름대로 토착적인 문맥으로 번역하는 과정에서 처용의 문화는 역동적으로 구성된다. 으레 한 지역의 문화적 기억이 보존되면서, 새로운 요소가 첨가될 경우, 그 정체성과 정착의 과정은 우리의 깊은 질문거리가 된다. 처용이라는 낯선 존재의 장엄한 출현을 대중들은 '용' 이라는 익숙한 토착적 상징으로 '번역' 하였고, 춤추고 노래하고 술 마시고, 방랑벽을 지닌 처용의 두드러진 개성은 세인들의 호기심 거리가 되었다. '처용' 에 대한 대중들의 열광과 그의 '춤과 노래' 에서 비롯된 처용 카니발은, 당대의 문화시스템이 허용하는 모든 다양한 양식으로 실현되었다. 오늘날 국제화된 문화기류 속에 살고 있는 우리가 이방에서 흘러든 새로운 문물에 열광하듯, 처용문화를 촉발시킨 강력한 매력은 처용의 '이방성'에서 비롯되는 것이 아닌가 하는 짐작을 해보게 하는 현상인 것이다.

더 나아가 고려 처용 문화의 형성은 주로 중국을 경유한 실크로드의 음악교류를 통해 형성된 것으로 밝혀져 있는데, 이는 이미 신라기부터 비롯된 광범위한 서역 / 중앙아시아와의 교류사, 특히 고려 가요 「처용가」 형성의 배경이 되는 서역과의 음악교류사를 통해서 역력히 실증이 되는 사항이다. 우리는 한국문화의 상상력의 용광로로 처용을 탄생시킨 요소가, 한국문화의 전통적인 요소만이 아니라 이국적인 요소일 수도 있다는 역설을 수용할 필요가 있다고 판단된다. 실제로 서역-중국-한국-일본 등 아시아 경제가 실크로드로 묶여있던 국제문화 속에, 오늘날 우리가 생각하는 것보다 고려는 글로벌한 기류를 가지고 있었으며, 고려조에 이르러 절정을 이루는 처용의 카니발 문화는 이질적인 문화를 토착화시켜가며 수정, 재형성해가는 과정이었다.

✼✼✼

2. 처용의 정체와 캐릭터 콘텐츠

다양한 처용의 전승텍스트나 처용희의 '가면'의 이미지가 암시하듯이 주술적 관점, 역사적 관점 등에서 처용의 다양한 인간적 특성들은, 인격적인 범주로 보아 대단히 폭넓게 해석되고 변용되어왔다. 가령 대중의 무의식적 소통을 거쳐 축사적 제의를 수행하는 박수적 이미지로 해석되기도 했고, 로맨틱한 예인적 인물상, 혹은 지방 호족 등으로 이해되기도 했다. 처용의 정체에 관한 가장 대표적인 학설들을 보면 다음과 같다.

◉ 민속학적인 관점

▮ 이능화 : 帖像辟邪하는 門神과 관련.

▮ 송석하 : 축사진경과 화랑찬양.

▮ 김용구 : 儀典의 합리화를 위한 설명설화로 나타난 것이 처용설화.

▮ 장수근 : 처용가면을 설명하기 위해서 처용설화 형성.

▮ 김동욱 : 처용설화를 무격설화로 파악 처용설화는 巫祖인 처용의 본풀이.

▮ 김열규 : 무속사회에서 여권 우위의 입장에서 처용의 행위를 파악하고 처용은
　　　　　역신을 驅逐하는 醫務呪術士, 설화는 신성 전설이며, 「처용가」는 感染법
　　　　　칙의 주술원리가 담긴 주가.

▮ 현용직 : 처용설화가 고대의 용신출현설화와 개운포지명전설, 용자보정설화
　　　　　역신의 전역 관념과 그것을 물리치는 驅疫神의 관념이 이에 결합.

▮ 이두현 : 辟邪 가면의 인격신화와 그에 따른 해석 설명으로 형성된 설화.

▮ 문상희 : 처용설화가 신격의 힘으로 병마를 물리치는 원시적 주술신앙이
　　　　　역사화 한 것. 신화적 전설적 요소가 복합.

▮ 김승찬 : 처용의 原義가 巫이고 「처용가」는 魔力的인 무가.

▮ 김종우 : 처용이 반신반의적 인물로서 신라대의 男覡花郎.

▮ 서대석 : 처용이 巫이면서 동시에 巫의 신(동해용신)을 섬기는 강신무이고,
　　　　　역신은 역병을 주는 귀신, 간통은 처용처가 역병에 걸림, 「처용가」
　　　　　무는 역병을 고치는 치병의례로서 주술적 성격, 처용설화는 무신이며
　　　　　驅疫神·門神인 처용신의 본풀이, 「처용가」는 처용신의 유래를 설명한
　　　　　서사무가에 삽입된 주술무가.

‖ 양주동 : 불교의 忍慾苦行과 연결, '羅候' 는 인용보살과 연결.
‖ 황패강 : 처용은 호국호법의 용이고, 그의 보좌왕정과 가무는 중생교화로서 임
무수행이자 불교적 교화 가무의 의미. 「처용가」는 불교적 인간관에
바탕을 둠.

◉ 역사 · 사실적인 관점

‖ 이우성 : 처용은 중앙집권에 순복하지 않는 지방호족의
자제이고, 헌강왕의 개운포 출유, 처용 입경,
역신(중앙귀족자제) 「처용가」는 지방호족이
중앙귀족에게 느꼈던 갈등의 표현.
‖ 이용범 : 처용은 이슬람 상인.
‖ 박노준 : 헌강왕대는 신라 말에 해당되는 시기로서
번영과 호화를 구가하는 한편으로, 유락 탐닉
퇴폐의 풍조가 사회전반을 지배. 「처용가」는 그러한
사회적인 현상이 빚어낸 가요.
‖ 장덕순 : 처용은 신라의 모범적인 인간형의 대표인 화랑으로 파악.

‖ 김광일 : 개인 심층심리의 입장에서 오이디푸스콤플렉스 승화.

‖ 정상균 : 처용랑조 설화는 의식(龍子)이 무의식과 본능의 화신인 역신을
         제압하고, 모계 의식을 극복한 부계의 의식의 완전한 승리.

◉ 기타(주로 절충설)

‖ 김학성 : 처용설화가 새로운 이질적인 모티브를 수용하면서
         변이 정착된 복합 설화로 보아, 처용은 무당
         무조도 아니며 호국용도 아니며 설화 형성
         당대의 실존 인물이되 강자에게 침해받는
         민중의 상징적 인물이고, 설화화 단계를 거쳐
         변용 정착되었으며 「처용가」는 민요격 향가로,
         자신의 비극을 골계적으로 표현한 작품.

‖ 조동일 : 무속적 해석과 정치사적 해석을 수용하여 일종의 '무속적 연극' 처용
         과 역신의 대립은 여름과 겨울의 싸움으로 파악.

비록 이렇게 다양한 학설이 존재하기는 하나, 처용이 흘러 들어온 해상루
트, 당대의 아랍과의 교역 현실, 술과 가무를 즐기는 그의 행적, 『악학궤범』에
묘사된 그로테스크한 형모[1] 등은 거의 모든 척도에서 그를 아랍 상인으로 보게
한다.

혜초의 『왕오천축국전』에서 일찍이 대식(大寔, 즉 大食)으로 명명된 이슬람 문

화와 한국문화간의 교류는 그 역사적 연원이 구체적인 문헌으로 추적될 수 있을 만큼 곳곳에 산재되어 있고, 실제로 그 문화교류의 영향은 우리의 문화 곳곳에 깊은 흔적을 새기고 있다. 처용이 출현하던 헌강왕 당시, 신라와 이슬람 세계 간의 교역은 이미 이루어지고 있었는데, 8세기 이후 중국 동남부 해안과 한반도 간의 해상교역이 직접적으로 이루어지면서 더욱 활기를 띠었다. 아랍 상인들의 한반도 진출은 8~9세기에 본격적으로 이루어졌는데, 송에서 원으로 중국왕조가 교체되면서, 8세기 중엽 이후 아랍 상인이 개척한 해상 루트뿐만 아니라, 기존의 육상 실크로드가 다시 교역로로 활기를 띠어갔다. 『고려사』의 기록이 보여주듯이 백여 명에 이르는 대규모 상단이 수차 고려에 입국하였다는 사실은 당시의 국제교역이 일회성의 소규모 무역이 아니라 국가 차원에서 계획된 조직적인 공무역임을 입증해준다. 고려와 이슬람 세계의 인적인 교류도 활발해져서 회회인(回回人)이라고 불렸던 중앙아시아의 무슬림들은 몽고가 고려를 침입할 때 몽고군의 일원으로, 이후에는 몽고 지배 하의 고려에 지배세력으로 유입, 정착하기도 했다. 처용의 전승텍스트를 보면 처용을 '回回아비'라 부른 구절이 상당수 나온다. 이러한 사실들을 통해 보면 처용이 아랍인이라는 추측은 그다지 무리한 것이 아님을 알 수 있다.

처용이 아랍인이라는 학설은, 처용의 특이하고 다차원적인 인물상, 한국과 중국과 아랍간의 문화적인 영향관계나 광범위한 예술적 영향관계, 서지적 측면을 통해서도 방증이 된다. 특히 처용의 전승물은 그가 아랍인이라는 설정을 충분히 가능케 한다. 처용의 출현에 대해 『고려사』「악지」는 이렇게 전하고 있다.

> "처용 신라(新羅)의 헌강왕(憲康王)이 학성(鶴城)에 갔다가 개운포(開雲浦)로 돌아왔을 때 홀연히 한 사람이 기이한 몸짓과 괴상한 복색을 하고 왕앞에 나와 노래와 춤으로 덕(德)을 찬미(讚美)하고 왕을 따라 서울로 갔다. 그는 자기를 처용(處容)이라 부르고 언제나 달밤이면 시중(市中)에서 노래 부르고 춤추고 하였으나 끝내 그가 있는 곳을 알지 못했다. 당시 사람들은 그를 신인(神人)이라고 생각했다. 후세(後世) 사람들이 그 일을 기이하게 여겨 이 노래를 지었다. 이제현(李齊賢)이 시(詩)를 지어 이 노래를 풀이하였다."[2]
>
> —『고려사』 권71 「악지」

위의 기술물은 처용의 괴이한 출현과 외모, 그리고 풍류적 자질에 대한 설명을 해주고 있다. '용의 아들'이라는 처용의 신비로운 기원이나 처용의 기이한 복색과 풍모 등은 그를 단순히 사람이 아니라 '인신(人神)'이라는 영웅적 이미지로 받아들여지게 한다. 처용이 출현한 '개운포'라는 것은 구름과 안개가 걷힌 포구라는 뜻이다. 마치 '신밧드의 도시'처럼 신비로운 분위기를 풍긴다. 당시 포구 혹은 '해로' 중심으로 이루어졌던 아랍과의 교역루트를 상기해보면 개운포에 나타난 낯선 이방인은 아마도 아랍인이 아닌가 싶다.

처용이 국제적인 맥락을 깊이 감추고 있는 인물이라는 설정은, 실제로 이 외의 다양한 처용 관련 기술물에서 상당한 방증을 찾아낼 수 있다. 우선 왜 처용이 '문화적' 충격의 요인이 되었는가를 먼저 살펴보기로 하겠다. 처용의 출현의 여파는 그 출발점부터 자연스럽게 문화적인 관심으로 파급될 수밖에 없었는데, 관련 기술물을 보면 대중들의 열렬한 호기심이 그의 "낯설고 기이한" 형모나 복색, 춤 등에 맞춰져 있었다는 사실에서 그 실마리를 찾아볼 수 있다. 처용관련 기록들은 어디서나 그의 특이한 형모나 복색에 대한 언급을 빠뜨리지 않는다. 일례로 악부시로 전승된 처용관련 작품을 보자.

> "추운포에 사람이 있으니 채색옷 입은 아름다운 모습 절륜하도다.
> 붉은 실 저고리에 황국의 치마, 자주 조개 치아에 솔개의 어깨로다.
> 들으니 부군은 신령하여, 여섯 용 비껴 타고 빨리 날아다닌다 하네.
> 먼저 차분히 노래하고 하늘하늘 춤추며, 북쪽 저자에서 서쪽 전방으로 육부가 모두 덩달아, 모두들 너를 무서운 신이라 한다. 불시에 왔다가 가서는 돌아오지 않으니, 백룡을 타고 바닷가 포구를 분탕질하네. 냇물은 조용한데 바람은 많고, 마을에 달은 밝은데 사람이 없네. 석자 된 턱에 오방색 옷을 입고, 부군을 그리워하여 수선만 피우네."[3]

처용관련 문화콘텐츠 속으로 들어가기 위한 가장 중요한 통로는 바로 그의 독특한 '이미지'이다. 처용의 출현은 현대라면 뉴스나 미디어로 방송되었을 선전성이 강한 임금의 행차에서였다. 정교한 의식과 더불어 노래와 춤이 결합된 비쥬얼한 광경은 출발점부터 대중을 끌어들인다. 대중들은 처음부터 처용의 '이미지'를 신비롭게 받아들였으며, 마침내 그것은 '신인(神人)'이라는 극단적인 숭배현상까지 낳게 된다.[4]

특히 '용의 아들'로 번역된 처용의 신비로운 출현이나, 복색과 형모 등은,

그의 존재와 개인적인 행적 등을 기념, 저장하는 일종의 캐릭터 콘텐츠로 분화되었는데, 이는 현재 처용 관련 상품, 예컨대 민예품 처용탈, 부적 상품 등의 다양한 유형에서 찾아볼 수 있다. 처용관련 상품은 여타의 문화상품과는 달리 종교적 축사의 개념과 연관되는 특별한 주물이라는 점에서 강렬한 상징성을 지닌다. 또한 그것은 생활용품이 아니라 특별한 문화이벤트, 가령 세시풍속과 관련된 문화의례적 요소와의 연관 속에서 가치가 발생한다. 특히 인터넷 시장에서도 경매되고 있는 삼재예방부(三災豫防符)·귀신불침부(鬼神不侵符)·벽사부(辟邪符) 등의 처용부적은, 노리개나, 악세사리, 장신구 등으로도 상품화되어 판매가 되고 있는 실정이다. "처용의 실제 얼굴"을 복원한 심포지엄이 열리는 등의 사건도 흥미롭게 되새겨볼만하다. 얼굴연구가 조용진(趙鏞珍) 한서대 교수가 17일 서울 국립국악원에서 열린 '제1회 처용무보존회 심포지엄'에서 "조선시대의 악전(樂典) '악학궤범'에 나오는 처용탈의 치아와 치열을 분석하고, '처용설화'의 배경인 울산지역 토박이 200여 명의 평균적인 얼굴형 데이터를 참고해 다시 만들었다"고 밝히며 처용탈을 복원하고, 처용이 아라비아인이 아니라 토착민임을 주장하기도 하는 등이 그것이다.

6

「처용가」와 달의 에로티즘

아랍의 후벌 신앙을 통해 본 「처용가」의 미학

1. 「처용가」와 에로티즘

본래 「처용가」가 향가로서 처음 생산되었고, 향가라는 것이 본래 불교적인 장르임을 고려해볼 때, 향가의 전통 속에 대담하게 던져진 「처용가」의 이색성은 대단히 충격적이다. 첫째, 주제적 측면을 통해 보아도, 간통이라는 일탈의 주제를 암시한다는 점에서 대단히 급진적이다. 필자는 그것이 혹시 이것이 성적으로 자유로운 아랍권의 연시전통에 실려있는 감수성을 반영하고 있지 않은지, 또한 그것이 고려속요의 자유롭고 분방한 시풍에 분방함에 영향을 주지는 않았는지 하는 중대한 질문을 품고 「처용가」[1] 의 미적 특이성이라고도 할 수 있는 에로티즘적 요소를 달과의 연관성을 통해 짚어보는 논문[2] 을 발표한 바 있다.

「처용가」에서 유독 창조성이 도드라지는 부분은 무한한 상상력을 불러일으키는 에로티즘에 있다. 「처용가」에 나타난 에로티즘은, 한국의 문화적 토양에서 자주 교양적인 주제로서 다루어지던 에로티즘과는 확연히 뉘앙스가 다르다. 「처용가」의 섹슈얼리티에 대한 접근은, 분명히 불교적이고 토착적인 것만은 아니며, 당대의 사회체제 속에서 이해되기 어려운 것이다. 풍교적이거나 교훈적인 문맥에서 보아도 「처용가」는 잘 번역되지 않는다. 그러한 신비로운 요소를, 대중들은 주술적인 해석으로 판단을 유예시켜왔다. 필자는 「처용가」의 이런 신비로운 부분이 광범위하게 불교적 문맥 속에 있던 당대의 문화와 이슬람문화권의 인간, 특히 성에 대한 독특한 인식이 관여했기에 가능했지 않은가 하는 의문을 가지고 있었다. 필자는 아랍의 문화권와 불교적 자장 안에 있던 토착적인 성담론의 특이한 접점이 있으리라 보고, 「처용가」의 에로티즘적 요소를 종교적 문맥과 연관시켜 탐색해보았다. 아울러 「처용가」의 문학적 생명력의 핵심에는, 달의 상징을 중심으로 한 아랍과 한국의 종교적 문화전통이 핵심적인 역할을 하고 있다는 점을 논증하였다.

바타이유의 관점에서 보면 에로티즘의 가장 큰 원리는 상징적 동물인 인간이 설정한 금기를 위반할 수 있다는 데서 발생한다. 「처용가」에서 에로틱한 내용들은 '간통'이라는 '금기'의 위반이라는 문제로 제시되어 있다. 「처용가」는 욕망조차 정토행의 염원으로 승화시키고자 했던 불국토에서 떠들썩한 풍속의 위반은 물론, 그 적나라한 표현의 수위, 빼어난 상징과 시상전개 방식 등을 통해 볼 때 당대의 향가 작품 속에서도 거의 '새로운 어법의 발생'이라고나 해야 할 만큼 문제적이다. 특히 '다리가 넷'이라는 부분은 에로틱한 이미지의 무한한 창고로서 십 수세기 동안 끝없이 패러디된 명귀절이며, 고요히 '정토(淨土)'를 꿈꾸는 '신라의 달밤'에 벌어진 불륜담을 대중들은 거의 천 삼백 년 동안이나 떠들썩한 유희로 즐겨왔다. 「처용가」는 당대의 사회적 도그마를 부서뜨리며 조선조에 '남녀상열지사(男女相悅之詞)'로 분류된 거대한 연시의 전통을 열어젖히며, 과감한 성애의 표현으로 조선조에 음란성 시비를 불러일으키며 '폐지'를 명령받았을 만큼 문제적인 에로틱한 텍스트이다.

그런데 십 수세기 동안 「처용가」에 대해 대중들은 이상한 상상을 했다. 간통으로 암시된 「처용가」의 주제를 벽사(辟邪)의 노래로 해석해온 것이다. 어떻게 간통의 주제로 암시되는 노래가 주술적인 의미로 받아들여질 수 있었을까? 「처용가」가 제공하는 에로틱한 정보들의 주술적 의미를 해독해보기 위해서는 처용이 토착민이라기보다는 아랍인이라는 전제가 더욱 긴요하게 여겨진다. 본 장에서는, 아랍의 문화기류가 「처용가」의 생산에 어떻게 작용하였으며 그것을 통해 생성 변형된 이색적인 특질들은 무엇인지에 초점을 맞추고 싶었으나 그에 관한 비교연구가 전무한 관계로, 『삼국유사』의 기술물뿐 아니라 처용과 관련된 여러 전승물들의 도움을 받아, 「처용가」의 시문학적 생명력의 본질을 달과 에로티즘이라는 두 코드를 통해 중점적으로 규명한다. 특히 「처용가」의 문학적 생명력의 핵심에는, 달의 상징을 중심으로 한 아랍과 한국의 문화전통이 핵심적인 역할을 하고 있다는 점을 중시하며, 두 가지 문제에 초점을 맞추고자 한다. 첫째는 처용 전승물을 전반적으로 특징짓고 있는 처용의 특이한 인물상을 먼저 달의 의미와 결부시켜 제시해보는 것이다. 그리고 둘째 단계는 역신과 처용 아내의 정체를, 달이라는 상징을 둘러싼 영적 의미와 연결시켜보는 것이다.

✕✕✕

2. 달의 아들, 처용랑

"왕의 그를 미인에게 장가들이고 그의 마음을 안착시키고져 다시 급간 벼슬까지 시켰다. 그의 안해가 너무도 고왔기 때문에 역병 귀신이 탐을 내어 사람으로 변하여 밤이면 그 집에 가서 몰래 데리고 잤다"[3] (『삼국유사』 권 제2 「처용랑과 망해사」)라는 기록을 보면 처용의 아내는 왕이 선물로 내릴 만큼 아름다운 미인이었고, 그녀의 아름다움은 불길한 재난을 초래하는 강력한 힘이다. 그녀의 아름다움에 대한 매혹에서 발단된 역신의 침범은, 「처용가」와 관련된 사건을 사회적인 동기나 위반의 차원이 아니라 심리적이고 자연적인 치원에서 초점을 맞추게 한다.

우선 주목되는 점은 「처용가」를 관통하는 몇 가지 중요한 문학적 모티프가 '밝은 달'과 관련되어 있으며, 달은 향가로 창작된 「처용가」뿐 아니라, 고려조의 속요, 조선조의 악장, 연희전통을 가로지르는 일종의 중추신경 역할을 하고

있다는 점이다. 「처용가」의 배경을 이루고 있는 것은 동경의 '밝은 달밤', 즉 보름달이 뜬 날이다. 부드러운 태양같은 만월은 여성의 영적 아우라이다. 달은 인격적 존재인 여성성의 상징이며, 태양으로 대변되는 남성적 우주의 관계적 은유이다. 여러 문화구역에서 태양처럼 달빛이 환해지는 만월은 절정에 오른 여성적 욕망의 상징으로 매우 특별하게 여겨져 왔다. 동양에선 일반적으로 만월은 축복과 은혜의 상징이었다. 하지만 「처용가」에는 불길한 달에 대한 감수성이 깊이 개입되어 있는데 이는 아랍적인 감수성이 반영된 때문이 아닌가 하는 중대한 의문을 논자는 가지고 있다. 폭넓게 보아 「처용가」의 달은 처용 아내의 욕망의 분출과 연관되어 있으며, 달밤마다 가무를 즐긴 처용의 풍류적 광기, 가장 비참한 재난 앞에 보인 불가해한 반응 등은 전체적으로 붉은 욕망의 방류와도 같은 달의 정조를 느끼게 한다.

처용이 달의 상징체계와 맺고 있는 또다른 관련성은, 처용은 "매달 달밤이면 시중에서 가무를 했는데" "그가 노래하고 춤추던 곳은 후세 사람들은 월명항(달밝은 골목)이라 하였다"[4]는 기록에서도 찾아볼 수 있다. 실제로 「처용가」뿐 아니라 그 전승텍스트들은 모두 달의 상징과 포괄적으로 연관되어 있다. 처용희의 경우도 수세기에 걸쳐 변용전승된 열여덟 개의 기록을 보면 일종의 달과 관련된 카니발적 감수성을 풍긴다는 것은 흥미로운 현상이 아닐 수 없다.[6] 물론 역신이 아내를 범한 가장 중요한 사건이 벌어지던 그날도 달빛이 휘영청 밝은 날이었다.

여기서 주목해보아야 할 것은 이 「처용가」의 기술물은 어딘지 『천일야화(千一夜話)』와 흡사한 데가 있다는 점이다. 「처용가」의 정황은, 왕이 사냥을 나가자마자 검은 수욕의 화신과도 같은 흑인노예를 궁중 뜨락으로 불러들인 왕비가 나오는 『천일야화(千一夜話)』를 떠올리게 한다. 분노한 왕은 왕비를 살해하고, 매일밤 자신의 신방으로 들어온 처녀를 죽임으로써 보복한다. 하지만 달처녀와도 같은 세레자데는 남성의 슬픔과 분노를 위로하며 수많은 이야기를 통해 진실로 왕다운 왕이 되는 것은 바로 인생의 섬뜩한 신비와 부조리, 그리고 영혼적 진실을 통찰하는 자일 것이라는 암시를 준다. 아랍문화권에서 『천일야화』가 그러하듯 실제로 「처용가」의 에로틱한 묘사나, 애욕의 사고와 예술적 반응, 달밤의 이야기라는 설정, 기괴한 신비의 요소 등은 아랍의 문학정서의 개입에서 비롯된 것이 아닌가 판단되지만 이는 뒷 장에서 다시 상세히 논의할 터이므로 일단 남겨두고 지나가야 할 듯하다.

우선 「처용가」에 나타난 달의 정조는, 향가에서 일반적으로 정토행(淨土行)의 안내자로 나타나는 달의 불교적 의미와 대단히 이질감을 풍긴다는 점은 주목할 만하다. 이에 대해 논자는 아랍문화의 달에 대한 감수성이 이 시가에 개입되어 있지 않은가 생각하는데, '달신앙'은 바로 아랍의 문화정서와 「처용가」의 깊은 소통가능성을 끌어낼 수 있는 대단히 유요한 지점이다. 달은 전이슬람 시대의 아랍권에서 한국의 샤머니즘 전통에서처럼 숭배되었다. 본래 이슬람교의 전신인 후벌(Hubal)의 숭배는 거룩한(Heavenly) 육체로서의 달신숭배 전통과 연관되어 있다. 그것은 달과 별과 해같은 천체를 숭배하는 한국의 샤머니즘적 전통과 매우 흡사하며, 종교적 근원상으로 보면 자연숭배와 동일한 것이다. '검은 돌'이라는 월석(月石)숭배전통과 관련된 전 이슬람의 문화가 마호메트 출현 이전에 아랍권에 보편화되어 있었고, 오늘날 우리가 '알라'라고 하는 신이 곧 달신 숭배와 연관되어 있음을 여러 연구자들은 지적하고 있다.[6] 우주적 창조의 원칙이자 창조신인 이슬람의 신 알라가 달신(moon- godess)에서 유래되었다는 흥미로운 연구는 전이슬람 시대의 애니미스틱한 여성성에 대한 숭배전통을 시사하고 있다. 알라의 이름은 마호메트 시대 전에 카바(신들의 집)에서 가장 우두머리 신으로 섬겨지던 후벌에서 온 것이다.[7] 알라는 AL-ilah의 축어이고 그것은 달신(the Moon God)의 이름이다.[8] 이런 전 이슬람 문화의 관습은 한국의 샤머니즘의 달에 대한 특별한 신위 혹은 숭배전통과 흡사하지 않은가 싶다.

달과 별은 한국의 샤머니즘적 우주를 대변하는 특별한 상징인데, 그것은 무녀의 몸 안에 깃든 우주적 힘을 상징하는 것이다. 후벌은 고대 근동의 생명과 원기 왕성한 성장의 상징들인 바알(Baal)신앙, 즉 대지신앙과 연관되어 있으며 이는 바빌로니아의 꽃에 대한 숭배와 맞물려 있는데, 이는 '바빌로니아의 창녀'라는 말이 상징하듯 폭넓게 보아 여성성에 대한 숭배전통에 뿌리 뻗고 있다. 요컨대 달은 태양 숭배적인 남근적 기호체계 속에서 살해당한 여성적 운명의 상징이다. 늘 여성의 욕망은 문화적인 암종이었다. 특히 서구적 문맥에서, 이런 여성성에 대한 숭배는 사탄, 죄, 죽음이라는 지옥의 삼위일체의 논리 속에서 축출당한다. 에로틱한 악마의 유혹에 점령당한 이브나 사탄의 논리는(이브와 사탄의 성교가능성에 대한 신학자들의 많은 논의가 있다) '타락'의 코드로서 '금지' 된다. 이브(Eve)라는 밤의 육체 혹은 사탄의 부정적 이미지는 『실락원』에서 천사적의 '하늘의 빛(light of heaven)'(Paradise Lost 1. 73)을 상실한 어두운 육체성으로 암시되는데,[9] 이는 문학적 상상력의 차원에서 「처용가」에 등장하는 검은 역신의 이미지와 '검은 돌'의 달신인 후벌의 이미지와 상통하는 것이 아닌가 한다. 저주받은 달처럼 어둠의 심장으로 들어가는 검은 육체는 바꿔 말하면, 역신으로 상징될 수 있으며 이는 가장 원형적인 달의 악마적 이미지이다.

이러한 역신과의 대결구조를 바탕에 깔고 있는 「처용가」는 공포, 도착적 관음증, 죽음의 테마들로 충만한, 대단히 무의식적인 상상력을 필요로 하는 텍스트이다. 앞에서 제시된 『삼국유사』의 기술물로 돌아가 우선 가장 인간적인 해석부터 시작해보자. 우리는 주흥에 겨워 아내를 놀려주려는 듯 아내의 내실을 엿보던 처용의 장난스런 모습을 우리는 상상해볼 수 있다. 제 아내를 범한 자의 이름은 알 수 없지만 '역신(疫神)'이라 불린다. 상상컨데 '초승달'처럼 찡그린 눈을 하고 아내의 내실을 엿보는 행위는 점잖고 당당한 남성이 할 일이 아니다. 그 엄청난 현장에서 뒷걸음으로 물러나와 술에 취해 노래하고 춤을 추는 그는 실제로 대중들이 상상한 것처럼 영웅이라기보다는 속악스런 탕아의 모습을 비춰준다. 오늘날의 감수성으로 보아 주정뱅이에, 관음증자에, 널따란 소매를 휘날리며 춤을 추는, 모든 면에서 보아 '신사'는 아닌 것이다. 그럼에도 불구하고 대중들은 그를 인신적 존재로 상상했다. 그 까닭은 무엇일까?

여기서 우리는 처용의 비상식적인 반응에 먼저 주목할 필요가 있다. 자신의 아내가 외간남자와 통정하는 정황에서 일반적으로 남성들이 보이는 반응은 처벌과 응징 혹은 결투이다. '바람난 아내'만큼 남성에게 체면의 '장례식'은 없는 것이다. 저잣거리에서 밤놀이를 하다 돌아온 처용랑은 왕은 아니었지만 왕과 친구같이 지내는 대단히 권위 있는 사람이었다. 그렇게 멋지고, 강력하고, 대단한 서방의 권위를 짓밟아 버린 여인과 간부에 대해 춤과 노래로서 반응한 처용의 태도는, '위반과 처벌'로 닫혀진 사회적 결말을 거부함으로써 독자의 상상력을 펼칠 수 있는 공간을 확보하게 된다. 일반적인 남성이라면 자신의 영역을 침범한 간부를 잔혹하게 처벌하고, 성적 권위를 조롱한 아내를 죽이든지 함으로써 자존심을 세우고 처벌자이자 주인의 힘을 과시할 것이다. 하지만 역신과 여인의 내실을 맴돌며 달의 제전을 노래와 춤으로 '장식'했던 처용의 행위는 마치 안 보이는 내실의 황홀 혹은 달신을 위한 자학적인 축제같기도 하다. 원초적 공간을 훔쳐보다 뒷걸음질쳐 나와 달빛이 폭포처럼 쏟아지는 밤,

취해 망아적인 춤을 춘다는 것은 대단히 탐미적이다. 더 이야기를 상상한다면, 여인과 간부가 환락의 끝에 누웠을 때 아마도 처용은 팔다리를 펼치고 달빛을 바라보며 아무렇게나 쓰러져 누웠을 것이다. 「처용가」의 태도는 분명히 윤리적인 것만은 아니며, 이는 사회적 윤리적 의미의 전복과 확장이라는 점에서 조명되어야 한다. 처용의 춤사위는 사회적 자아의 '죽음'을 놀이하는 '안티클라이맥스(anticlimax)'며, 이 기이한 태도의 의미는, 역신을 단순히 간부라는 인간적 의미로서가 아니라, 마적이고 영적인 문맥에서 이해할 때 수월하게 해독될 수 있으리라 본다.

3. 검은 달, 역신(疫神)과 영매(靈媒)로서의 아내

본 장에서 논자가 제기하고자 하는 관점은, 「처용가」에 등장하는 간통이란 사건이 인간존재의 의식적 해석이나 사회적 해석을 넘어서는 경험 즉, 자연적·영혼적 경험을 제공하기 위한 코드일 수 있다는 점이다. 실제로 처용의 전승은 아내의 불륜이라는 사적인 재난을, 샤머니즘적인 인간운명의 맥락 즉 삼재방지의 축사적 의미로 해석하는 독특한 변용을 보여주는데, 이런 다수의 전승맥락이나 문화적 카니발이라는 채널을 통해 '벽사(辟邪)'를 지향했다는 사실도 중요한 정보를 전해준다. 「처용가」의 에로티즘적 요소는 인간 욕망의 사고만이 아니라, 존재의 또다른 진실인 자연과 영혼의 문제를 논의하지 않고는 그 해석이 불가능해진다. 여기서 특별히 눈여겨보아야 할 것은 단순히 간부라고 볼 수 없는 역신이라는 독특한 존재이다. 우리는 인간이 역신과 교접(아내)하고 대화(처용)했다는 이 특수한 의미의 경험을 해명해야 하며, 이것은 정확하게 말하자면 종교적으로 열려있는 문제이다. 「처용가」의 축사적 주력관념은 임기중[10]에 의해 제기되는데, 역신의 침범은 간통이라는 에로틱한 비유와 유사하면서도 그 이상의 영적 정보를 전달해주고 있다.

먼저 신에 점령당한 여인의 육체를 어떻게 바라보아야 할까? 신과 서방처럼 교접하는 여인이라는 설정은 처용의 아내가 무녀적 가능성을 가진 영매(靈媒)임을 암시한다. 샤머니즘에서 신과의 '교접'으로 암시되는 성몽(性夢)은 핵심적으로 주요한 모티프이다. 신이 깃드는 것은 폭력적으로 육체를 약탈하는 것이다. 인간에게 깃드는 신은, 인간적인 방법으로 치유할 수 없는 극악한 질병의 재난인 '무병(巫病)'을 야기하는데, 만약 처용의 아내를 달신과 '접신' 중인 무녀적 이미지로 바라본다면, 서방의 위치를 찬탈하는 역신의 의미나 「처용가」의 주술적인 의미는 더욱 쉽게 해독이 된다. 자주 달로 상징되는 무녀의 내면적인 우주는 굶주린 신들의 발자국이 드나드는 만신전과도 같으며, 역신은 그 무녀의 육체 속에 깃든 신성의 불길한 상징화다. 샤머니즘의 관점에서 볼 때, 신이란 인간적 반응으로 제어하기 힘들며, 즐겁게 놀아줌으로써 '달래'야 한다. 역신의 침범 앞에 처용이 춤과 노래라는 예술적 방법을 선택한 것은, 상대가 인간이 아니라 신적인 존재이기 때문이다.

이 역신은 천연두로 해독되어 왔는네, 그것은 사회적 공포의 상징이자 인간적인 통제를 넘어서는 마적인 권능의 상징이었다. 이 치명적이고 어두운 힘은 질병적 이미지로 서구의 문학에서도 자주 악마적으로 다루어져왔다. 『켄터베리 이야기』의 배경이나, 『페스트』, 그리고 밀레니엄의 '버그'적 상상에 이르기까지 문명을 공격하는 천연두의 상징은 우리에게 매우 낯익은 것이다. 하지만 독특한 것은 그런 마적 이미지가 「처용가」에서 육체적 암시를 통해 제시된다는 점이다. 생명을 약탈하는 천연두는 에로틱한 남성적 행동의 극치(강간과 살해 같은)이며, 인간에게 미치는 파괴적인 힘이자 어두운 에너지이다. 천연두는 육체를 지배하고 해체하는 자연의 원리, 검은 대지적 속성, 더 나아가서는 어디든지 깃들 수 있는 바이러스같은 물활론적 속성을 지닌다는 점에서 자연신의 속성과도 무관하지 않다. 역신은 절기에 따라 부활하고 사그러드는 무서운 사회의 질병이자 치명적인 '신'이다. 질병이라는 부정적인 힘으로 암시된 역신의 상징은, 실제로 종교적 체험 속에 사탄(기독교)이나 마라(불교)같은 적대적인 존재로서 인간의 무의식 속에 끝없이 부활해왔고, 때로 마녀적인 존재의 육체 속에 깃드는 이단적 이미지로 등장하기도 한다.

천연두의 심리적인 원형은 흉터와 두창을 달고 있는 '달'이다. 즉 처용의 아내를 범한 것은 파괴적인 달신이며, 처용의 아내는 '검은 달'과도 같은 자연신의 소유임을 암시한다. 그럴 경우 에로틱한 정보는 더 어두운 문맥으로 움직여간다. 역병은 바로 그늘진 존재의 자연인 성욕, 즉 불길한 자연의 힘이 관통하는 인간 운명에 대한 극단적인 강조일 수 있다. 천연두만의 독특한 증상인 수포는 치명적인 열병의 흔적이다. 황홀에 타오르는 붉은 눈은 바로 역병 들린 눈과 흡사하다는 차원에서 우리는 역병을 저주받은 애욕의 징벌적 상징으로도 해독할 수 있다. 고름 잡힌 물집은 살갗이 숨쉰 자국이며, 썩어가는 세포는 죽음의 운명이다. 그것은 곧 육체의 자연적 속성이다. 견고했던 존재의 윤곽을 무너뜨리면서 죽음은, 육체의 살갗 밑에 있는 자연의 세계로 존재를 이끌어간다. 천연두의 증상처럼 검게 썩어들어 가는 육체는 인간적인 관점에서 보면 죽음이지만, 자연의 관점에서 보면 대지의 거름, 재생, 풍요를 암시한다.

이 어두운 육체의 대지적인 속성은 앞 장에서 제시했듯, 아랍적인 감수성을 짙게 풍기고 있다. 달의 신인 후벌은 본래 셈족의 신인 바알(Bal)과 아도니스(Adonis 또는 Tammuz) 신앙에 그 모태를 가지고 있다. 후벌은 성서에서 경멸하는 바알인데 그의 기원은 '꽃숭배'와 연관된 바빌로니안 종교로 소급되며, 바빌로니아의 문학은 대단히 에로틱하며 폭넓게 여신숭배와 연관되어 있다.[11] 이는 역신과 통정한 아내의 문학적 비밀을 더듬어보기 위해 상당히 중대한 내포를 지닐 수 있는 맥락이다. 가장 깊은 무의식의 수준에서 처용의 아내는 신성한 창녀와도 같은 대지신이며 꽃같은 미인이다. 이는 혹은 고대 아시아의 여신 신앙의 대리자인 '신성한 매춘부'와 연결시켜볼 때 상당히 흥미로운 논점을 제시해준다.

하지만 이 섬뜩한 여성의 성적 권능은 점차 문화적으로 금기화 되어왔는데, 그것을 가장 핵심적으로 드러내는 것은 달의 '이단적' 이미지와 관련된 여성의 육체와 영성적 능력이다. 질병, 오염, 사망 등으로 악마화된 달의 이미지는 불길하고 그늘진 내포를 가지며 확장되어 왔는데, 이는 성적 이항대립체계가 남성중심적 초점 하에 정착되는 과정에서의 재현의 문제를 보여준다. 여기서 처용의 아내는 처용이 대리하는 현실적 원칙과 달신이 지배하는 자연적(영적) 공간과 연결시키는 영매의 역할을 담당한다. 인간과 신을 동시에 서방으로 소유하는 여인은 달과 별같은 우주적 힘을 소유한 존재로서 이는 샤머니즘의 여러 도상이나 무구, 숭배물들에 잘 나타난다. 역신의 에로틱한 범접은, 엘리아데가 지적하듯 그 본질을 '엑스터시'에 두고 있는 샤머니즘과 주요한 접점을 가지고 있고, 실제로 샤먼들의 육체는 위험한 영적 황홀의 도가니이다(이런 혼음적인 속성은 대지적 속성을 가진 여성의 성 자체에 내재한 자연적 본질이다). 만월의 시간은 달신의 위력이 최고조에 이르렀음을 의미하는데, 이 불가항력의 달신에 소유당한 상태는 '다리가 넷'이라는 섹슈얼한 클라이맥스로 암시된다.

그러므로 역신의 침범을 우리가 지금까지 불러온 동일한 의미에서 '간통'이라고 부르기는 어렵다. 이 마신과의 통정은 역사와 기억으로서의 존재의 자연성과 신성의 문제를 끌어오기 때문이다. 이는 인간현실을 움직이는 영적 차원의 부정적 힘, 즉 한국의 샤머니즘에서 '삼재(三災)'라는 운명적 힘으로 번역될 수 있는 것이다. 대중들은 이 역신의 존재를 불길한 운명의 힘인 삼재로 해석해왔다. 다음은 이렇게 형성된 「처용가」의 일부이다.

신라성ᄃᆡ[12](新羅聖代) 쇼성ᄃᆡ(昭聖代)
텬하대평(天下太平) 라후덕(羅侯德)
처용(處容)아바
이시인ᇰ싱(以是人生)애 샹[13]블이(常不語)ᄒᆞ시란ᄃᆡ
이시인ᇰ싱(以是人生)애 샹블이(常不語)ᄃᆡ시란ᄃᆡ
삼ᅀᅵᆼ팔란(三災八難)이 일시쇼멸(一時消滅)ᄒᆞ샷다.[14]

고려후기에 형성된 위의 「처용가」는 '간통'이라는 에로틱한 정보가 벽사진경, 즉 구마(驅魔)적 의미로 이행하고 있음을 시사해준다. 이와 더불어 민간에서 「처용가」가 널리 축사의식의 노래로 퍼져 있음도, 「처용가」에 중요한 영적 맥락이 포개져 있음을 의미하는데, 그에 대한 뚜렷한 해석은 현재로서는 합의되어 있지 않지만 '삼재팔난'은 「처용가」에 대한 더욱 어두운 해석을 가능케 한다.

달은 천연두의 두창처럼 흉터를 가진 별이며, 너무나 불길한 심리적 그늘을 던진다. 천연두라는 열병은 짐승같은 수욕을 가진 존재의 어두운 진실의 상징이며, 치명적으로 영혼에 상해를 입힐 수도 있는 힘이다. 이 위력적인 자연신을 춤과 노래로 '달랜다'는 샤머니스틱한 반응은 처용의 특이한 행동을 해명하는 데 도움을 준다. 합리적으로는 이해되지 않는 길흉사를 번역하기 위한 '삼재(三災)'라는 말은 본래, 인간의 운명을 자연의 무의식을 대리하는 '짐승'으로 상징하는 한국의 샤머니즘적 전통에서 흘러나온 것이며, 이러한 수성(獸

性)의 문제는 「처용가」에 대단히 에로틱한 간통의 주제로 암시된다. 무서운 우주적 힘에 대한 달래기로 처용의 부적을 붙여놓은 대중들은 실용적인 번역은, 예술적 장치(부적) 혹은 말의 힘에

대한 신라인들의 신념과도 밀접하게 관련되어 있다. 「처용가」가 특히 '사귀를 축출' 하는 문화적 카니발에 자주 애용되었다는 사실,[15] 그리고 처용의 형상이 점차 부적으로 대중에게 소통되었음을 상기해보면, 「처용가」는 '금기'를 건드린 에로티즘만이 아니라, 사회적 무대 뒤의 온존하는 자연적 에너지와의 연관성 속에서 조명되어야 할 것으로 보인다.

　본래 향가와 달의 상징은 대단히 깊이 결부되어 있었지만, 「처용가」의 경우 달은 한국적인 정감이나 불교적 정서의 자장 안에 있는 상징적인 표징이라기보다, 불길한 정조를 지닌 달신 혹은 여성적 음(陰)의 원리로 광범위하게 인식되어야 할 듯하다. 「처용가」의 여러 전승텍스트들을 통해 보면 달의 의미는 샤머니즘적 맥락과 자유롭게 결부되며 에로틱한 은유와 이미지로 재구성된다. 「처용가」는 공포와 악, 가장 위험하고 섬뜩한 운명의 힘에 지배받는 존재의 비밀을 묘파한 작품이다. 「처용가」의 에로틱한 사건은 자연과 우주적 힘에 관통당한 존재의 운명적 경험에 대한 일종의 상징화다. 인간사회에 치명적인 질병적인 상징은 사회적 원리를 뛰어넘은 인간 경험의 가능성을 위한 은유였다.

　「처용가」의 에로틱한 코드의 핵심적 의미는 사회적 재난이자 인간존재의 내부에 질병처럼 자리잡은 '자연' 이란 급소이다. 처용의 아내는 이런 자연의 힘

에 지배받는 영매적 이미지다. 역신이 남성적 욕망의 불순한 파괴성뿐 아니라 달로 상징되는 적대적이고 부정적인 우주적 힘에 대한 암시라면, 역신의 에로틱한 침범은 영적 클라이맥스로서의 '접신'이라는 번역이 가능하다. 다시 말해 「처용가」의 에로틱한 정황은 영적 문제로 해독되어야 하며, 이런 맥락에서 우리는 달신앙과 관련된 한국의 샤머니즘과 아랍권의 종교적 감수성을 주목할 수 있다. 자연의 운명적 리듬에 지배받는 존재의 재난은 '삼재'라는 말로 암시되는데, 다양한 처용의 전승텍스트들이 벽사진경의 의미로 대중들에게 받아들여진 것도 「처용가」가 선악의 이원성을 동시에 포괄하는 우주적 진실을 표현해내기 때문이다.

처용은 존재를 관통하는 어둡고 치명적인 힘을 사회적 도그마를 넘어선 언어로 노래한 미적 인간이었다. 처용의 불가해한 물러남은 인간적인 용서나 체념이 아니며, 자연의 위험한 힘을 달래기 위한 샤머니스틱한 예술적 태도이다. 신라인들의 주력관념에 의하면 향가는 우주적 힘을 달랠 수 있는 힘을 가지고 있었다. 운명적인 재난을 처용의 '덕과 위엄'으로 축출한다는 대중적 전승들은, 영적 맥락에서의 「처용가」해석에 설득력을 더해준다. 선악의 두 얼굴을 가진 우주적 진실을 통찰한 처용은, 한국문학사에서 그 유래를 찾아볼 수 없을 만큼 신적인 존재로서 추앙되고, '다리가 넷'이라는 비속하고 외설스런 묘사는, 존재의 위대한 진실을 드러낸 명귀로 반복되어 불려진다. 만월이라는 상징의 자장 속에 펼쳐지는 달의 에로티즘은 「처용가」를 관통하는 미학적 심장이다.

7

'처용'의 문화와

수피즘(Sufism)

* *** * *** *

1. 천일야화, 비단길, '처용'의 문화

「처용가」의 가장 빛나는 문학적 면모들은, 한국의 문학적 문맥 속에서만 짚어질 수 없는 의미들의 '결핍'에 그 근원을 두고 있다. 필자는 처용가의 문화적 맥락과 특성을 짚어보기 위해 아시아권이라는 문화권역의 관념이 필요하다는 점을 지속적으로 강조해왔다. 신라의 토착민이 되어 향가까지 능숙하게 구사하게 된 이방인 처용은 아랍문화구역에서 폭넓게 향유된 「천일야화(千一夜話)」만큼이나 우리 문화에서 가장 오래, 드넓게 향유된 텍스트를 남겨두었다. 그가 불렀던 「처용가」라는 하나의 작품이 1,300여 년의 역사를 통해 광대한 문화적 폭발력을 가지는 비결은 어디에 있으며 그 역사적 모상은 무엇일까? 이러한 질문을 가지고 필자는 「천일야화」를 비롯하여 그것을 매개하는 '비단길'에 유포되어 있는 삼각관계 모티프와 그와 연관된 수피즘의 전통을 「처용가」 및 그 문화와 비교연구한 논문을 2차에 걸쳐 발표한 적이 있다.[1]

「천일야화」의 생성지인 아랍권은 이미 신라시대부터 결코 먼 곳이 아니었다. 그렇다면 신라보다 국제무역이 더욱 활기를 띠었던 고려기의 문화는 한층 더 아랍권과 긴밀한 소통을 하고 있었음을 짐작해볼 수 있다. 본 장에서는 고려가요 「처용가」와 '처용'의 문화를 아랍의 대표적인 민담집인 「천일야화」, 그리고 그 밑바탕에 깔려 있는 수피즘(Sufism, Persian: صوفیگری, Arabic: تصوف)의 전통과 연계시켜 주목해보고자 한다. 잘 알려져 있듯 수피즘은 8~9세기 경 발생한 이슬람의 신비전통이다.[2]

수피즘의 실행자는 수피(Sufi)[3]로 알려져 있는데, 필자가 이전부터 아랍인이라 주장해왔던 '처용'이 혹 수피승이 아닌가 하는 의문은 본 논문에 전체적으로 깔려 있는 중요한 가설이다. 수피즘의 핵심적인 요소는 정신과 영혼의 체험을 통과하여 영혼의 각성을 추구한다는 점이다. 또한 그것은 신성한 사랑에 기반한 신비로운 수행을 거쳐 신 또는 영적 진실에 대한 즉각적인 인식을 추구한다. 수피즘은 근동지역의 대지신앙과 여신숭배전통, 인도의 신비전통 등 다양한 문화요소와 습합되어 있다. 이러한 수피즘의 전통이 실크로드를 타고 한국에 흘러들어 왔으리라는 가정을 뒷받침해줄 수 있는 '처용' 문화의 몇 가지 특징을 이 장에서 짚어본다.

「처용가」는 내용적 측면을 통해 보아도, 간통이라는 일탈의 주제를 암시한다는 점에서 대단히 급진적이다. 필자는 그것이 혹시 이것이 성적으로 자유로운 아랍권의 「천일야화」에 실려 있는 감수성을 반영하고 있지 않은지, 또한 그것이 고려속요의 자유롭고 분방한 시풍에 분방함에 영향을 주지는 않았는지 하는 중대한 의문을 품고 있다. 본 장에서는 아주 단순한 의문을 제기하는 것으로 논의의 실마리를 만들어가고 싶다. 「처용가」와 같은 이런 성적 주제가 발단된 것은 어디에서인가? 그것은 다른 황조가와 같은 다른 대답을 요구한다. 본 장에서는 「천일야화」 및 그것으로부터 파생된 중앙아시아의 서림 모티프에 초점을 맞추고, 「처용가」와 연계될 수 있는 문학적 맥락을 몇 가지 주목해보고자 한다.

2. 「처용가」의 에로틱한 모티프의 모상(模像)

필자는 한국의 시전통에 충격을 던진 「처용가」의 성적 모티프와 시적 정조,

내포 등이 『천일야화』의 전형태인 『천 가지 이야기』로 귀착한다는 가정을 세워보고 있지만 현재 필자가 검토할 수 있는 자료 범위 내에서 『천 가지 이야기』를 확보할 수가 없어, 일단 『천일야화』와 비교해보기로 한다. 『천일야화』의 방대한 이야기의 기원과 그 형성과정에 대해서는 많은 논란이 있으나, 그 전형태는 『천 개의 이야기』이며, 인도 기원설이 가장 유력한 것으로 믿어진다.[4] 인도는 잘 알려져 있다시피 불교와 관련지어 중국에 성지순례 열풍을 낳았던 곳으로, 우리도 그러한 열풍에 동참하여 '서역' 등을 견문한 여행자들이 상당수 존재한다. 이 인도의 문화는 이슬람교와 광범위하게 습합되어 '수피즘'의 전통을 낳는데, 이 수피즘은 이슬람교의 신비주의 전통의 중핵으로 『천일야화』의 문학적 분위기를 짙게 채색하고 있다.

이 『천일야화』의 중요한 배경이 되는 "바그다드는 아랍인뿐만 아니라 페르시아인, 그리스인, 인도인 등 가지각색의 인종과 문화, 종교가 뒤섞이는 범세계적인 문화의 중심지가 되었다. (또한 한국의 고려시대에 해당하는) 압바스조의 바그다드는 풍부한 수자원과 인도무역의 유리한 중개지라는 지리적 자연적 조건 덕택에 상업 활동이 활성화되어 경제적 중심지로 발달되었다. 이 압바스 왕조는 몽골족이 바그다드를 함락(1258)할 때까지 500여 년간 존속하였는데, 압바스조의 역사는 두 시기로 구분된다. 정치, 문화적으로 번성하였던 시기로서 황금시대(750~1055)와 쇠퇴기인 은시대(1055~1258)이다.[5] 이 시기는 「처용가」가 문화적으로 카니발화된 고려조와 정확히 일치한다. 또한 압바스조의 문화와 혼융된 몽골족(원나라)의 문화가 고려에 광범위하게 흘러들어 왔음은, 역사적·문화적·문학적으로 이미 연구가 충분히 이루어져 있어 확증될 수 있는 사항이다.

이렇게 시기적으로 처용의 문화와 동시대를 구가하고 있는 『천일야화』에 대한 분석으로 들어가보자. 『천일야화』에서 전체틀을 이루는 왕과 세라쟈드의 이야기는 밤의 무수한 이야기를 담아내기 위한 퍼즐상자와 같다.[8] 『천일야화』
는 단순히 '천'이라는 밤들의 숫자나 이름보다 더 많은 것을 의미하는 위대한
이야기집이다. 장구한 구전의 과정을 거친 민속문학이 오랫동안 수많은 창작
자에 의해 민담으로 다시 만들어 전해지고, 다양한 문화권에 따라 수많은 작가
들에 의해 추가된 다른 '밤'의 이야기가 존재한다. 그것은 수많은 문화를 위한
'밤들'이기도 하다. 당연히 『천일야화』에는 구비전승에서 나온 수많은 밤의 버
전과 텍스트들이 존재하는데, 그것은 원형이 훼손당한 채 수많은 지역의 이야
기와 습합된 것이다. 공유된 전통텍스트가 단일하지 않기에 모티프 중심으로
요약하는 작업이 필요하다.

『천일야화』의 배경이나 장소는 매우 방대한데 여기서 「처용가」와 연관지어
주목해볼 지역은 역사적으로 한국의 역사와 관련성이 짙은 사마르칸트(Samar-
kand)와 같은 중앙아시아, 그리고 중국지역이다. 예컨대 이야기의 중심배경이
되는 샤리야르 왕의 사산왕조도 중국지역이며 「꼽추 이야기」에는 구체적으로
중국이 언급되어 있다.[7]

『천일야화』는 지역에 따라 온갖 구비전승에서 나온 다양한 밤의 버전과 텍
스트로 다양하게 변주되지만, 대체적으로 천상과 지상, 영혼과 육체, 세상 사
람들의 다양한 삶의 방식, 통치자의 미덕이나 마술사, 마녀, 선악의 지니들
(jinnis)과 관계된 신비로운 이야기, 섹스, 폭력, 신비로운 영혼의 요구 등을 담
고 있는데 이는 앞에서 지적한 바와 같이 이슬람교의 신비주의 전통인 수피즘
의 영향이 깊이 스며들어있기 때문이라 할 수 있다.

「처용가」와 『천일야화』의 다층적인 접점에 대해 필자는 언젠가 다음과 같이
문제를 연구거리로 남겨둔 바 있다.

"여기서 주목해보아야 할 것은 이 「처용가」의 기술물은 어딘지 『천일야화』와 흡사한 데가 있다는 점이다. 「처용가」의 정황은, 왕이 사냥을 나가자마자 검은 수욕의 화신과도 같은 흑인노예를 궁중뜨락으로 불러들인 왕비가 나오는 『천일야화』를 떠올리게 한다. 분노한 왕은 왕비를 살해하고, 매일밤 자신의 신방으로 들어온 처녀를 죽임으로써 보복한다. 하지만 달처녀와도 같은 세라쟈드는 남성의 슬픔과 분노를 위로하며 수많은 이야기를 통해 진실로 왕다운 왕이 되는 것은 바로 인생의 섬뜩한 신비와 부조리, 그리고 영혼적 진실을 통찰하는 자일 것이라는 암시를 준다. 아랍문화권에서 『천일야화』가 그러하듯 실제로 「처용가」의 에로틱한 묘사나, 애욕의 사고와 예술적 반응, 달밤의 이야기라는 설정, 기괴한 신비의 요소 등은 아랍의 문학정서의 개입에서 비롯된 것이 아닌가 판단된다."[8]

『천일야화』의 이야기 프레임과 「처용가」 사이에는 단지 우연으로만 볼 수 없는 상당한 유사점이 존재한다. 먼저 구성면에서, 『천일야화』의 첫 이야기인 「샤리야르 왕과 그 아우 이야기」는 아내의 성적 배신과 일탈로 시작된다는 점에서 「처용가」의 도입부와 완전히 일치한다. 담화적 차원에서 『천일야화』의 서술 형태를 보면, 이야기 속의 이야기, 산문과 시의 혼용, 대화체 등이 두드러지는데, 이것 또한 「처용가」와 『천일야화』가 일치하는 부분이다. 표현적인 차원에서 주목될 수 있는 것들은 무척 다양하지만, 가장 두드러지는 요소는 왕과 처용의 관음증[9] 여성의 부정한 섹스, 『천일야화』에 유독 많이 등장하는 여체의 묘사이다. 「처용가」가 "가라리 네히어라"라는 포르노그라픽한 묘사로 충격을 던졌듯이 "『천일야화』의 연애담에는 여성의 육체적인 묘사가 많은 것이 특징이다."[10]

좀더 심층적인 차원에서 주목해보면 『천일야화』에서 육체는 놀랄 정도로 대담하며 세속적이면서도 동시에 숭엄한 내포를 동시에 가진다. 이와 마찬가지로 「처용가」의 육체묘사에도 여러 층위의 문맥이 겹쳐져 있다. 특히 '신'과의 통정이라는 종교적·세속적 뉘앙스의 교차는 『천일야화』에서도 자주 발견되는 특징적인 요소 중의 하나이다. 그리고 이야기의 결론부에서, 성적으로 부조리한 상황을 출발점으로 하여 궁극적으로는 생의 신비와 진실을 알게 되는 존재로 주인공이 업그레이드된다는 점, 말(이야기)의 힘으로 재난을 축출하게 된다는 점 등이 유사점으로 지적될 수 있겠다.

첫째, 모티프적인 차원에서 그 매개항을 지적해 보자. 무엇보다 이 두 작품에서 공통적으로 엿보이는 성적 일탈과 배신이라는 모티프는 한국의 문학사 속에서 새로운 문학적 모티프의 '발생'이라 할 수 있는데, 이러한 성적 모티프가 등장한 적은 이전에 없었다. 그리고 이 삼각관계 모티프의 핵심은 "연인 뺏기와 빼앗기"이다. 『천일야화』와 「처용가」의 강력한 공유점인 삼각관계 모티프가 중앙아시아를 거쳐 동진했다는 가정을 뒷받침해주는 대단히 암시적인 매개항이 존재한다. 이란-서역-중앙아시아-중국-한국이라는 연결선을 그려줄 수 있는 '서림' 이야기가 있다. 고대의 페르시아부터 이란, 중국의 신강(新疆)까지 이르는 비단길 위에는 일찍이 7~8세기에 연인 뺏기·빼앗기 모티프와 관련된 미인 '서림'에 관한 전설이 서아시아와 중앙아시아 민간에 널리 전파되었다. 『파얼야미 역사(巴爾亞米歷史)』 책에 의하면, 서림은 절세미녀이고 여종이다. 『왕서』 가운데에서도 미녀로 묘사되고 있다. 『왕서』 중 한편의 제목이 「훠쓰뤄와 서림(磓斯羅與西琳)」이다. 「훠쓰뤄와 서림」과 「파얼하더와 서림」, 다시 말해 페르시아의 "서림"과 위구르의 "서림"의 공통점은, 첫째, 이 두 작품의 인물이 절세미녀 서림으로 완전히 동일하고, 둘 다 훠쓰뤄와 파얼하더 이 두 남자주인공이 있다는 점에서 찾아볼 수 있다. 또한 그 밖의 인물들의 이름도 같다. 두 번째는, 이 두 고사의 줄거리가 기본적으로 같고 둘 다 미녀에 대한 구애를 중심으로 전개되는 연인 빼앗기·뺏기기 모티프이다. 삼각관계 모티프가 대단히 보편적으로 중앙아시아, 중국 등에 멀리 퍼져 있었음을 알 수 있다. 이는 한국의 고대시가 사상 유일하게 「처용가」에만 남아있는 것이며, 연인을 빼앗고 빼앗기는 모티프는, 아랍의 영향을 받은 페르시아의 『천일야화』나 페르시아의 영향으로 중국에서 생산된 '서림' 이야기를 가로지르는 중추신경이다. 저자가 어디에 속해있는가에 상관없이, 『천일야화』와 함께 폭발적으로 늘어나기 시작한 연인 뺏기·뺏기기 모티프는 인도, 이란을 중심으로 한 페르시아 문명권, 중앙아시아, 중국 등의 장대한 지역에 분포되어 있다.

둘째, 주제적 차원에서 유사한 맥락을 짚어본다. 잘 알려져 있다시피 『천일야화』에는 "여자란 무엇인가?"라는 질문이 가로지르고 있다. 『천일야화』라는 이야기 세트는 처용의 '부재'를 틈탄 '역신(疫神)'의 침범처럼 '남편의 부재'에서 시작된 여성의 성적 배신이다. 그런 여자의 해명되지 않은 신비와 비밀을 찾아 무수한 이야기의 여행이 시작된다. 간략하게 그 줄거리를 요약하면 다음과 같다 ; 옛날 인도와 중국의 섬들에 사산 왕조가 있어 그 나라의 왕은 두 왕자를 남겨놓고 붕어한다. 형인 샤리야르가 왕위를 이어받고 동생 샤자만에게 사마르칸트를 다스리도록 한다. 이 둘은 아내에게 성적 배신을 당하는 고통과 치욕을 당하게 되는데, 여자에 대한 배신감과 허무감을 달래려 왕궁을 떠나 방랑하는 과정에서, 아무도 처녀성을 빼앗지 못하도록 마신이 납치한 여자와 만나게 된다. 그러나 마신의 감시에도 불구하고, 그녀는 이미 570여 명의 남자에게서 성을 빼앗은 징표인 반지를 가지고 있었으며, 두 남자에게도 자신과 동침하지 않으면 마신에게 알리겠다고 협박한다. 그녀는 다음과 같은 노래를 일러준다.

"가엾게도 이 마신은 숙명이라는 것은 결코 피할 수도 막을 수도 없
다는 것을 알지 못하고, 여자라는 존재는 한 번 결심하면 남자가 제아
무리 저지하려 해도 목적을 달성한다는 것을 알지 못해요. 그것은 사
실이어서, 어떤 사람은 이렇게 노래하고 있지요.

여자를 의지하지 말라, 믿지를 말라
여자의 마음은 음탕하다네.
기쁨도 슬픔도 아랑곳 없고
오로지 성의 기교에만 탐닉한다네.
여자의 맹세는 부질없는 것
끊임없이 돌아가는 입방아라네
(중략)

책망하지 말아요. 나리!
화를 내기 시작한다면 끝이 없다오.
나리께서 불같이 화를 낼 만큼
내게는 무서운 죄가 없다오.
비록 이 몸이 진정으로
사랑하는 여자가 되고자 해도.
지금은 그 옛날의
사랑하는 여자가 되고자 해도,
지금은 그 옛날의
많은 여자가 경험했던
음탕함은 도저히 그만둘 수가 없다오"[11]

위의 대목에서도 엿보이듯이, 여자는 남성이 이해할 수 없는, 피할 수 없는 '숙명'이다. 여성이라는 존재에 대한 탐구는, 인생과 우주의 신비에 대한 이해로 이어지고, 그런 생의 진실에 대한 이해를 통해 어리석은 행위(재난)를 그만두게 된다는 설정이 되어 있다. 『천일야화』에는 "침대처럼 평평란 대지를 펼치신 분을 찬양할지어다"라고 서사가 달려있다. 여기서 주목되는 것은 신의 뜻이 실현되는 '대지'가 '침대'에 비유되고 있다는 점인데, 이는 '침대'로 암시되는 에로틱한 메시지가 곧 신의 뜻을 보여주는 매개라는 점에서 사뭇 종교적인 면을 읽을 수 있다. 즉 표현방식은 재미를 불러일으키는 에로틱한 소재이지만, 궁극적인 문학의 메시지는 우주적인 것이라는 암시가 되어 있는 것이다. 이른바 이러한 우주적 메시지를 읽게 하는 통로로 안내하는 여성의 역할은 『천일야화』에서 특별히 흥미로운 부분이다.[12] 남성이 밤놀이를 갔을 때 탈이 난 처용의 아내처럼 전체적으로 이야기 속에서 여성은 대단히 중요한 위치를 차지하고 있으며, 이야기의 주도권도 세라쟈드가 쥐고 있다. 여자의 성에 대한 물음에서 시작된 이야기의 행로는, 인간세계와 우주의 심오한 비밀을 이해하는 왕의 선정으로의 회귀, 즉 재난의 물리침이라는 결론으로 이르고 있다. 여성의 성에 대한 물음은 단순한 윤리적 문제가 아니라, 인간 세계와 우주적 진리를 매개하는 핵심장치로 기능한다는 점에서, 아내의 통정에 대한 처용의 반응이 축사적 의미로 해독되는 「처용가」의 전승맥락과 일치한다.

그런데 더 재미있는 문제는, 두 개의 작품에서 '여성'이 우주적인 이야기의 실마리가 된다는 특이성이다. 여성주도적인, 혹은 존재와 우주의 비밀을 발견하게 하는 여성에 대한 숭배적 요소는, 어디에서 비롯되는 것일까? 여기서 우리는 쿠란(Qur'an)의 텍스트 전통에 끼어들어온 인도의 영향같이 이슬람의 수피즘에 스며들어온 여성숭배 전통을 주목할 수 있을 것이다. 뒷 장에서 상세히 논의하겠지만 그 계보를 추적하자면 고대 근동지역에서 발생한 이슈타르 신앙, 인도의 사랑과 섹스에 대한 숭배 등이 이슬람교의 색채를 입고, 『천일야화』 속에 흡수되고, 그것이 '연인 뺏기·빼앗기' 모티프의 형태로 「처용가」와 연관되어 있는 것이 아닌가 한다.

셋째, 인물적인 차원에서 유사점을 논해보기로 한다. 아마도 『천일야화』나 「처용가」의 가장 독특한 부분은, 우주의 인식을 매개하기 위해 어두운 존재의 출현을 도입하고 있다는 점일 것이다. 「처용」의 전승텍스트들을 보면 역신과 처용의 갈등은 끝없이 반복되는 주제였으며, 특별히 인간적인 영웅과 처용과 마신적인 상징으로서의 역신, 그리고 한 여인이라는 삼각관계의 설정은 가장 중요한 이념이고 주제이며, 현대문학에 이르기까지 가장 중요하게 다루어지는 문학적 모티프이다. 역신이라는 마적 존재와의 갈등구도로 놓여있는 「처용」 전승의 심층부에 놓인 것은 『천일야화』의 모티프와 상통하는 면이 있다. 『천일야화』의 '연인 뺏기 모티프'에서 중심이 되는 존재는 흑인노예, 때로는 초자연적인 존재인 지니 등인데, 서림 모티프에서도 왕의 조카 등 상상할 수 있는 모든 존재로 변용되어 나타난다. 그들은 다인종이 섞여있던 아랍의 국제적인 분위기를 반영함과 동시에, 냉혹하고 무자비한, 그러나 쉽게 설명할 수 없는 신비와 함께 천박함을 갖춘 존재들로 암시된다.

「처용가」에도 섣불리 대답하지 못한 질문이 가로놓여있다. '역신은 누구인가? 누가 진짜로 그 방에 왔었던가? 그는 어떤 존재인가?'라는 질문은 『천일야화』라는 거울에 비추어볼 때 보다 풍부한 해석이 가능해진다. 필자의 견해로 『천일야화』에서 부정한 섹스를 유발하는 '검은 노예'와 '나쁜 지니(jinnis)' 등은 역신의 이미지와 유사한 뉘앙스를 던져주는 듯 하다.[13] 그는 『천일야화』에서 여인을 감금하거나 약탈하는 '검은 지니'와 상통하는 면이 있다. 지니는 종교적인 신성의 빛깔인 '검은 색'을 하고 있으며 흑인노예 등으로 인간화되어 표상되기도 하는데, 이러한 색조는 수피즘의 종교적인 뉘앙스를 표현한다. 검은 노예나, 하얀 노예, 혹은 다양한 유색인종으로 나타나는 노예들, 지니의 신비로운 빛깔은 이슬람의 수피교의 상징인데, 수피교에서 검은 빛은 영원한 생명을 상징하는 에메랄드빛 다음으로 신성한 빛깔이다. 비록 현재로서 실증될 수 있는 것은 아니지만, 처용이 보다 더 상위의 푸른 빛(바다의 아들)을 상징한다면 역신은 그 정조상 검은 빛과 연계되는 것은 아닐까 짐작해본다.

이러한 수피적 요소는, 실제로 「처용가」의 가장 두드러지는 '성희'적 주제를 무슬림 수피 시인들의 작품과 비교해볼 때 더욱 설득력 있는 연관성을 도출시킨다. 실제로 무슬림 수피작가들의 다양한 작품이나 수피전통 속에는 「처용가」와 유사한 요소가 상당부문 존재한다. 이들의 시의 "중심테마는 사랑이다. 이 사랑은 인간과 사랑이며 이야기 속에 다양한 인간들이 상징적인 존재로서 나타내어진다."[14] 삼각관계 모티프는 이들의 시에 자주 나타나는 특성인데, 예컨대 쿠트반(kutban)의 시 「무리가와띠(Murigavati)」는 무라가와띠 공주를 둘러싼 왕자의 모험담 등을 다루고 있다. 이들의 작품에는 "신비적인 암시"가 아주 잘 표현되어 있다. 또한 "신비적인 함축과 함께 복잡하게 얽히고설킨 사랑의 이야기로 길게 구체화된 마두 말띠(Madhu Malti)의 사랑 만주한에 관한 것도 수피의 상징적인 은유가 잘 암시되어 있다."[15] 다양한 수피 무슬림들의 작품 속에 등장하는 "사랑 이야기와 복잡한 관계"[16]는 여인의 아름다움을 둘러싼 사랑의 추종자들과 주인공의 관계 등으로 변형되어 나타나지만, 삼각관계 모티프의 전형에서 크게 벗어나지 않는다. 필자의 판단으로 「처용가」의 삼각관계 모티프는 페르시아 지역에서 중앙아시아, 중국을 타고 느리게 동진해온 "연인 뺏기·빼앗기" 모티프의 한 변형이 아닌가 한다. 그러면 다음 장에서 문학적인 차원을 넘어 문화적인 차원에서 '처용'과 수피즘과의 연관성을 짚어보기로 한다.

3. '처용무' 와 수피즘(Sufism)

「처용가」의 성적 메시지는 윤리적 위반이나 사회적 판단의 수준을 넘어서, 재난의 축출이라는 우주적 인식으로 전이되는데, 이에 대해 '벽사진경' 의 의례로 전이된 처용문화는 중요한 점을 시사해주고 있다. 다양한 해석의 통로가 가능하겠지만 주목되는 것은, 벽사진경의 의례로 실현되었던 '처용무' 에서 유달리 강조되는 처용의 복색이다. 처용무 복색은 대단히 특별한 성적 암시를 던지고 있는데 관계 문헌을 보면 다음과 같다.

> "사모에는 가면 및 목단화, 도실(복숭아), 도지(복숭아 가지), 이환
> (귀거리)를 첨부한다. 사모는 대나무로 망을 짜서 만든다. 어느 제도
> (制度)와 같이 종이를 바르고 채색하고 꽃을 그린다. 가면은 가목(유
> 자나무)를 조각하여 만든다. 혹은 칠포(옻칠한 베)로 각(껍데기)을 만
> 들어서 채색하여 만들고 양귀에는 석환(주석으로 만든 귀거리)에 랍
> 주(납 구슬)를 단다. 모상(상모 위)에는 목단화와 도지를 꼽는다. 목단
> 꽃과 가지는 세저포(고운 베)로 만들고 도실(복숭아 열매)은 나무를
> 깎아서 만든다. 천의(天衣)는 녹가(녹색비단)으로 만들어 만화(덩굴
> 꽃)을 그리고 안에는 홍주(홍색 명주)를 쓴다(오방이 모두 같다)"[17]

처용의 복색은 마치 대지의 치마폭에 점점이 떨어진 꽃들의 잔치처럼 복숭아 꽃, 덩굴 꽃 등으로 장식되어 있다. 사모에서 장신구인 귀걸이까지 매우 여

성적인 속성을 드러낸다. 처용무의 복색은 흔히 성적인 은유로 이해되는 '도화' 장식을 유달리 강조하고 있다. 이러한 성적이고 대지(여성)지향적 특성은 대단히 주의해서 보아야 할 특성이라 판단되는데, 필자는 일찍이 '달'이라는 상징을 매개로, 「처용가」가 아랍, 메소포타미아 지역의 대지숭배전통과 연관되어 있음을 언급한 바 있다. 「처용가」에 관여되어 있다고 믿어지는 아랍의 달 신앙의 모태는 수메르, 메소포타미아 지역의 대지신앙이며, 그것은 광범위하게 여체에 대한 숭배, 성적인 요소를 함축하고 있다. 때문에 이 지역의 문학에서 당연히 '사랑'이 가장 강력한 시적 주제로 등장하는데 이는 여성(여신)숭배 전통과 같이하는 것으로 필자는 이전에 발표한 「처용가와 달의 에로티즘」을 통해 처용의 문학적 메시지가 아랍의 후벌신앙, 그리고 더 멀리는 근동지역의 여신숭배 전통과 연관되어 있는 것이 아닌가 하는 주장을 펼친 바 있다.[18]

여기서 고려와 긴밀한 영향관계에 있었던 서역의 문화를 다시 주목해볼 필요가 있다. '서역'은 일반적으로 중앙아시아를 가리키나 사실은, '서쪽의 지역', 즉 소아시아의 문명권을 아우르는 것으로 볼 수 있다. 바로 이 지역에 인류 문화의 기원인 수메르가 있고, 수메르의 문화는 전세계 신화, 문학에 영향을 준다. 일례로는 '길가메시(Gilgamesh)'가 있다. 이러한 수메르의 시가류는 동으로는 당, 송, 원, 한반도에 이르며, 서쪽으로는 그리스, 로마를 거쳐 유럽의 끝자락인 이베리아 반도의 남단에 이른다. 잘 알려져 있듯 메소포타미아와 수메르의 고대 서사시에 드러나는 여성화자의 심리적인 원형은 '대지'의 여신 '이슈타르(Ishtar)'[19]인데, 그녀는 우주적 영혼의 신부이며, 풍요의 근원인 대지로 표상된다. 다양한 창세 신화 모티프에서 발견되듯, 생명의 근원은 우주의 신들에게 탄생을 주는 첫 엄마의 자궁이다. 그녀는 배우자 없는 신이다.[20]

이슈타르 신앙으로 대표되는 근동지역의 여신숭배는 신화적 우주론의 첫 메타포이기도 하다. 기원의 신화에는, '태극', '혼돈', '일자(一者)', '알', '물병'

과 같은 자궁이 있다. 그것에서 나온 신화적 한 쌍이라는 이항대립의 관념이 발생하기 전의 우주론적 성의 판타즘을 잘 요약한다.[21]

만약 필자의 주장대로 수메르 지역의 여신신앙이 수피즘이라는 매개를 거쳐 '처용' 텍스트에 영향을 주었다면 '처용의 아내'의 역할도 새로이 주목해볼 수 있다. 여자의 생물학적 권력은 처용에게는 파괴적인 운명이었지만, 그로 하여 금 우주적 인식을 가능케 한 매개가 된다. 이러한 우주, 대지, 육체에 깃든 신성으로 이르기 위한 어두운 통로는 『천일야화』와 「처용가」에 동시에 등장하는 성적 아노미, 즉 부정한 섹스라는 모티프를 통해 열리는 것이다. 또 하나 주목될 수 있는 것은 수메르나 바빌로니아의 전승시들이 신성과 세속의 대위법적 시간을 '매음굴'이라는 은유로 표현하고 있다는 점이다. 섹스는 궁극적으로 창녀적인 에너지를 행사하는 대지적 권력의 표현이다. 고대의 매춘부는 대지적인 여신들의 신전에 거주하는 성녀였다. 그들은 신성한 신부이며 창녀였다. 『천일야화』와 「처용가」의 부정한 여인들은 신성을 감춘 육체적 존재일 수밖에 없는 존재의 비밀로 안내하는 강력한 실마리이며, 처용의 춤은 이 여성의 비밀, 끝내 자연으로부터 자유로울 수 없는 존재의 대지의 속성, 우주의 비밀을 간직한 여성적 속성을 복색으로 표현하고 있는 것이다. 거칠게 말한다면, 『천일야화』나 「처용가」에 나타나는 성적 메타포는 우주론적 인식의 표현이다.

간략히 말해, 첫째 처용문화에서 강조되는 성적 메시지의 본질은 대지숭배적인 요소를 가지고 있는데, 이는 주로 처용 아내의 섹슈얼리티에 대한 강조를 통해 표현된다. 둘째는 이것이 처용 카니발의 의례에서 특별히 대지적이고 여성적인 요소가 강조된 복색으로 표현된다. '처용무'가 가진 깊은 의미는 '결혼과 풍요'를 상징하는 이슈타르 숭배 전통, 그리고 『천일야화』의 발생지역인 인도의 민간신앙과 이슬람교의 습합 속에 탄생한 수피즘을 고려할 때 잘 해명이 되리라 여겨진다. 그 맥락을 다시 설명하면 이러하다 ; 역사적으로 이슈타르

신앙은 이슬람교와 깊이 습합되는데, 예컨대 다양한 여신 신앙의 흔적이 남아 있는 카바의 후벌숭배와, 근동의 성지순례를 마친 하지(hajji)의 전통은 바로 대지신앙과 이슬람교의 접점을 보여준다. 이슬람교는 동쪽의 힌두교의 전통도 깊이 끌어들이고 있는데, 힌두교에서 숭배하는 신성한 육체숭배 전통은 무슬림들이 메카(Mecca)나 메디나(Medina)를 순례하며 대지에 입맞추는 의식, 혹은 성지순례의 전통에 그 흔적이 남아있다. 이슬람교의 대지숭배적 요소, 땅에 대한 특별한 애착은 대단히 중요한 지점이다. 광범위하게 '페르시아'라고 지칭할 수 있는 근동지역의 혼합종교를 대표하는 수피즘의 전통은 「처용가」와 대단히 긴밀하게 연관되어 있다고 판단되며, 필자의 주장을 미리 아울러 말한다면, 처용은 '수피승'이다.

수피즘은 근동지역의 대지(이슈타르)신앙, 인도의 힌두이즘을 혼합한 특별한 종교전통으로, 『천일야화』의 발원지가 되는 인도의 힌두이즘에 의하면, 우주적 진리는 육체에 새겨져 있다. 예컨대 요가(Yoga)에서 역설하는 바에 따르면, 우주의 중심은 배꼽과 '요니'이다. 우주의 중심은 섹스의 중심이다. 그것은 우주를 생물학적으로 사유하는 모든 사고체계의 핵심을 이룬다. 이러한 여성숭배, 대지신앙적 요소는 「처용가」의 에로틱한 정조나 처용의례의 복식에서도 광범위하게 유추될 수 있는데, 우주를 품어내는 영적인 섹스 드라마는, 거대한 자궁을 가진 여인, 대지적 육체로 암시된다. 거대한 자궁(궁창·혼돈·태극)에서 흘러나온 물은 세계를 탄생케 하는 정액이고, 양수이고, 풍요의 씨앗이다. 섹스는 운명의 법령이다. 하늘과 땅, 첫 커플의 섹스는 언제나 서로의 물을 섞는 것으로 은유된다.[22] 남성의 물(정액)은 탄생을 예비하는 대지의 육체와 함께 하는 것이다.[23] 바다용왕의 아들인 처용은 바로 근원의 씨앗이 되는 물의 아들이며, 그러한 우주질서의 한 표현으로 처용의 복색은 '오방색'을 강조하고 있다.

여기서 우리는 처용이 '용의 아들'이라는 신화, 그리고 유덕하고 지혜로운

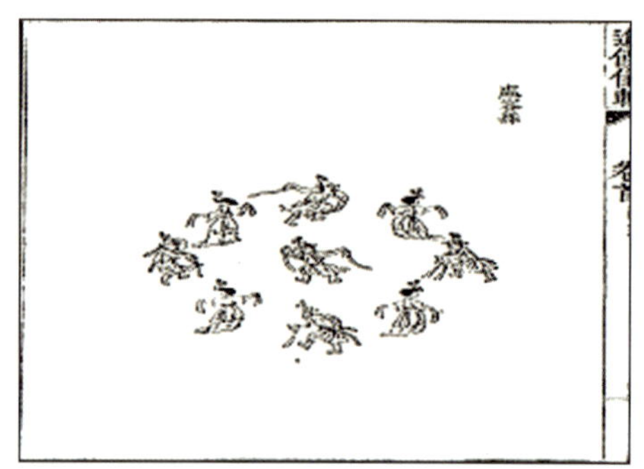

|| 궁중의궤도설자료-처용무 ||

|| 원행을묘정리의궤 중 처용무부분 ||

'언어'로 상징된다는 것을 유의할 필요가 있다. 수메르 지역의 서사시에 나타나는 창조설화에 의하면 태초엔 '물'이 있었으며(성서에서도 '궁창'이란 비유가 등장한다), 『천일야화』의 발원지인 인도에서도 코끼리에 의해 상징되는 물은 가장 큰 지혜인 왕의 지위를 차지한다. 여신 마야(Maya)는 하얀 코끼리가 자궁으로 들어오는 꿈을 꾼다. 여자의 자궁은 삶과 풍요의 근원인 물(지혜)을 흘러넘치게 한다. 문명발생기의 신성은 하늘 또는 대지에 있는 것이 아니다. 바로 물에 있다.[24] 지혜는 구슬(언어)로 상징되며, 처용의례의 복색에는 이러한 구슬이 중요한 장식물로 여겨지고 있다. 용이 문 구슬(물방울, 여의주)은 지혜의 말을 상징하며, 특히 처용은 '용의 아들'로 표현되었음에 주의를 요한다. 이러한 심층적인 의미들을 고려해볼 때, 처용의 춤은 성적인 제의를 통해 스스로를 재생시킬 대지의 신성함을 놀이하는 의례가 아닌가 한다. 다시 강조하지만 물의 아들인 처용, 달밤의 춤을 추는 처용이 여성지향적이고 대지적인 상징들과 결합된다는 것은 도화, 덩굴꽃 등으로 장식된 처용의례의 복색으로 암시된다.

130

여기서 우리가 놓치고 지나갈 수 없는 것이 수피즘에서 대단히 중요한 종교적 요소로 강조되는 '춤'의 의미이다. 근동지역의 대지숭배적인 민간신앙과 인도의 신비주의 전통을 폭넓게 흡수하며 형성된 수피즘은 정통 이슬람교와 다른 바가 있는데, 가장 두드러진 특색은 바로 '춤'이다. 수피즘은 우주적 진실에 다가가기 위한, 즉 신성과 일체가 되기 위한 영혼의 수행으로 신성한 움직임과 춤을 강조한다. 이것은 황홀의 경지에 들기 위한 '대지의 춤'이라는 토착문화에 기반을 둔 것으로, Zikr라 불리는 기도문구와 함께 한다. 여기서 주목해볼 것은 처용의 '노래와 춤'이다. 수피들의 춤은 '빙빙도는 춤(Whirling Dance)'로 알려진, 즉 영혼의 우주적 질서인 소용돌이를 강조한다. 영혼의 훈련으로 빙빙돌기 수행을 했던 수도사도 존재하는데, 이러한 빙빙 돌기는 바로 처용무의 중요한 동작으로, 1910년 수피즘을 인도에서 서구에 가져왔던 음악가 칸(Hazrat Inayat Khan)에 의하면 수피의 춤은 모든 인간과 종교에 사랑과 조화, 아름다움을 가져오는 우주적 메시지를 표현한다.[25] 열정적으로 도는 춤으로 영혼의 상태를 표현하고, 소용돌이 춤(whirling dances)으로 알라에 집중된 상태로 춤추는 자의 의식을 던져 넣게 한다.[26] 마틴 링스(Martin Lings)는 "육체는 우주의 축을 상징한다. 그것은 생명수(Tree of Life) 외에 다름 아니다. 춤은 몰입의 의식이며 잃어버린 중심을 맛보는 것이다."[27] 이러한 나무에 대한 숭배는 쿠란에서 '올리브나무'로 나타나지만 처용의 문화에선 복숭아 대나무 등으로 나타난다. 여기서 다시 주목해볼 수 있는 것은 고려가요 「처용」에 나타나는 참으로 이상한 구절이다.

처용아비를
누가 만들어 세웠는가!
많이도 많이도 세워놓았구나!

십이 제국이

모두 만들어 세워

아! 처용아비를 많이도 세워놓았구나!

버찌아 오얏아 녹리야

빨리 나와 내 신코를 매어라

아니 곧 맨다면

궂은 말 떨어지리라

동경 밝은 달 아래

밤새도록 노닐다가

들어와 내 자리를 보니

가랑이가 넷이로구나!

아! 둘은 내 것인데

둘은 뉘 것인가

—임기중 역, 고려 「처용가」 부분

위의 노래는 "처용아비를 누가 만들어 세웠는가! / 많이도 많이도 세워놓았구나!"라고 찬탄하며 "십이 제국이 / 모두 만들어 세워"놓았다고 노래한다. 마치 인간의 육체를 알 수 없는 '무엇'이 빚어 세워놓은 식물에 비유하고 있는 듯한 느낌을 가지게 한다. 이해되기 쉽지 않은 구절은 바로 "버찌아 오얏아 녹리야 / 빨리 나와 내 신코를 매어라"라는 구절이다. 갑자기 나무이름을 사람처럼 호명하고 있다. 이것이 마틴 링스의 주장처럼 "육체는 우주의 축을 상징한다. 그것은 생명수(Tree of Life)"라는 주장과 연관되어 있는 것은 아닐까. 나무더러 신코를 매라는 넌센스는 인간육체와 나무를 동격에 놓지 않고는 불가능한 구절이다. 그리고 다음에 이어지는 "가랑이가 넷이로구나!"는 에로틱한 구절을,

앞 구절과 의미의 연관성이 없음에도 불구하고, 곧바로 이어놓았다. 전체적으로 보아, 처용아비가 나무와 동격으로 의미가 전이되고, 성적인 은유가 식물성과 연관되어 있는 심층적 맥락을 짐작해볼 수 있다. 이것은 처용무의 복색에서 암시되는 바와 같이 대지적 의례의 시적 표현이 아닌가 한다. 즉 "격앙된 사랑의 열광 안에서" 신성과의 합일을 추구하는 수피적 의례를 춤으로 표현하는 것이다.[28]

수피즘과 처용의 문화를 더욱 세밀하게 연관시켜볼 수 있는 또다른 맥락은 '동작'이다. "수피의 춤은 육체의 리듬미컬한 상승 하강의 움직임에 엄격하다".[29] 이러한 수피의 춤은 처용무의 동작과 상당히 유사한 바가 있다. 관계 문헌을 보면 "음악이 중엽에 이르러 장고가 채편을 치면 처용5인이 다같이 허리를 구부리며 모두 두 팔을 들었다가 내려 무릎 위에 놓는다"는 식의 상하동작과 '회무(回舞)', '주선(周旋)' 등 돌기동작이 전체적으로 강조되어 있다.[30] 이는 수피댄스와 상당히 유관한 동작들인데, 관계 문헌의 일부를 보기로 하자.

> "신라 처용은 칠보를 띠고, 꽃가지 머리 누르고 향기로운 이슬 떨어지네. 긴 소매 낮게 돌려 태평을 춤추니, 취한 뺨 타는 듯 붉어 아직 술이 덜깨었네."[31]
>
> —『목은집』권21 구나행

> "동대문에서 궐문 앞까지 산대잡극이 펼쳐졌는데 예전에는 본적이 없었다. 산대는 만들어 놓은 모양이 봉래산 같고 과일 바치는 선인은 해상에서 왔네. 잡객의 북과 징소리 땅을 뒤흔들고 처용 아바 소매는 바람따라 도네. 장간의 한은 평지처럼 벌여 있고 포화는 하늘을 찔러 빠른 번개같은데 태평시대 참 기상 그리고 자해도 노신의 잠필로는 재

주없음이 부끄럽기만 하네."**32**

―『목은집』권33

　위의 인용문들은 처용의례가 '꽃가지', '과일' 등의 대지적 요소를 짙게 가지고 있으며, 처용무에 있어서도 '도는' 동작이 중요함을 거듭 암시해주고 있다. 수피즘에서 신과 인간 사이를 이어주는 것은 황홀이다. 하늘과 대지를 이어주는 수피즘의 춤은, 바로 처용의 춤과 연관성이 있는 것이 아닌가 짐작해본다. 인간을 완성으로 고양시키는 것, 대지와 하늘이 분리되지 않고 춤 안에 통합되는 것은 바로 수피댄스와 처용무의 공통된 특색이다. 정신의 대용물로 '옷'을 강조하고, 신성이 깃든 육체를 강조하는 수피즘의 폭넓은 맥락을 보면, 처용은 바로 수피승인 것이다.

　수피즘은 알라와 함께 되길 추구하는 방편으로 sf라 불리는 조악한 옷을 입는 법을 채택한 바, 수피즘은 바로 sf라는 의미에서 온 것이다. 즉 'sf'를 입은 사람을 뜻하는 말로, 신비로운 일체를 믿는 모든 무슬림들의 소망을 나타낸다. 수피 철학은 불교와 연합되면서, 악으로부터 영혼을 깨끗이 하여 니르바나에 이르고자 하는 중요한 방편인 금욕적 실행(Ascetic practices)으로 변화한다.**33** 재난으로부터 벗어나 신성으로 고양되기 위한 육체의 의례, 그 하나의 방편으로 강조되는 옷의 의미는 처용의례에서 특별히 엄격하게 규정된 복색과 연관성이 있는 것은 아닐까. 이 외에도 수피즘과 불교의 연관성이나 육체와 여성에 대한 특별한 해석, 미에 대한 숭배, 어두운 마적 존재 등을 염두에 두고 보면, 처용의 문화 속에 중국을 경유한 아랍문화의 영향이 깊이 스며들어있다는 것, 특히 『천일야화』와 문학적 모티프를 공유하고 있다는 판단은 무리가 아니라 여겨진다.

4. 처용 문화의 다층성과 아시아 문화

앞 장에서 필자는 「처용가」에서 연인 뺏기·빼앗기로 나타나는 삼각관계 모티프나, 위반적인 성적 일탈의 여성, 마적이고 신비로운 역신의 존재는, 아랍 문화와의 만남 속에 생성된 미의식의 총체적 구현일 수 있으며 문화적 간섭을 전달하는 매우 중요한 내포를 지닐 수 있다는 점을 거칠게나마 기술해보았다. 특히 성적 일탈과 배신, 인간의 심성과 욕망에 대한 통찰, 마적인 존재의 등장, 에로틱한 '사고'를 매개로 인간의 자연성에 대한 통찰로 이르는 주인공 등, 「처용가」와 『천일야화』의 메시지는 짙은 상관성을 여러 가지 측면에서 보여준다. 비록 현재로서 실증될 수 있는 것은 아니지만, '처용'의 문화는 근동지역의 대지(여체)숭배로 소급되는 수피즘적 요소를 짙게 함유하고 있으며, '처용'은 신성에 이르기 위한 '춤'의 수행을 강조하는 수피승이라는 점도 소략하게 주장해보았다.

으레 이 낯선 장소에서 흘러든 문화는 핵심적인 모티프를 중심으로, 환경적인 요소의 옷을 덧입는다. 처용은 우리 문화의 저변의 감수성을 총체적으로 흡수하고 있는 신비로운 '인격적 상징'임과 동시에 이방적인 요소를 짙게 가지고 있다. 문학적 모티프뿐 아니라 복색, 음악, 무용 등 여러 가지 요소를 통해 대중을 매혹하는 당대의 문화코드가 되었던 '처용' 문화의 발단은, 일종의 문화충격현상으로 받아들여도 좋을 듯하다. '처용'이라는 매력적인 바다의 아들이, 오래 전에 '음주가무'를 즐기던 동이족의 열렬한 환대를 받았듯, 오늘날에도 '처용'은 상상 속의 우상으로 추앙받고 있다. 현대에 와서도 인간의 심원한 우주적 인식과 다양한 인격의 등가물로 재현되는 처용문화의 다층성은 한국문학·문화사 전체를 통해 보아도, 다른 문학작품에서는 파생되기 힘든 독특한 구조이다. 이러한 의미의 다층성은 역설적으로 처용문화의 연속성을 보증하는 중요한 속성이며, '아시아 문화'라는 국제적인 맥락에서 얻어진 중요한 특성이라는 것이 본 글 전체가 깔고 있는 주장이다.

8

「처용가」와 문학콘텐츠

1. 다양한 '처용' 텍스트와 전승경로

본래 「처용가」는 향가로 창조되었다는 사실을 통해 볼 때, 무수한 「처용가」의 문학패러디 작품이 우선적으로 생산되었음은 당연한 일일 것이다. 일단 「처용가」의 깊은 문맥을 짚어보기 전에 「처용가」가 던진 문학적 파장을 구체적으로 확인해볼 필요가 있다. 「처용가」는 신라 헌강왕 시대의 향가 「처용가」, 이제현의 한역시인 「처용」(『고려사』 「악지」 동일), 『시용향악보』 소재 「잡처용(雜處容)」, 「가사」 소재 「처용가」 등 4종이 존재하는데[1] 이는 수많은 전승텍스트로 확장 분화되었다. 잘 알려진 대로 「처용가」는 '향가'라는 장르적 틀을 뛰어넘어, 고려가요, 악장, 향악정재 등의 연희무 등의 수많은 장르적 확산과 변용을 되풀이해온 거의 십 수세기에 걸친 문학이다. 김춘수를 비롯한 수많은 현대시인들의 미적 탐구의 표적이 되어왔고, 90년대의 소설 「처용가」로 패러디될 정도로 아직도 끊임없이 생성 중인 대단히 신비롭고 생명력 있는 텍스트이다.

무엇보다 「처용가」에 담긴 에로틱한 정보는 고려조를 분기점으로 하여 대중들의 열렬한 호응을 받았는데, 한국의 문화적 토양에서 자주 교양적인 주제로서 다루어지던 에로티즘과는 확연히 다른 이 시가를 접하고 나서, 한국의 시문학은 극적으로 변한다. 향가가 대단히 세속화되고 인간의 감정, 연애, 등의 주제가 대거 분출하며, 고려속요 등으로 거대한 흐름을 이룬다. 「처용가」가 드러내는 에로티즘은 향가의 일반적인 정조나 한국의 전통적 연시의 범주를 벗어난다.[2]

「처용」의 전승텍스트들을 보면, 가장 중요한 것은 비속하고 적나라한 사실적 묘사이다. "가리리 네히어라"라는 부분은 에로틱한 이미지의 무한한 창고로서 끝없이 노래된 명귀절이며 당대의 향가 작품 속에서도 거의 '새로운 어법의 발생'이라고나 해야 할 만큼 문제적이다. 또한 처용을 규정하는 가장 중요한 코드는 '성적 일탈과 배신'이다. 그것은 대중문화 속에서 가장 폭넓게 패러디된 영감의 원천으로, 공간적·시간적 경계를 넘어서, 다양한 모티프와 접속되고 습합되며, 당대에 가능한 모든 문학적 표현들로 재생성되었다. 물론 오늘날에도 사이버 공간에 범람하는 달밤의 스캔들만큼이나 '처용'을 현대의 일상적 '사건'들과 접속하려는 시도가 행해지고 있다. 근자에는 문화생산의 새로운 기술적 형식을 타고, 인터넷 공간의 전파력과 속도를 빌려 무수한 여담과 모티프, 상상력과 접합되며 그 어느 문학텍스트보다 월등히 빠르게 유포되고 있다.

한국현대시사에서 아방가르드 시풍을 주도했던 김춘수의 시가 '처용'이라는 고전을 통해 집대성되었듯, 현대시사에서 가장 혁신적인 시인들은 「처용가」를 통해 그 창조적인 정신을 쇄신해왔다. 일례로 신석초, 정일근과 같은 무수한 현대시인들은 물론, 박상륭, 김현, 김수용, 김소진, 윤대녕 등의 소설, 신상성의 희곡에 이르기까지 각 장르를 가로질러 일종의 '처용계보'를 형성할 만큼 「처용가」는 압도적인 영향을 현대문학에 미쳐왔다. 뿐만 아니라 현재까지도 「처용가」는 수많은 현대작가들의 미적 탐구의 표적이 되고 있고, 수많은 언더그라운드 작가들의 소설, 판타지 등으로 패러디될 정도로 끊임없이 생성 중인 대단히 신비롭고 생명력 있는 텍스트이다.

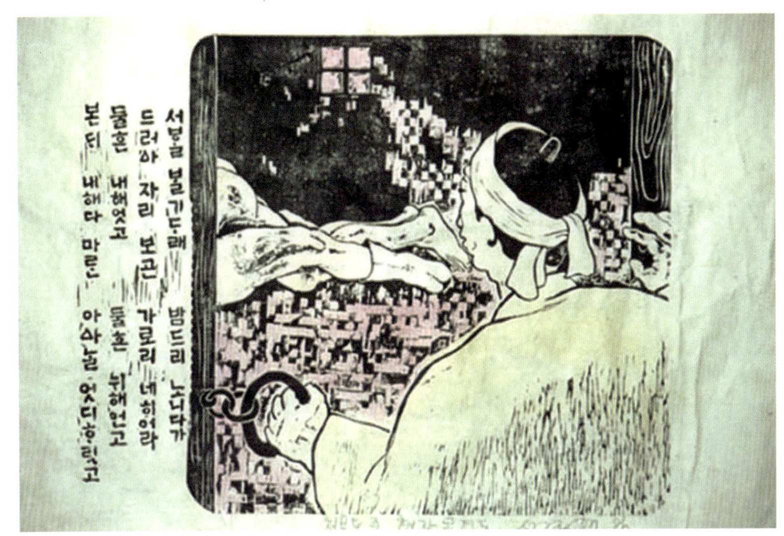

‖ 서주익의 「처용가」 본문 ‖

2. 현대의 패러디 텍스트들

어쩌면 「처용」 관련 텍스트는 '처용'을 해석하는 과정 혹은 다양한 상상력 묶음으로 기술되어야 한다. 「처용가」에는 인간의 감성과 휴머니즘, 제의적 요소, 시대와 장소를 초월하여 모든 인간이 경험할 수 있는 적나라한 현실적 상상력, 예술적인 흥미를 자극하는 요소들이 다양하게 내장되어 있다.

전체적으로 문학에서 처용관련 텍스트의 전체적인 틀을 잡아주는 '테두리' 이야기는 '간통'이지만, 그 세세한 내용에 있어서는 엄청나게 다양한 해독과 번역이 존재한다. 저자의 해독에 따라 처용은 낭만적 영웅으로 표현되는가 하면 여인에게 속아 넘어간 유약한 남성, 그리고 인간적 슬픔을 정복한 인신(人

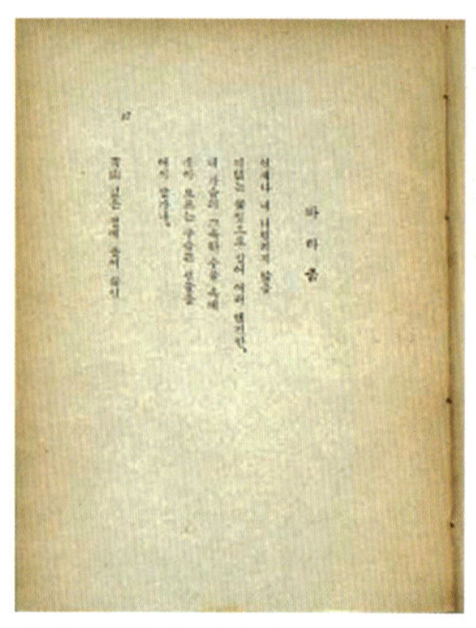

‖ 신석초 「바라춤」 본문 ‖

神)으로, 때로는 속세에 무관심한 허무주의자의 모습으로 부활하기도 하는 등 상당히 다양한 방식으로 변주된다. 예컨대 신석초의 장시 「바라춤」[3]은 불전(佛殿)에 재(齋)를 올릴 때 추는 '바라춤'을 통해 처용으로 '상상되는' 시적 화자의 목소리로 속세의 온갖 욕망과 번뇌를 극복하고자 하는 소망과 갈등을 노래하고 있다. "몸은 설워라. / 허물 많은 사바(娑婆)의 몸이여! / 현세의 어지러운 번뇌가 / 짐승처럼 내 몸을 물고 / 오오, 형체, 이 아리따움과/내 보석 수풀 속에 / 비밀한 뱀이 꿈어리는 형역(刑役)의 / 끝없는 갈림길이여."(『바라춤』(통문관, 1959)에 실린 「바라춤 序詞」 3연)[4] 라는 구절에서 보이듯이 『바라춤』은 현실과 이상, 세속과 열반, 등의 대립과 갈등을 종교적 구원의 염원으로 승화시킨다. 표면적으로는 처용이 나타나 있지 않으나, 처용을 염두에 두고 시적 구상이 이루어졌음은, '춤' 이라는 시적 설정, 처용전승에서 찾아볼 수 있는 불교적 맥락, 신석초가 '금사자' 탈춤을 시적 제재로 다루었다는 데서도 확인된다. 신석초의 시집 『폭풍의 노래』(1970)에 수록된 「금사자」는 고려 시대부터 전승되어 오는 사자 탈춤을 소재로 하여 쓴 작품이다. 이 사자탈춤은 서역―원나라의 영향 하에 만들어진 놀이문화로, 아랍과의 교류 흔적이 깊이 새겨져 있고 처용희에서 파생된 것이다.[5]

김춘수의 경우도, '리듬형 무의미시'[6]로 처용의 전통을 현대적 맥락에서 실험하고 있다. 「처용단장 제2부」 중 「군마대왕」은 마제(馬祭)를 지낼 때 부르는 노래로 우리나라 전래의 무속과 관계가 있다.[7] 이 작품에도 제목 외에는 '처용'이 등장하지 않지만, 작품을 꼼꼼히 검토해보면, 시적 화자의 세계관이나, 언술방식, 상징체계 등이 처용과 깊은 관련을 맺고 있음을 확인할 수 있다. 또한 의미를 배제하고 언어의 주술성을 호명하는 이러한 시적 작업에는 굿거리와 습합된 처용문화의 전통이 관련되어 있다.

수많은 시인들의 패러디 작품을 논의한다는 것은 거의 불가능하지만, 가장 최근의 처용관련 시집으로 「신처용가」(정숙, 시와 시학사 젊은 시인선 4권)를 주목해볼 수 있을 것이다. 정숙은 고려가요의 이른바 '남녀상열지

‖ 김춘수 시인의 처용단장을 구상 관련 기사 ‖

사'의 전통을 '신라의 정서'를 살린 질박한 경상도 사투리를 통해 현대적으로 풀어내고 있다. 총 4부로 나뉘어진 시집은, 「속 만전춘(續 滿殿春)」 등의 시를 비롯하여 현대의 성적 풍속도와 자본주의의 욕망을 '처용 아내'의 모티프를 통해 적나라하게 담아내고 있다. 이는 고려가요로 실현된 처용텍스트의 방대한 분량이나 처용노래의 극성기에 방류된 고려가요의 에로틱한 정보들을 통해볼 때 전체적으로 처용전통의 복원과 패러디를 노린 시집으로 간주되어도 무방할 것이다.

뿐만 아니라 현대문학에서 「처용가」는 장르적 경계를 넘어 소설, 희곡 등 다양한 방식으로도 패러디되어왔다. 직접적으로 처용설화를 문학적 장치로 사용하고 있는 소설의 예로, 김소진의 「처용단장」 등을 들 수 있다. 이 작품에서 주인공 영태는 대학시절의 저항정신을 잃고 변절한 사법고시 합격자인데, 그는 대학시절의 친구 권희조와 아내의 불륜 사실을 알고서도 저항하지 못하는 처

용의 인격적 재현이다. 이 소설에는 이야기 안에서 권희조가 쓰고 있는 희곡 「처용단장」, 그리고 카페 '탈'이라는 공간 등의 장치를 통해 처용을 알레고리화 하고 있는, 전체적으로 액자소설의 구조를 띤 작품이다.

이렇듯 현대적 풍경이 덧입혀져 탄생한 처용 이야기는, '처용'이라는 상징을 실마리로 자유로이 상상의 구역을 확장하고 있다. 인물과 구성, 스타일과 배경이 어떠하든 작품에서 '처용'이라는 것을 발견할 수 있게 하는 요소는 주로, 인간의 욕망과 일탈이라는 주제이다. 욕망의 삼각관계와 성적 배신이라는 핵심적 모티프에, 수많은 여담이 덧붙여진 '사건의 다중적인 집합'으로 현대의 「처용가」는 존재하는 것이다.

근래에 와서, 무엇보다 흥미로운 것은 뉴미디어 시대의 텍스트와 처용의 관계이다. 라디오, 텔레비전, 스포츠 신문, 인터넷 어디서나 발빠르게 전파되는 '간통' 같은 대중의 소문처럼, 현대의 디지털 문화는 새로운 처용을 실어 나르고 있다. 특히 엿보기가 주메뉴인 인터넷 공간에서 욕망의 삼각관계(혹은 연인 빼앗기·뺏기기)라는 모티프는 대단히 자유롭게 패스티쉬 되며, 마치 무수한 밤의 이야기가 집적된 「천일야화」처럼 처용이라는 커다란 퍼즐상자 속에 존재하는 무수한 작은 이야기를 가능케 한다. 온라인에 유포되고 있는 무수한 처용의 이야기를 모아보면, 한국판 천일야화를 구경할 수 있을 지경이다.

최근에는 처용 원전에 더욱 다양한 대중적 상상력이 접합되어 SF, 판타지 등의 형태로 처용 텍스트가 생산되고 있음도 눈여겨 볼 수 있다. 이러한 작품들은, '인신(人神)'으로 추앙된 처용의 신비적 요소를 신과학 혹은 미스테리한 요소로 재해석함으로써 처용에 대한 해석의 경계를 넓히고 있다. 일례로 SF 판타지 「신처용가」(저자 ID 비트겐슈타인)[8]는 중동전 등이 발발하고 있는 급박한 지구에서 '달의 자원'을 둘러싼 고위층의 암투와 최첨단의 정보전쟁을 다루고 있는 환상소설로, 2225년의 뉴욕 세계 신인류 협회 본부, 로봇·비행자동차 등 SF적인 요소가 가득하다. 한국 최고의 양자물리학자 김규와 그의 젊은 아내인 에반 링스, 그리고 정체를 알 수 없는 한 남자가 중심인물로 출현하는데, 김규의 아내에게 세계 신인류 협회에서 날아온 편지가 발단이 된다. '인류진화계획'을 실행하려고 하는 '라포엠 듀시프'라는 신비의 인물은 '어디서 사는지 무슨 일을 하는지' 철저히 매일에 가려져 있다. 그는 달의 자원개발과 관련하여 40년 전 만들어진 세계신인류협회를 이끌어 나가는 사람인데, 본래 처용 출현의 공간이 '바다'라는 신비의 공간으로 설정된 것처럼, 알 수 없는 외계로 사건의 배경이 넓혀지는 것도 주목할 만하다. 이것은 처용에 대한 공상과학적 해석이 처용의 신비의 조건을 구성하는 예에 해당된다. 처용 원전이 본래 가지고 있는 종교성·주술성·신비성 등이 비밀지식에 대한 호기심과 상호소통함과 동시에, 처용의 신화적이고 신비적인 요소가 무한한 상상의 용기가 되는 것이다.

또 하나 주목할 수 있는 요소는, '처용'은 '처용'이 아니어도 상관없는 특정한 인간상황에 대한 알레고리로 기능한다는 점이다. 예컨대 인터넷 소설 「신처용가」(2003)는 1970년 부산에서 야근하는 한 샐러리맨을 울부짖게 만든 시대의 풍속담을 '콩트' 형식으로 담고 있다. 미니스커트 광풍이 전국을 휩쓸던 1970년 부산의 풍속도를 그려내고 있는 이 작품은[9] 처용을 심도 있게 패러디한 작품이라기보다 '처용가'가 암시하는 포르노그라픽한 외설담을 에피소드로 다루고 있다고 할 수 있다. 이러한 코미디적 분위기와는 달리 「처용의 춤」(2005)은 그로테스크한 공포분위기로 처용을 패러디하고 있다. '아리'라는 여주인공은, 헌강왕 시절의 무희이다. 아직 완결된 작품이 아니지만 전체적으로, 제사를 지켜보고 있던 헌강왕의 무리 속에 소란을 가져온 낯선 이방인(처용)과 주인공 아리와의 사건을 다루고 있다고 할 수 있다.[10]

이렇게 다양한 저자에 의해 끝없이 확장되고 복선화되는 텍스트는, 처용의 원전 설화처럼 일관된 줄거리나 이야기를 단선적으로 따라가지 않는다. '처용'이라는 미적 이념과 메시지를 복합적으로 표현해내는 전략에 따라 처용은, 넓은 문화의 장에서 분열하고 혼합되고 새로운 변종의 장르로 생성되고 있다. 인터넷 속에 복잡하게 매설되어 있는 텍스트들은, 창작인지 표절인지 모를 수많은 삽화와 모티프의 잡종과 혼성물의 상태로 흘러 다닌다. 처용을 특정한 경험의 주체로 보거나, 행동의 양식으로 보거나, 한 존재 또는 다수 대중의 초상으로 보거나, 인간존재 또는 미지의 비존재로 보는 등의 차이를 넘어, '처용'은 그러한 모든 문학적 모티프를 묶어내는 일종의 표제이거나 장치로 그 맥락이 교차하고 섞이고 반죽되는 것이다. 이러한 대중문학 영역에서의 처용 열기는 문학텍스트가 아닌 서적물로도 번져나간다. '처용'이라는 화두를 빌미삼아 문화적 풍경을 사진으로 담아낸다든지 유적답사 등의 기록을 남기는 것도 처용이 자연스럽게 문화적 영역으로 이동하는 예일 것이다. 현대의 '문화'에 대한 관심의 고조와 밀접한 관련을 맺고 있는 이러한 작품집의 예로, 2004년 이영섭 소설 「처용의 봄」, 2003년 김대식의 「처용이 있는 풍경」이라는 『삼국유사』 사진 기행 글모음집 등을 주목할 수 있을 것이다.

9

‘처용무(處容舞)’와
현대의 공연물 콘텐츠

1. '처용' 카니발의 역사와 '처용무' 의 탄생

처용이 집중적으로 공연물로 유행하기 시작한 것은, 궁중과 민간에서 처용희 등을 즐기던 고려조 이후다. 이는 "전대부터 전래된 익숙한 소재인 점, 내용이 벽사진경인 점, 놀이로서 적합한 점 등이 작용한 것으로 보인다. 고려 궁중에서 「처용가」를 즐겼음은 『고려사』에 보이는데, 주로 연향과 굿에서 사용된 것 같다. 민간에서 「처용가」가 널리 퍼져 있음은 개인 문집에서 확인할 수 있다."[1] 우선 중요한 자료로 여겨지는 한 기술물을 보자.

"처용희는 신라의 헌강왕 때부터 시작되었다. 신인이 바다에서 나와 개운포에 나타났다가 왕도로 돌아왔는데, 그 사람됨이 기걸하고 비범하여 노래와 춤추기를 좋아하였다. 익재의 시에 "흰 이 붉은 입술로 달밤에 노래하고, 제비 어깨 붉은 소매로 봄바람에 춤추네"한 것이 이것이다.

처음에는 한 사람으로 하여금 검은 베옷에 사모를 쓰고 춤추게 하였는데, 그 뒤에 오방처용이 있게 되었다. 세종이 그 곡을 참작하여 가사를 개찬하여 봉황음이라 이름하고, 마침내 묘정의 정

악으로 삼았으며, 세조가 그 제를 늘여 크게 악을 합주하게 하였다. 처음에 승도가 불공하는 것을 모방하여 기생들이 영산회상불보살을 제창하고, 외정에서 돌아 들어오면 영인들이 각각 악기를 잡는데, 쌍학인 다섯, 처용의 가면 10명이 모두 따라가면서 느리게 세 번 노래하고, 자리에 들어가 소리를 점점 돋우다가 큰 북을 두드리고 영인과 기생이 한참동안 몸을 흔들며 발을 움직이다가 멈추면 이때에 연화대놀이를 한다. 먼저 향산과 지당을 마련하고 주위에 한 길이 넘는 높이의 채화를 꽂는다. 또 좌우에 그림을 그린 등롱이 있는데, 그 사이에서 다섯 색으로 만든 술이 어른거리며, 지당 앞 동쪽과 서쪽에 큰 연꽃 받침을 놓는데 소기가 그 속에 들어있다. 보허자를 주악하면 쌍학이 곡조에 따라 빙글빙글 춤추면서 연꽃 받침을 쪼면 두 소기가 그 꽃받침을 헤치고 나와 서로 마주 보기도 하고 서로 등지기도 하며 족도하면서 춤을 추는데, 이를 동동이라고 한다. 이리하여 쌍학은 물러가고 처용이 들어온다. 처음에 만기를 연주하면 처용이 열을 지어 서서 때때로 소매를 당기어 춤을 추고, 다음에 중기를 연주하면 처용 다섯 사람이 각각 오방으로 나누어 서서 소매를 떨치고 춤을 추며, 그 다음에 촉기를 연주하는데, 신방곡에 따라 너울너울 어지러이 춤을 추고, 끝으로 북전을 연주하면 처용이 물러가 자리에 열지어 선다. 이 때에 기생 한 사람이 '나무아미타불'을 창하면, 여러 사람이 따라서 화창하고, 또 관음찬을 세 번 창하면서 빙돌아 나선다. 매양 섣달 그믐날 밤이면 창경궁과 창덕궁 양 궁전 뜰로 나뉘어 들어간다. 창경궁에서는 기악을 쓰고, 창덕궁에서는 가동을 쓴다. 새벽에 이르도록 주악하고 영인과 기녀에게 각각 포물을

- 『대동야승』 권1 용재총화

위의 기술물은 「처용가」가 오방처용, 봉황음, 관음찬, 연화대놀이 등의 놀이와 춤, 주악 등으로 카니발화된 맥락을 명료하게 설명하고 있다. 주목되는 것은 처음에는 처용의 행적을 따라 "한 사람으로 하여금 검은 베옷에 사모를 쓰고 춤추게 하였는데," 나중에는 "승도가 불공하는 것을 모방" 하고, "영인과 기생"도 참여하게 되며 "향산과 지당을 마련하"는 등 무속적인 요소와 습합된다는 점이다. 그리고 그것이 "매양 섣달 그믐날 밤"의 세시풍속으로 대중문화 속으로 확장된다. 다시 말해 처용 카니발은, 당대의 문화시스템이 허용하는 모든 다양한 양식으로 실현되었음을 알 수 있다.

이러한 처용 카니발의 역사는 조선조에 와서도 면면히 계승된다. 세종 때 「처용가」와 처용무에 대한 정비, 세종 31년(1449)에 「처용가」를 정재 악곡으로 추가하여 연습케 한 기록과 성종 때 향악정재의 곡목으로 지정했던 것에서 이를 짐작할 수 있다. 태종과 세종 대에 「처용가」의 정비를 통해 초기 처용무가 독무(獨舞)이던 것을 대무(對舞)로 확장시켰고, 성종 대에 이르면 오방(五方) 처용무로 완성하여 궁중 나례(儺禮)에서 학무(鶴舞)와 연화대무(蓮花臺舞)를 합설(合設)하여 후대 궁중 연희의 중요 종목으로 전승되었다.[2]

현대에 와서 이러한 처용 카니발은 매년 향토문화제로서 울산의 처용 문화제[3]에서 시행된다. 개중에서도 특히 주목되는 '처용무'는 현재까지 전해지는 한국의 가장 오래된 궁중무용이다. 처용무는 세시풍속과 연관된 처용희, 각종 연희 등에서 면면한 내력을 이어가고 있다. 고종 때에도 「처용가」가 불린 것으로 보이나, 이 시기에 이르면 「처용가」는 전대에 비해 상용되지는 않아 그 세력이 점차 약화되었음을 엿볼 수 있다. 「처용가」와 처용무는 중종 재위 20년 동안을 제외하면 다소 변화는 있었지만[4] 조선시대 전반에 걸쳐 궁중 의식과 잔치에 줄곧 사용된 가무악이었다. 경술국치(1910) 이후 궁중 내 처용무 전승은 단절되었지만 1923년 순종 탄생 50주년을 맞이하여 이왕직 아악부 주최로 공연되기도 하였다.[5]

2. 처용과 현대의 공연물 콘텐츠

집단성, 상업성, 오락성 등이 함께 하는 제 요소로 인해 현대에 와서도 과거 못지않게 처용은 활발히 공연되고 있다. 현대에 와서 '처용'이 무대연극으로 공연된 선례는 1952년 유치진 작 연출 「처용의 노래」에서부터 발견된다. 처용, 역신, 아내 등의 캐릭터가 개성적이고 현대적으로 그려진 작품으로 이는 현재 러시아 연극무대에 올려질 것으로 예상되는 작품이다. 21세기에 발표된 예만 들어보면, 2000년 홍창수 극본으로 만들어진 뮤지컬 「신라의 달밤」, 2001년 「처용의 북울림」, 2002년 「월드컵문화행사」 뮤지컬 「처용」, 2003년 임영웅, 차범석 뮤지컬 「처용」, 2003년 힙합 가수 G-Masta의 「신처용가」, 2004년 손인영 NOW무용극 「아바타 처용」, 2004년 제1회 KCU e-festival 사이버문학상 금상 수상작 「처용의 춤」, 2004년 최종두 「처용에게 고한다」

‖ 처용무 ‖

‖ 2002년 「월드컵문화행사」 뮤지컬 「처용」 ‖

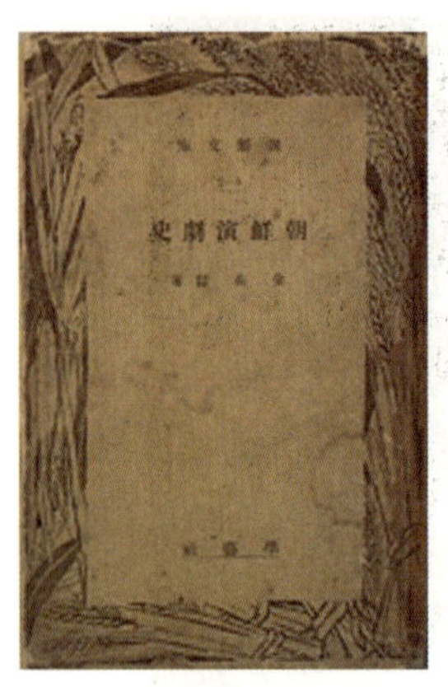

‖ 김재철의 조선연석극사 ‖

등이 있다. 이러한 작품들은 처용의 다양한 전승맥락에서 어느 한 부분을 특화하고 재해석하여 거기에 현대적 감수성을 덧입힌 것들이다.

본래 「처용가」가 고려시대에 궁중과 민간에서 인기 있는 곡목이었듯이[6] '처용'이 음악적 영역에서 부활한 예로는 국립오페라단에 의해 1987년 초연된 심미적인 음악창작물 「처용」을 들 수 있다. 이외 '처용'의 작곡가 이영조의 「오늘, 우리의 처용이 오다」(2004) 등의 연주회를 들 수 있다. 2003년 차범석의 뮤지컬 「처용」은 임영웅 연출로 울산광역시에서 제작한 것인데, 강부자 등의 대중스타를 캐스팅하여 본격적인 사업오페라로 공연된 것이 주목된다. 2003년 공연된 「아바타 처용 2」은 궁중나례를 현대의 디지털 문화의 감수성을 살려 무용극으로 개작한 것이다. 나례는 궁중에서 악귀를 몰아내고 즐겁게 신년을 맞이하기 위하여 12월 제야에 무서운 가면을 쓰고 구나(驅儺)를 하는 연희였을 것이며, 민간에서는 연중 안녕을 위하여 천신·지신·조상신에게 제사하며 세시풍속의 관습에 의하여 연중행사로 행하여진 가무백희는 음주가무를 하며 관중을 즐겁게 하는 우희·잡희·나희가 그것이었다. 이는 집단적 가무백희를 연희하면서 귀신도 몰아내고 화합과 즐거움을 동반한 연희였다.[7] '처용무'는 신라의 오기와도 연관이 있는데, 전체적으로 나례와 처용무와의 관계는 벽사진경과 관계가 있다. 처용무는 현재 중요무형문화재 제39호로 지정되어 보존하고 있다.

신라시대 처용 신화와 궁중정재인 처용무를 현대적으로 재해석한 손인영 NOW무용단의 「아바타 처용 2」(2003)은 게임을 응용한 영상과 바디페인팅, 사실적인 무대장치 등을 시도한 「아바타 처용1」(2002)의 연작 시리즈다. 이 작품

은 역신을 물리치는 처용과 잡귀는
가상과 현실을 넘나드는 매개체로 사
이버문화세대의 감수성을 살리면서,
처용무에 담겨 있는 오방 개념을 다
섯 명의 주역 무용수를 통한 '캐릭터
댄스'로 변형시키고 있다. 전체적으
로 서사적 의미구조를 따르기보다 이
미지 전달에 주력하면서, '잡귀'들의
군무를 통해 놀이적인 요소를 가미하
여 조선시대이후의 처용무를 현대적
으로 재해석해낸다. 처용화상이 그려
진 독특한 복색과 장삼, 전통음악위
주로 된 여러 효과음과 실험곡까지
어우러져 가상과 현실을 넘나드는 처
용의 이미지를 부각시킨다. 이는 가
상기술을 통한 현실의 새로운 구현이
라는 인터넷 코드 안에 처용을 '가상
세계의 신'으로 새롭게 부활시킨 예
술적 시도로 평가되고 있다.[8]

　2005년 2월, 한·중·일 3국의
탈놀이를 한 자리에 모은 축제 한마
당이 펼쳐졌다. "사단법인 한국공연
예술원 주최로 2일까지 고양 덕양
어울림극장에서 열린 '어린이를 위

‖ 벽사진경의 처용무, 다음미디어, 2005. 2. 2 ‖

한 아시안 할로윈 페스티벌－새해맞이 한·중·일 귀신 쫓기 탈놀이 축제'에서는 한국의 사자춤과 처용무, 일본 아이누족의 활춤, 중국의 관공춤 등을 어린이 눈높이에 맞춰 단순하게 재구성했다. 액운과 악귀를 쫓고 상서로운 기운을 불러들이는 '벽사진경'의 처용무가 공연되었다."9

2005년 3월에는 LG아트센터에서 '男舞, 춤추는 처용아비들'이 공연되었다. "남자들이 춤을 춘다. 건듯건듯 흥과 끼가 넘치는 한량춤에서 고고한 학춤까지, 우리 춤을 추는 나이든 남자들이다. (중략) 최연장은 동래 한량춤을 추는 무형문화재 18호 문장원 (88)옹이다. '춤 하면 한량이고 한량 중엔 동래한량'이라는 말이 있는데 그가 바로 부산 동래에서 나

‖ 男舞, 춤추는 처용아비들, 주간조선, 2006. 5. 9 ‖

고 자란 한량이다."10 동해의 아들인 처용의 '춤'의 전통을 되살리고자 하는 공연이라 할 수 있다.

국립국악원, 한국문화재보호재단 등 적잖은 단체들이 궁중 연회 재현 행사를 여는 등 '궁중 문화 알리기'에 처용무도 한 몫을 하고 있다. 이는 외교통상부를 통해 '조선왕조 의궤'를 유네스코 세계 기록유산으로 등재하기 위한 신청 절차를 밟는 문화재청의 기획에 따라 이루어진 공연이다.11

10

현대의 오르지(Orgie) 문화와
'처용' 관련 영화·음악콘텐츠

*·**·**·**·*

1. 「처용가」와 포르노그라피의 문화

바타이유는 『에로티즘의 역사』에서 사드적 광란이 바스티유 감옥의 무참한 고독 속에서 일궈낸 에로티즘의 절정임을 시사한 바 있다. 존재의 자유가 억압된 절대적 결핍의 소산으로 한계 없는 상상력을 추구했다는 이야기다. 하지만 사드의 저작들이 당대에 지독한 외설로 유죄판결을 받았던 것처럼, 에로티즘을 논의할 때 가장 일반적으로 통과하지 않을 수 없는 이야기는, 소통의 장과 연계되어있는 '외설'에 대한 문제이다. 일반적으로 우리가 '포르노그라픽하다 혹은 외설스럽다'라는 말과 에로틱하다는 말을 구분하는 까닭을 언급하고 지나갈 필요가 있을 것 같다.

일반적으로 외설스럽다는 말은 사회적·윤리적 감각에 비추어 불쾌함을 유발하는 소통으로 받아들여진다. 특정한 텍스트가 외설의 파장을 불러오는 것은, 에로티즘을 논의하는 과정에서 '외설'의 의미지평 자체가 이미 문화적 장 자체에 침전되어 있는 관습적인 코드와의 불화를 완전히 피해갈 수는 없다. 여기서 중요한 문제가 제기된다. 왜 어떤 것은 거슬리고, 어떤 것은 거슬리지 않는가? 그것은 직관과 판단의 문제를 다시 우리의 관심거리로 불러온다. 섹스가 일순간에 독자(관객)의 관심을 불러일으키는 이유는 그것이 비평을 넘어서는 원초적 소통이기 때문이다. 즉 섹스는 신념, 의식, 비평의 문제를 가장 약화시키는 '원초적 정보'라는 면에서 존재의 자연에 대한 즉각적인 반응을 불러일으키는 것이다. 에로틱함 혹은 외설스러움은 우리의 본능적인 직관과 문화적 의식이 상호교섭하는 어떤 지점에서 만들어진다. 성적 정보가 물화된 관계의 공고화나 왜곡된 관계의 고착화에 불순하게 가담할 때 우리는 일반적으로 그 것을 외설이라 단정하며, 에로티즘과 구분한다. 에로티즘은 잘못 구축된 존재의 문법을 재구축하는 힘으로서의 자연, 한계적인 의미의 소통방식을 다시 깨뜨리고 반죽하기 위해 의미의 토대(이성과 의식이 주축이 되어 있는)를 전복하는 전략으로 본능이나 욕망의 이미지를 사용하는 것이다.

그렇다면 「처용가」에 있어 에로티즘은 어떤 양태로 나타나는가? 「처용가」는 침실의 장면을 적나라하게 묘사하는 포르느그라픽한 표현으로 당대에 충격을 던졌지만, 그에 나타나는 '솔직한' 욕망의 표현은 사랑이라는 코드에 부착되어 있는 '일탈'에의 욕망, 그리고 "가라리 네히어라"와 같은 적나라한 성적 표현으로 쉽게 전이될 수 있다. 이는 「처용가」를 패러디한 현대의 대중물들이 왜 「처용가」의 포르노그라픽한 내용을 반복적으로 패러디 해 왔는가를 살펴볼 수 있는 맥락을 마련해준다. 「처용가」는 또한 얼마간 인간의 본성에 대한 철학적이고 종교적인 미감까지도 담고 있다. 문학은 자주 날것의 물질을 창조적으로 배열하거나 어떤 통찰의 경험을 표현하기 위해서, 삶의 의미와 관계되는 어떤 국면을 내포하기 위해서 섹스를 다루어야 할 필요를 느낀다. 「처용가」는 그러한 삶과 예술적 통찰의 아날로지로서 '간통'과 침실의 장면에 관한 포르노그라픽한 코드를 사용하고 있다. 이는 특히 존재의 본원성을 말소당한 현대에 있어 무한정 추구되는 원초적 쾌락, 성이 일회용 소비물로 폐기되는 현실의 부조리를 '인간적으로' 폭로하는 방법일 수 있기에 대중물에서 자주 패러디되는 부분이다. 처용이란 일종의 성적 아노미와 오르지(Orgie) 문화에 대한 상징이기도 한 셈이다.

2. 「처용가」와 대중음악

우리는 일관성을 생산하는 것으로 자아를 특징짓는다. 그 일탈의 가능성의 자연으로 섹스는 여전히 강력한 폭약으로 남아있고, 이러한 문제가 에로티즘과 어떻게 관련되어 있는지 숙고해볼 필요가 있다. 오늘날 우리의 사랑은, 존재의 융합이라는 말이 무색해질 지경으로, 텅 빈 쾌락주의 혹은 성적 모험처럼 치부되어 있기도 하다. 그러한 현대문화의 쾌락주의에 대한 은유로 처용은 광대한 영역에서 패러디되고 있다. 특히 처용의 삼각관계 모티프는 현대 대중의 오르지문화 속에서 상당히 드넓게 소통되고 있다.

「처용가」의 에로틱한 코드가 탁월하게 대중문화 속에서 호소력을 발휘하는 데는 분명한 이유가 있다. 주어진 이야기에서 이탈하고자 하는 욕망의 '카오스'는 동서고금을 아울러 늘 문화의 문제였고, 인간이 일대 일의 지시적 관계만이 아니라, 다양한 관계의 내포 속에 접촉할 수 있다는 것, 그 무한한 매혹에 대한 갈증은 언제나 남아있다. 존재는 무한히 펼쳐지길 바라고, 또 새로운 방식(다른 연인에 의해)으로 해석되고자 하며, 바로 이 무한성을 갈망하는 존재의 본능은, 일관적이고 한정된 이야기를 대단히 따분하게 여기게 한다. 그렇기 때문에 욕망은 결혼을 뒤흔들 수도 있고 문학은 다른 것, 다른 연인이나 사랑을 꿈꿀 수도 있다.

그러한 까닭으로 「처용가」는 문학이나 대중문화 진영에서 주로 '사랑과 성희'와 관련된 주제로 자주 패러디되는데 이는 대중가요 진영에서도 예외가 아니다. 2003년 음란물 파문을 일으켰던 G-Masta의 「신처용가」의 경우,[1] 현대의 젊은이의 성풍속을 힙합이라는 외래적 음율에 실어 적나라하게 묘사하고 있다. 전체적으로 보아 '가라리 네히어라' 처럼 당대의 표현의 '수위'를 넘어서는 「처용가」의 대담한 성적 주제 외에도, 본래 처용전승물들에 이국의 음악적 요소(송나라 음악, 원나라 음악, 아랍 음악)가 상당히 관여했다는 사실[2]이, 힙합이라는 외래 음악쟝르에 실린 「신처용가」에 대한 포괄적인 이해의 실마리를 마련해줄 수 있으리라 보인다. 이 가요의 뮤직비디오는 「처용가」의 '성적 일탈'의 주제를, 젊은 세대의 '나이트클럽' 문화로 패러디해 포르노그라픽한 뉘앙스로 표현하고 있다. 이 음악은, 신라시대부터 대중들의 떠들썩한 소문거리가 된 '처용'의 풍속도를 리메이크함으로써, 처용의 여자친구를 21세기 대중문화와 성적 히로인으로 등극시키고 있다. 이 노래의 뮤직비디오에서 '처용 아내'를 연상시키는 '여자 친구'는 과감하고 적극적이며, 하렘의 체취가 느껴질 만큼 육감적이며 음탕한 분

‖ 무비 G-masta의 「신처용가」의 뮤직비디오의 한 장면 ‖

위기까지 풍기고 있다. 이 가요는 '자지', '떡을 쳤다', '나도 땄다' 등의 적나라한 비속어가 등장하는 가사의 음란성, 무정부적인 섹스를 즐기는 여자 친구와 간부를 엽기적으로 살해하는 충격적인 내용으로 인해 금지곡 처분을 받았다.

꺼져있는 전화기 너에 대한 믿음이 깨진 순간
눈물이 슬픈 이별 이야기 돌아갈 수 없음에
내 맘이 아파도 모든 것이 내 현실이기에
이 좆같은 세상에서 진실된
사랑찾기란 하늘의 별 따기

나이트에서 처음 만나 알콩달콩 사랑을
키워 갔다고 믿었던 나(yo!)

그래, 사건 당일도 꺼져있던 너의 전화기
하지만, 별 의심 없이 논현동에
혼자 자취하던 너의 집으로 미리 준비했던 꽃다발
등 뒤로 감추고 계단 올라갔는데
문틈 사이로 새어나오는 x 소리(어! 모야 씨발ー)
문을 열고 들어갔어 침대 위에서
좆만 한 새끼랑 옷 벗고 레슬링 하는
여자친구를 봤어(빳데루 자세로ー)

좆도 씨발 벙깟어(이 대걸레 같은 씨발년!)
소리치자 아직도 사태파악 못 하고

천장을 뚫을듯한 고개를 쳐든

바나나 밑에 달린 메추리알 터트러 놓고

나는 집으로(아-!)

(중략)

눈 한 번 돌아가니까 스스로 통제가 안 되대

그럴 땐 모르는 게 좀 더 도움이 될 거야

알았던 나는 치료비 몇천 물었단다(젠장-)

그래 봤자 봉합수술은 한계라는 게 있어서

평생 가야 못산다지만 돈이 아깝잖아

죄진 건 여자인데 딴 놈 좆을 왜 쳐!

철들면 알겠지만 폭력은 답이 아니야

그걸로 모자라서 여자애도 좀 쑤셨지만

칼을 빙빙 돌려도 결국은 안 죽더라

(중략)

Yo G! You're OK? 너 진짜 괜찮은 거 맞아?(괜찮아요.)

근데 내가 그 친구한테 들은 거 있는데(예?)

You Know?(모가요)

경호가 걔랑 떡을 쳤댔나(예?)

완히가 걔랑 떡을 쳤댔나(설마요. 형)

정민이가 맛있다 그랬나(형. 걔 그런 애 아니에요.)

제이슨이 쫄깃쫄깃하다 그랬던가(형-)

차는 진영이가 사줬대고(그만하세요)

- G-Masta & UMC & 이강희 「新處容歌(신처용가)」 가사 부분

대중가요 진영에서 처용은 이와 다른 가요 「처용애가」(육각수, 1997)에서도 엿보이는 바와 같이 주로 '사랑과 성희'의 내용으로 리메이크되는데, 이는 처용 전승의 역사와 관련지어 보아도 퍽 흥미롭다.

본래 「처용가」는 궁중에서 퇴폐적인 향락층의 취향을 담아내면서 남녀상열(男女相悅)의 내용이 더욱 강화되며 카니발화되었다. 때문에 중종 반정(1506) 이후 중종이 연산군 시절 절정에 오른 「처용가」와 관련된 일체의 궁중 공연을 금지하였다.[3] 중종부터 광해군 때까지는 처용희에 대해 "비용 문제 · 음란성 시비 등으로 군주 자신이나 관료 · 사신(史臣)에 이르기까지 일정 정도 비판적 거리를 가지고 있었다. 실록에서 「처용가」와 관련된 기사를 보면, '사대부가에서 처용희를 즐기는데, 그 폐단이 이루 말할 수 없다.'는 문맥이 주를 이룬다."[4] 하지만 이러한 표면적인 배척에도 불구하고, '처용'이 함축하는 에로틱한 정보는 대중들에게 오랫동안 사랑받고 향유되었다.

3. 「처용가」와 영화

　「처용가」가 현대의 영상물로 재탄생하는 현상과 더불어 살펴보아야 할 문제는, 우리 시대의 특별한 현상인 매스미디어의 문제이다.[5]

　상품의 물신적 특성이 사용가치를 완전히 제압하는 현대에 있어 자본주의가 가장 자주 사용하는 전략이 성의 코드를 자주 부추기고 있음은 우리가 잘 목격하는 현상이다. 다시 말해 '스펙터클로서의 소비'를 지향하는 미디어의 전략은 '기만적이고 야만스러우며 음란한 측면'을 추구하는 것이며, 그것은 비루하고 고통스러울 수도 있는 '사실'을 완전히 문제 밖으로 패주시키는 것이다.[6] 그것이 주로 '전형화'된 성의 이미지로 다루어진다는 것은 주지의 사실이며, 여기에 현대문화가 특별히 에로티즘을 미적 전략으로 차용할 때 유의해야만 하는 심각한 문제가 있다. 하지만 성에 대한 깊이 있는 사유를 이끌어내는 처용은 자칫 천박해 지기 쉬운 비주얼 문화 속에서도 성에 대한 철학적 사유를 이끌어 낼 만한 요소를 충분히 내장하고 있다.

　영화 부분에서 처용이 패러디된 경우는 「처용의 다도」(감독 정용주)를 들 수 있다. 이는 2005 제10회 부산국제영화제 와이드앵글 부문 선재상 수상작인 30분짜리 35mm 영화다. 이 작품은 인간존재의 추악한 본성과 세속의 욕망, 탈속적 체념이라는 내용으로 「처용가」의 주제를 재해석해내고 있다. 전통 찻집을 운영하는 영민은 어느 날 부인 선재가 부정을 저지르고 있음을 알게 되고, 선재가 마실 차에 독약을 넣은 그는 선재의 일기장과 처용 탈을 가지고 백률사로 향한다. 죽이고 싶은 사람(선재)의 이름을 적어 우려낸 차를 마신 뒤 잠이 든 영민은

3년 전으로 거슬러 올라가 원조교제를 하는 자신의 추악한 모습을 다시 발견하게 된다. 잠에서 깨어난 영민이 자신의 혐오스러움을 깨닫고 아내의 부정을 용서하게 된다는 내용을 가진 이 영화는, 시간여행 등의 판타지적 요소를 도입해 현실적이면서도 몽환적인 처용 텍스트의 뉘앙스를 살리고 있다.

　이렇듯 현대의 무수한 텍스트들은 처용의 명성을 소비하며 처용을 민주화시키고, 이제 누구도 처용이라 자처할 수 있을 만큼, 처용의 개인적인 행적을 기념하는 캐릭터 콘텐츠뿐 아니라, 다양한 문화콘텐츠로 처용은 퍼질 수 있는 만큼 퍼졌고, 쓰일 수 있는 만큼 다시 쓰였다. 이제 처용은 말과 문자, 공연물의 형태를 거쳐, 멀티미디어 등과 접속되어 다음 단계의 재현으로 넘어가는 과정에 있다. 처용은 말과 문자, 테크놀로지, 인간의 몸짓, 모든 인간의 표현영역을

통해 지속적으로 생성될 것이다.

　이 외에도 처용의 이미지나 이야기를 이용한 유무형의 재화와 부가가치의 창출은 어느 한정된 영역에만 나타나는 것이 아니다. 비록 예술작품이 아니라고 하더라도, 울산시가 주도하고 문화페스티발 형식으로서의 축구대회 '처용컵', 노래방기자재 '처용마이크', 화보, 회화, 카페, 병원, 클럽, 극단, 음식 이름에까지 처용이라는 상징의 소비영역은 상상을 불허할 만큼 전면적이다. 그것은 언젠가 방송영상물, 애니메이션, 디자인, 미술공예품, 디지털 문화콘텐츠 등의 모든 영역 속에서 경매될 것이다. '상업성'과 '대중성', '오락성'과 '창의성'이 절묘한 조화를 이루는 처용콘텐츠는 현대 한국문화의 무궁무진한 자원으로서 그 역할을 다하게 될 것이다.

11

디지털 처용

멀티포엠·애니메이션 개발 현황

1. 대형 시화전, 영상쇼를 위한 디지털 텍스트 개발

필자가 현재 개발에 박차를 가하고 있는 것은, 「처용가」라는 문학텍스트가 파생시킨 새로운 문화실현의 양태인 멀티포엠 실험작이다. 이는 문자텍스트 혹은 공연물 형태의 처용 텍스트와는 다른, 처용원전을 패러디한 창작시와 비주얼한 영상, 음악이 함께 하는 텍스트이다. 멀티미디어를 활용한 '멀티포엠'(장경기, 「멀티포엠 선언문」, 1997)라는 장르가 이미 선언된 바 있고, 처용과 관련해서도 그 구체적인 성과물이 조금씩 흘러나오고 있는 실정이다.

현재 필자는 처용관련 디지털 텍스트 개발을 위해(기획 허혜정, 연출 제작 장경기) 멀티포엠 연작을 발표하고 있다. 「처용의 도시」(시인, 멀티포엠 아티스트 장경기)는 '플래쉬' 라는 새로운 양식으로 인터넷 공간에서 열람할 수 있게 되어 있는, 동시에 CD-ROM 형태로 발간되는 일종의 예술책의 범주에 드는 것이다. 영상과 소리를 온전히 전달할 수 없는 지면의 한계상 창작시만을 예로 들어보기로 한다.

처용을 콘셉트으로 한 창작시를 바탕으로, 시와 멀티미디어가 본격적으로 교섭하여 탄생시킨 처용은, 시적 '이미지'와 '프레임', 그리고 포에지와 '악상'을 믹스하여 상당한 예술적인 미감을 확보하고 있다. 문자기호를 넘어 영상, 소리이미지가 함께 하는 방식으로 「처용가」를 신화적 상징으로 패러디하고 있다. 이렇듯 텍스트의 형식은 전환될 수 있다. 문제는 어떻게 '처용'을 해독해내느냐 어떤 방식으로 처용을 표현하는가 하는 것이다. 이는 「처용가」가 책장이나 공연물 형태로만 남아있을 것이라는 우리의 고정관념을 무너뜨리는

‖ 멀티포엠 「처용의 도시」 일부 ‖

172

것이다. 책이 아니라 '책성(book-ness)'을 지닌 책의 형태로, 처용은 다시 실험되고 유포되는 단계에 놓여있는 것이다.[2]

전자책 예술가인 레인 홀(Lane Hall)은 "이제 우리는 끝없는 중첩성의 세계에 살고 있다. 또는 끝없는 오리지널의 세기에 살고 있다. 복제는 오리지널보다 좋거나 나쁜 것이 아니다. 그것들은 완전히 동일하다."[3]고 지적한다. 이것은 「처용가」가 본래 생성된 오리저널 원본처럼 문학텍스트나 춤과 노래 등의 공연물의 형태로만 존재해야 한다는 우리의 환상을 폐기하고 있다. "예술가의 책은 으레 미적 영역에서 위기를 무릅쓴 모험이다. 종종 그것이 무릅쓰는 어려움과 지적인 요구는, 그것들이 작지만 시각적, 텍스트적, 개념적 이데아의 미적인 통찰을 위한 중요한 영역에 있기 때문"[4]이라는 지적처럼 '처용'은 처용을 번역하고 표현하는 저자의 미적 이념, 그리고 실험장르의 명칭이자 상징으로 기능하는지도 모른다.

우리는 멀티포엠 처용에서 어떤 예술범주, 어떤 장르 속에도 들어맞지 않지만, 그 모든 요소들을 간직한 통합예술의 가능성을 발견할 수도 있을 것이다. '멀티언어'라는 것에 우리가 주목하는 이유는 여기에 있다. 하나의 예술양식이 다른 양식과 내적인 필연성에 의해 만나는 것은, 각 양식이 지향해온 성과와 독자성을 승인하면서, 그 한계를 극복하기 위한 시도라는 면에서 충분한 의미가 부여될 수 있을 것이다. 문제는 문학이 다른 영역과 소통하는 과정에서 나타나는 합성미학(Syn-aesthetic)[5]의 출현이고, 문학텍스트가 어떻게 또 다른 방식으로 경험되는가를 읽어낼 수 있는 관점을 개발하는 일일 것이다.

이렇듯 「처용가」는 대중들의 창조적 에너지와 표현의 방법론적 전략까지도 자극할 수 있는 무한한 상상의 창고이다. 특히 사회적 금기나 상식을 뛰어넘는 성적 '위반'의 모티프와 사실적이면서도 신비적 요소와 혼합된 「처용가」의 매력은 대중들의 무정부적인 번역 속에 막강한 위력을 과시하고 있다. 아마도 처용은 우리의 시대가 허용하는 모든 예술장르와 통로를 타고, 새로운 매체의 몸을 입고 끊임없이 새롭게 탄생할 것이다.

2. 캐릭터 시장을 위한 애니메이션 개발 현황

본인의 처용 관련 학술물들을 토대로 하여 디지털 영역의 토털 콘텐츠화를 진행시키고 있다. 이는 처용을 중심으로 한 애니메이션 캐릭터 시장을 개척하고자 하는 첫 시도이다. 현재 이를 위해 인터넷 방송국이 가동되고 있으며, 문화콘텐츠 분야의 커다란 수익원이자 커다란 파급력을 가진 캐릭터 시장을 노린 콘텐츠개발이 패키지로 진행되고 있다.

◉ 애니메이션 개발 전략

처용, 역신, 아내, 헌강왕이라는 네 캐릭터를 주 캐릭터로 설정하고, 바다, 달, 대지의 정령 등을 판타스틱한 보조 캐릭터로 설정함으로써 다양한 캐릭터, 애니메이션, 게임 산업으로 파생될 수 있는 가능성을 열어놓았으며, 환경을 중요시하는 시대에 대자연의 사절단으로써, 작품 내외에서 활동할 수 있도록 장치하였다. 구성면에서는 9라는 동양의 상징화된 숫자를 적용하였다. 또한 처용의 월명항, 궁중, 내실 등을 배경으로 한 사건을 구성하고 옴니버스를 적용시켰다. 그럼으로써 다매체 다채널이 요구하는 다양한 장르의 성격에 맞게 분리, 결합, 변형이 가능하도록 한 것이다.

표현 방법에 있어서는 먼저, 세계시장으로 진출하는데 있어서 전제 조건이 되는 한국적 이미지를 총체적으로 결합시키는 쪽을 택했다. 또한 통감각 시대, 미디어 믹스시대, 복합 매체 시대에 맞는 미래 언어로써 '춤과 노래' 라는 동영상과 음향을 개발 적용하였으며, 사실과 상상의 교차라는 독특한 판타지 형식을 개발, 적용시킴으로써, 예술장르의 신경지를 개척하는 예술사적 의의를 가진 콘텐츠가 되도록 기획하였다. 제작 스텝 구성에 있어서도, 영화 DVD, 3D 입체영상, 사진, 연극, 멀티포엠, 캐릭터, 음악, 애니메이션 등 각 분야의 문화 예술인들로 구성함으로써 다양한 콘텐츠를 파생시킬 수 있도록 기획하였다.

제작 기술면에서는, 토털엔터테인먼트적인 시스템이 요구하는 최첨단 기재, 기술을 집결시키는 방법을 택할 필요가 있다. 3D 입체 영상의 경우는 국내에서 최초로 개발된 입체 카메라 혹은 DVD 전용 카메라로 제작될 필요가 있기에 지원이 절실하다. 특히 '처용무' 와 같은 실재 장면이 도입되는 경우 촬영 현장에서 극영화 필름 카메라, DVD 카메라 3D 입체 카메라, 스틸 카메라 등이 동시에 촬영하도록 할 필요가 있다. 또한 동시에 또한 동시에, 그래픽 작업, 음악, 노래 작업 등이 행해지며, 캐릭터, 애니메이션, 출판, 게임 등의 시장에는 그에 맞게 작업이 별도로 진행되어야 한다. 이상과 같이 토털 엔터테인먼트 비즈니스 효과를 극대화시키기 위해서, 콘텐츠 비즈니스에 철저히 적용시키고 있는 원 소스 멀티 유스 전략은 디지테인먼트의 본격화와 함께 절실한 지원을 기다리고 있다.

현재 상영관이나 TV용 애니메이션으로 제작될 예정으로 캐릭터가 개발되어 있는 상황이며, 이는 애니메이션의 기획 제작을 넘어 컴퓨터 게임, 모바일 시장 등을 겨냥한 새로운 수익모델을 만들어 가고자 하는 기획 하에 행해지고 있다. 이는 한국의 전통문화유산을 특성화하면서도 현대문화의 새로운 옷을 덧입힌다는 점에서 기존의 캐릭터 시장에서 찾아보기 힘든 획기적인 상품이 될 것이다. 이는 차후 다양한 출판 만화, 부대상품, TV 및 지면 등의 광고 매체로 그 영역을 넓혀감은 물론 해외 문화수출을 노려볼 수 있는 좋은 마케팅 사례가 될 것이다. 「디지털 처용」 중 치용 아내의 모델링만 간략하게 소개한다.

‖ 필자의 학술적 아이디어 '달신' 과 '실크로드' 의 이미지를 컨셉으로 한 처용 아내 ‖

‖ 필자의 학술적 아이디어 '달신' 과 한국적 여인상을 컨셉으로 제작된 처용 아내 ‖

12

'처용'과 문화산업의 미래

1. 처용과 문화관광산업

오늘날 미래산업으로서의 문화콘텐츠 산업은 현재의 시장규모보다는 잠재적인 성장가능성으로 인해 주목받고 있다. 감성이 중시되는 현재와 미래의 시장에서 문화콘텐츠를 활용한 새로운 '블루 오션'을 창출해야 한다는 현실 앞에서 처용은 문화콘텐츠 산업의 가치와 가능성을 입증해줄 소중한 자산이다. 실제로 '처용'은 시·소설·희곡 등의 문학양식뿐만 아니라 오페라, 음악연주회, 무형문화재, 디지털 예술의 전개에 이르기까지, 우리 문화의 거의 전 영역에서 폭넓은 생산 경로를 보여주고 있다. '처용'이라는 매력적인 바다의 아들이 '음주가무'를 즐기던 동이족의 손님이 아니라 열렬한 환대를 받았듯, 오늘날에도 '처용'은 상상 속의 우상으로 추앙받고 있는 셈이다.

문화콘텐츠의 특성을 나타내는 가장 중요한 키워드는 '상업성'이다. 문화콘텐츠의 상업성이란 주체가 제공하는 서비스를 향유하는 객체, 즉 소비 대상인 대중을 전제로 한 것이고, 대중들로부터 유형무형의 재화를 취득할 수 있을 때 문화콘텐츠는 완성된다.[1] 문화콘텐츠에서의 대중은 지위·계급·직업·학력·재산 등의 사회적 속성을 초월한 불특정 다수의 사람들로 이루어진 집합체로, 이러한 관객 및 대중은 문화콘텐츠의 상업성을 담보해주는 필수 요소이기 때문이다. 「처용가」가 현대의 문화예술로서 폭넓게 환영받고 있는 것은 그것이 가진 대중성과 오락성, 그로 인한 수익성이 함께 하기 때문인 것으로 여겨진다.

처용과 관련된 유적과 전통문화를 문화관광산업과 연계시켜 지역발전 홍보와 관광상품 마케팅을 하고 있는 예로 '울산시'의 처용제를 들 수 있다. 울산시의 최대 문화행사인 처용문화제는 매년 10월 열리는데, 2006년에는 40회를 맞이하게 된다. 울산시는 홍보책자와 인터넷 등을 통해 처용관련 홍보상품을 만들고, 울산 남구의 '처용암'[2] 등을 지방기념물 4호로 지정되어 관광지로 개발하였다. 이는 다양한 문화카니발 등 다채로운 여가상품의 공급과 병행되고 있는 상황이다.

39회(2005)의 행사를 참고삼아 보면, 처용 관련의 광범위한 공연, 이벤트행사, 전시 · 체험행사, 부대행사 등이 치러짐을 알 수 있다. 처용콘서트, 국제민속춤페스티벌, 처용영화음악회 등의 행사, 「처용암 처용맞이」, 「거리퍼레이드」, 「처용과 헌강왕 행차」 등의 이벤트 행사, 축제기간 동안 계속되는 전시행사는 실제적인 관광수익 개발과 연계되어 있다. 가령 처용맞이 행사에는 처용암을 유람할 수 있는 배편이 운항되며 처용 체험행사에는 처용관 방문 등이 병행된다. 이 외 처용민속놀이마당 · 처용얼굴만들기 · 행복해지는 부적 만들기 · 처용나라 어린이나라 등[3]을 통해 처용의 이미지를 소비하고, 그 소비를 문화적으로 제도화함으로써 다양한 수익을 촉발시키는 것이다. 여기에 수반될 수 있는 서적 인쇄, 관광책자, 달력, 부적 등의 사업이나 기념품 사업 등을 포괄하면, 처용을 리소스로 하는 문화산업은 소프트 · 하드웨어가 같이하는 무진장한 문화자원이라고 할 수 있는 것이다.

이는 처용의 출현과 그것에 열광했던 대중들의 체험을 공유하고 현재화함으로써 '감정의 구조'를 재구성하는 문화로 처용이 실현되고 있음을 의미한다. 여기서 감정의 구조란 특정 집단이 공유하는 가치를 말한다. 윌리암스(williams)가 지적한 바, 문화의 세 가지 층인 "살아있는 문화, 시대의 문화, 전통의 문화"[4]를 묶어내는 문화적 상징으로 처용이 활용되고 있는 것이다. 앞에서 논의한 바와 같은 '처용'의 다양한 문화적 재현은 '처용'이라는 상징과 더불어 집단의 가치를 강화한다.

‖ 울산 처용제의 한 장면. www.iphotopia.com ‖

* 처용과 함께 하는 울산시민들

CY 처용물산

자동차정비
처용공업사 제2공장

family food
처용 훼밀리

처용 훼밀리

처용암 진입로 표시

2. 세계인의 축제로 가는 처용 문화
문화전쟁 시대의 산업화 전략

'문화전쟁' 이라 해도 과언이 아닐 현시대에, 세계적으로 창의적인 문화상품의 개발은 최우선적으로 우리의 문화에 던져진 과제이다. 21세기의 세계가 한 나라나 한 지역의 고립을 용인하지 않는 국제화 시대가 되리라는 자명한 예견 앞에서, 우리 학계는 자국중심의 문학·문화에 한정된 연구의 편협성을 탈피하고, 각 문화권이 지향하는 국제문화의 공통 인식소를 규명해야 한다는 과제를 부여받고 있다. 이런 점에서 볼 때, 우리의 문화전통에 셀 수 없는 수혈을 해주었던 「처용가」 및 처용관련 문화는, 우리 문화의 독특성과 세계문화의 보편성을 동시에 견지할 수 있는 중요한 문화자원이 될 수 있으리라 본다. 특히

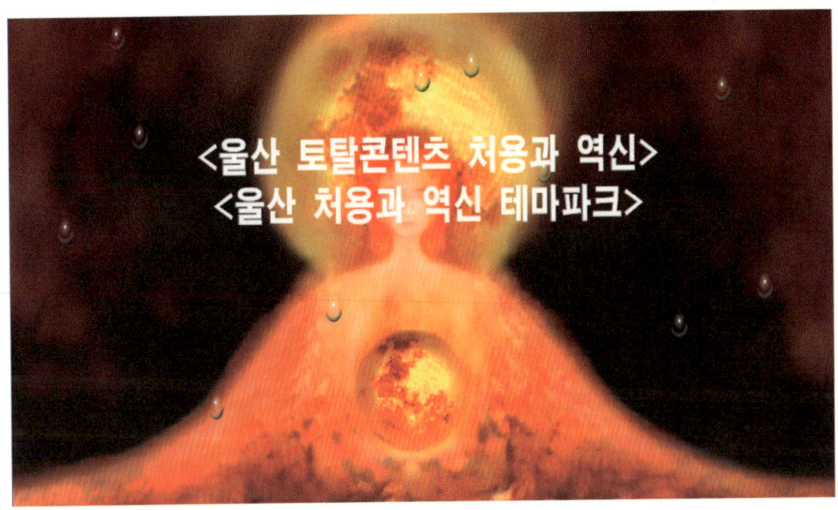

‖ 현재 2006 울산의 〈처용제〉를 겨냥하여 처용 관련 관광문화자원이 될 테마파크 구성을 기안하여 신청해 놓은 상태다. 사진은 울산에 제출된 프레젠테이션 자료 중 일부분이다. ‖

실크로드를 포함한 다양한 경로를 통해 아시아 전역으로 전파된 문화의 흔적이 「처용」의 전승맥락 곳곳에 배어있다는 점을 감안한다면, 「처용가」는 새로이 형성되는 국제사회의 공통인식소를 추출할 수 있는 핵심키라는 점에서도 미래 문화의 향방을 예견하게 할 주요 지표이다. 실제로 「처용가」는 음주와 가무, 연희를 즐기는 아시아문화권을 연결할 수 있는 중요 속성을 갖고 있을 뿐만 아니라, 서구문학의 영향과 수용에서 자유로울 수 없는 현대문화의 국제적 기류와도 상당히 유연하게 교섭하고 있는 대단히 신비로운 텍스트이다.

우리문화의 역사 속에서는 물론 대중의 시대인 현대에 와서도 「처용가」만큼 대중의 열렬한 호응을 받은 작품은 존재하지 않는다. 그 향수층의 범위나 전승력, 텍스트 생산력으로 볼 때 처용은 가히 국제적인 발라드요 세계적인 고전이 아닐 수 없는 것이다. 21세기의 문화적 추이에 따라 현재도 지속적으로 각 예술분야에서 창조되고 있는 「처용가」는, 신화적인 요소와 일상성, 제의적인 요소까지 갖춘 매력으로 끝없이 대중의 '모방과 번역'의 욕망을 자극하는 상상력의 용광로이다. 「처용가」의 해석은 완결되지 않았으며, 어찌 보면 처용이란 대중들의 끝없는 번역과 이야기 퍼즐의 총합으로 존재하는 일종의 문화의 신화이다.

특히 처용이 담지하고 있는 신비와 불가해한 요소들은, 인간의 상상력을 심오한 영역으로 개방시키며, 사실／환상의 경계를 넘나드는 새로운 디지털 시대의 문화미학으로 부활하고 있다는 점도 아울러 주목되어야 한다. 끝없이 시대의 옷을 입고 새로이 탄생하는 처용이라는 존재는 바로, 여기에서의 '우리'가 해독해낸 미학이라는 점에서, 「처용가」는 대중과 가장 성공적인 대화를 하면서 아직까지 의미가 보충되며 '생산 중인' 텍스트이다. 아직도 매일의 문화적 표현 속에 처용은 생산되고 있으며, 그의 복잡한 정체와 행동의 모드는 한국의 문화적인 장에서 일종의 '신비'의 매트릭스를 형성한다.

「처용가」에서 배태된 처용의 문화는 단순히 한 '시대의 문화'도 기록으로 소실된 '전통문화'도 아닌, 이 시대의 살아있는 문화로서 '전통과 현대'의 단절이 존재하지 않는 매우 희귀한 예에 해당된다. 뿐만 아니라, 이는 전 세계적으로 동시에 진행되고 있는 '지역화'와 '세계화'의 흐름 속에 한국문화의 인지도를 가장 효과적으로 알리고, 홍보하며, 산업적인 수익까지도 노려볼 수 있는 훌륭한 리소스이다.

과거의 문화유산을 바탕으로 현대문화의 변화와 역동적으로 대처해야 하는 오늘날의 문화산업에서 볼 때, 「처용가」는 대중의 흥미나 예술적인 깊이, 역사성 등으로 보아 현대 문화예술의 탄약고라 해도 과언이 아니다. 실제로 「처용가」는 수많은 상품화의 가능성을 내장하고 있고, 이미 '처용'이라는 집적된 스타콘텐츠뿐 아니라 '역신'과 '아내'의 캐릭터 또한 새로이 개발될 수 있는 무한한 해석의 진원지이다. 한 저자의 노래에서, 수많은 개인의 문집으로, 왕실

의 도서관과 대중의 굿거리, 인터넷 문화, 멀티아티스트의 작품으로까지 퍼져
나간 「처용가」는 이미 '처용' 이라는 개인저자의 창작물에서 해방되어 있다. 처
용이라는 표제 아래, 각 현대문화의 구획 아래 상연되는 처용 콘텐츠는, 판타
지, 음반, 공연 등의 형식으로 현대문화의 소비품으로 재탄생하고 있다. 특히
2000년대 이후로 부상하고 있는 디지털 예술작품들을 통해 볼 때 처용이 어떻
게 변해갈까는 전적으로 미지수이기에, 「처용가」를 현대의 문맥에서 새로이
포지셔닝하고, 이미 막대한 영역에서 구축되어있는 처용관련 콘텐츠에 대한
입체적인 해석과 관점을 모색하고, 좀더 체계적이고 종합적인 안목에서 '처
용' 에 대한 포괄적인 이해와 문화 프로젝트화를 도모할 필요가 있다.

부록

처용 관련 주요 서지 및 연구 현황

중요 관련 기록물

〈처용가〉는 신라 헌강왕 시대를 소종래(所從來) 삼은 향가 〈처용가〉, 이제현의 한역시인 〈처용〉(『고려사』 「악지」 동일), 『시용향악보』 소재 〈잡처용(雜處容)〉, 「가사」 소재 〈처용가〉 등 4종이 존재한다. 이 가운데 「악지」의 〈처용〉과 「가사」의 〈처용가〉가 동일한 노래로 보인다. 왜냐하면 이 노래에 대한 기록이 「악지」와 「가사」가 거의 같은 점으로 미루어 『악장가사』가 고려시대 궁중 속악에 사용된 〈처용〉을 그대로 사용하고 있음을 추정할 수 있기 때문이다. 이제현의 악부시가 이 두 〈처용가〉와 함께 한 점 역시 이 한역가 또한 이들과 유관하다고 볼 수 있다. 그렇다면 「가사」 〈처용가〉의 형성 시기는 이제현의 기록에서 추론하는 것이 자연스러운 수순일 것이다. 이에 박노준은 이 작품의 형성 시점을 충렬왕 16년(1290) 이후 공민왕대로 보고 있다.*

고려 〈處容歌〉

前腔	新羅聖代 昭聖代
	天下太平 羅侯德
	處容아바
	以是人生애 相不語ᄒ시란ᄃᆡ
	以是人生애 相不語ᄒ시란ᄃᆡ
附葉	三災八難이 一時消滅ᄒ샷다

---

* 김명준, <악장가사의 성립과 소재 작품의 전승양상>, 고려대학교 박사학위논문, 2003 에서 재인용.

中葉	어와 아븨 즈싀(이)여 處容아븨 즈싀(이)여
附葉	滿頭揷花 계오샤 기울이신 머리에
小葉	아으 壽命長願ᄒ샤 넙거신 니마해
後腔	山象이슷 깅(깅)어신 눈닙에
	愛人相見ᄒ샤 오ᄋ(올)어신 눈네
附葉	風入盈庭ᄒ샤 우글어신 귀예
中葉	紅桃花ᄀ티 븕거신 모야해
附葉	五香 마ᄐ샤 웅긔어신 고해
小葉	아으 千金 머그샤 어위어신 이베
大葉	白玉琉璃ᄀ티 히여신 닛바래
	人讚福盛ᄒ샤 미나거신 특애
	七寶 계우샤 숙거신 엇게애
	吉慶 계우샤 늘의어신 ᄉ맷길헤
附葉	설믜 모도와 有德ᄒ신 가ᄉ매
中葉	福智俱足ᄒ샤 브르거신 빈예
	紅輇 계우샤 굽거신 허(히)리예
附葉	同樂大平ᄒ샤 길어(이)신 허튀에
小葉	아으 界面 도릇샤 넙거신 바래
前腔	누고 지서서(어) 셰니오 누고 지서(어) 셰니오
	바늘도 실도 어ᄡ 바늘도 실도 어ᄡ
附葉	處容아비를 누고 지서(어) 셰니오
中葉	마아만 마아만ᄒ니여
附葉	十二諸國이 모다 지서(어) 셰온
小葉	아으 處容아비를 마아만ᄒ니여

後腔	머자 외야자 綠李야
	샐리나 내 신고홀 믹야라
附葉	아니옷 믹시면 나리어다 머즌말
中葉	東京 불군 드래 새도록 노니다가
附葉	드러 내자리를 보니 가른리 네히로새라
小葉	아으 둘흔 내해어니와 둘흔 뉘해어니오
大葉	이런 저긔 處容아비옷 보시면
	熱病神(大神)이사(아) 膾ㅅ가시로다
	千金을 주리여 處容아바
	七寶를 주리여 處容아바
附葉	千金 七寶 말오
	熱病神를 날자바 주쇼셔
中葉	山이여 믹히여 千里外예
附葉	處容아비를 어여려거져
小葉	아으 熱病大神의 發願이샷다

〈봉좌문고본(蓬左文庫本) 『악학궤범(樂學軌範)』, 권(卷)5 시용향악정재도의(時用鄕樂呈才圖儀),
학연화대처용무합설(鶴蓮花臺處容舞合設)〉

※ ▨ 안은 광해군 11년 판본 『악학궤범(樂學軌範)』의 표기.

어 석

- 新羅聖代 昭聖代 : 신라의 성스러운 시대에
- 天下太平 羅侯德 : 천하가 크게 평안한 것은 라후의 덕이구나
  *라후 Rahu 九曜星 가운데 제8성인 蝕神
- 處容아바 : 처용 아비야
- 以是人生애 相不語ᄒ시란딕 : 사람이 이로부터 別이말이 없게되니(김태준), 서로 말을 바

꾸어 交際하지 아니하되 서로 現世的 相從은 아니하되(지헌영), 이로써 인생에 늘 말씀 안 하실 것 같으면(박병채), '-란디', '-때문에'(김형규)

> * 김완진은 '處容아바以是+人生애 相不語ᄒ시란디'로 끊고, '以是'를 차자표기인 주격으로 인정(-이시)하여 '處容아바이시 인생ᄃ려 아니 ᄀᆞ르시란디'로 읽었다.

- 三災八難이 一時消滅ᄒ샷다 : 삼재와 팔난이 한꺼번에 소멸하시로다

  > * 三災에는 대삼재인 風, 水, 火, 소삼재 기근, 질병, 刀兵을 말하고, 팔난은 飢, 渴, 寒, 署, 水, 火, 刀, 兵을 말한다.

- 어와 아븨 즈ᅀᅵ여 處容아븨 즈ᅀᅵ여 : 아 아비의 모양이여 처용아비의 모양이여

- 滿頭揷花 계오샤 기울이신 머리예 : 머리에 가득 꽂은 꽃이 겨워 기울어지신 머리와

- 아으 壽命長願ᄒ샤 넙거신 니마해 : 아 수명이 길고 오래시어 넓으신 이마와

- 山象이슷 깅어신 눈닙에 : 산의 모습과 비슷한 무성하신 눈썹과(박병채), 山象은 '罔象'(물과 하늘이 합하여 물건이 표류하는 것)의 誤記(김완진)

- 愛人相見ᄒ샤 오슬어신 눈네 : 사랑하는 사람을 보시어 온전하신 눈과

- 風入盈庭ᄒ샤 우글어신 귀예 : 바람이 불어 뜰에 가득차 우글어지신 귀와(박병채), 德風이 가득하신 듯 우글어지신 귀와(지헌영)

- 紅桃花ᄀ티 븕거신 모야해 : 붉은 복숭아꽃같이 붉으신 얼굴과

- 五香 마트샤 웅긔어신 고해 : 오향나무 맡으시어 우묵한 코와

- 아으 千金 머그샤 어위어신 이베 : 아 천금 머금으시어 넓으신 입과

- 白玉琉璃ᄀ티 히여신 닛바래 : 백옥유리같이 희신 이빨과

- 人讚福盛ᄒ샤 미나거신 특애 : 남들이 칭찬하고 복이 성하여 밀어나오신 턱과

- 七寶 계우샤 숙거신 엇게애 : 칠보에 겨워 숙이신 어깨와

- 吉慶 계우샤 늘의어신 ᄉ맷길헤 : 길흉자락(비단)에 겨워 늘어진 소맷길에(최철)

- 설믜 모도와 有德ᄒ신 가ᄉ매 : 지견(知見) 모아 유덕하신 가슴과

- 福智俱足ᄒ샤 브르거신 비예 : 복과 지혜가 다 족하시어 부르신 배와

- 紅鞓 계우샤 굽거신 허리예 : 붉은 가죽띠에 못이겨 굽으신 허리와

- 同樂大平ᄒ샤 길어신 허튀예 : 함께 즐기고 크게 편안하시어 기신 다리와

- 아으 界面 도ᄅ샤 넙거신 바래 : 아 계면조 도시어 넓으신 발과

- 누고 지어서 셰니오 : 누가 지어 세웠는가

- 바늘도 실도 어ᄢᅵ : 바늘도 실도 없이

- 處容아비롤 누고 지ᅀᅥ 셰니오 : 처용 아비를 누가 지어 세웠는가

- 마아만 마아만ᄒ니여 : 거룩한 거룩한 분이여(김태준), 어마하고 위대한 이여(지헌영), 많고 많은 사람들이여(박병채), 맑고도 맑은 사람 또는 처음 지어낸 슬기로운 이여(최철),

'마아'를 명사인 '麻胡'(곰보에 수염투성이 혹은 귀신) (김완진)

- 十二諸國이 모다 지어 세온 : 열두 나라들이 모아 세운
- 아으 處容아비롤 마아만ᄒ니여 : 아 처용아비를 많고 많은 사람들이여
- 머자 외야자 綠李야 : 버지야(양주동, 김형규, 박병채) 오얏아 녹리야, 머자는 '능금'(檎) (김완진)
- 샬리 나 내 신고홀 미야라 : 빨리 나와 내 신코를 매어라
- 아니옷 미시면 나리어다 머즌말 : 아니 곧 매어 있으면 나올 것이다 궂은 말
- 東京 불ᄀ 드래 새도록 노니다가 : 동경 밝은 달과 새도록 놀다가
- 드러 내자리롤 보니 가른리 네히로새라 : 들어와 내 자리를 보니 다리가 넷이로구나
- 아으 둘흔 내해어니와 둘흔 뉘해어니오 : 아 둘은 내 것이거니와 둘은 뉘 것인가
- 이런 저긔 處容아비옷 보시면 : 이런 때에 처용아비 보시면
- 熱病神이사 膾ㅅ가시로다 : 열병신이야 회거리로다
- 千金을 주리여 處容아바 七寶를 주리여 處容아바 : 천금을 주겠느냐 칠보를 주겠느냐 처용아비여(김형규, 박병채) 천금을 줄까요 처용아비, 칠보를 줄까요 처용아비(전규태, 최철)
- 千金 七寶 말오 熱病神를 날자바 주쇼셔 : 천금 칠보 마오 열병신을 잡아 주소서
- 山이여 미히여 千里外예 : 산이나 들이나 천리밖에
- 處容아비롤 어여려거져 : 처용아비를 피하여 갈지어다(박병채), 처용 아비를 피하고 싶어라(최철)
- 아으 熱病大神의 發願이샷다 : 아 열병대신의 발원이시로다

현대역 및 해시

❶ 김태준

新羅聖代 昭聖代 天下太平 羅侯德
處容아비 以是人生애 相不語하시란대
三災八難이 一時消滅하샷다
어와 아버지여 處容아버지여
滿頭揷花를 꼬지사 기우러진 머리에
아으 壽命長壽하사 넓으신 니마에
山象인 듯 길다란눈섭에

愛人相見하사 둥그런눈에
風入盈庭하사 우그러진귀에
紅桃花가치 붉은모양에
五香을마트사 웅기어버린코에
아으 千金을목으사 넓은입에
白玉琉璃가치 하얀이마에
人讚福盛하사 내밀은턱에
七寶게우사 숙으러진억개에
吉慶계우사 늘어진소매에
智慧가모혀 有德하신가슴에
福智俱足하사 부르신배에
紅鞓계우사 굽으러진허리에
同樂大平하사 길다란종아리에
아으界面돌으사 넓은발에
누가 지엿(或은그럿)단말이요 누가지엇단말이요
바늘도 실도없이 바늘도 실도없이
處容애비를 누가지엇단말이요
거룩한 거룩한 분이여
十二諸國이 모두 지으신
아으 處容아비를 거룩한이여
벋이야 외앗이야 綠李야
빨리나와 내 신코를 매라
곳 매지 아니하면 最後宣言을내리리라
東京밝은달아레 밤새도록놀다가
드러와 내잠자리를 보니 대리가랭이가 넷이로라
아으 둘은 내해거니와 둘은 뉘핸고
이런 제긔 處容애비가 곳 보면
熱病神아 膾ㅅ가시로다
千金을 주리다 處容아비
七寶를 주리다 處容아비
山이여 뫼여 千里밖에
處容아비를 避해가자
아으 熱病大神의 發願이샷다

新羅盛代 昭盛代 天下는 太平한제 龍王님의 아드님으로

羅候님의 德을 타시고난 處容아버지여!

偉大하신 神靈하옵신 임과 衆生들은 서로 사괴고 말하지는 아니하되

이로써 人生사이에 相關되고 現世的(言語的)交涉은 아니되였으되

임의 德風이 이르는 곳에 三災와 八難이 一時에 消滅되는지라

어화 거룩하신 어버지의 멋이여! 處容아비의 모습이여!

머리에 꽂은 꽃이 過多할 듯 기울어진 머리에,

아으, 넓으신 이마는 壽命長遠하실 듯!

山象의 눈섭같이 빼어나신 눈섭에

慈悲하신 마음으로 사람을 對하시와 完美寬大하신 눈이여!

德風이 가득차신 듯 욱으러진 귀와

紅桃花같이 붉으스레한 福스러운 顔貌여!

五香맡으시자 높으시고 두터운 코와

아으, 千金을 자시온 듯 에워진 입에

白玉琉璃같이 흰 잇발에

福스럽게 밀어나오신 턱과

七寶가 過重한 듯이 쑥으러진 어깨에

慶事넘치는 듯 늘어진 소매자락에

慧智를 모된 듯이 투터우신 가슴에

福德俱足하신 듯이 불르신배여!

허리를보니 붉은 띄가 무거우신 듯 굽으시고

허튀는 太平乾坤에 同居同樂하신 듯이 길게 튼튼하시고

아으, 아래로 둘러보니 넓으신 발이로다

누가 지으셨는가요, 누가 지으셨나요

바늘도 실도 없이 실도 바늘도없이

저 處容아비를 누가 지으셨는가요

어마하고 偉大존엄한 處容아비여!

온世界가 통틀어 힘을 合하여 지으신 어마한이여!

어허! 處容아비를 누가 지으셨나요 어마하고 偉嚴스러운 處容아비여!

멎아, 외얏아, 祿李야,

(아이고 무서워라) 빨리나 내신코를 매어라

萬若애 아니매면 最后宣言을 나리리라

"東京불ᄀᆞᆫ ᄃᆞ래 새도록 노니다가

드러 내자리를보니 가ᄅᆞ리 네히로셔라

아으 둘흔 내해어니와 둘흔 뉘해어니오" (前出 處容歌 參照)

"「處容」이 이 노래를 부른 때에 熱病神녀는 約束하지 않었더냐! 偉大한, 尊嚴한 龍子시오, 羅候의 化身인 處容에게 誓約하지 않었느냐!"

이런 때에 處容아비가 보시면

햇쉐! 그대 熱病神쯤이야 膾감아리로다

"「處容아비」에게 묻는 臺詞"

千金을 주랴, 處容아버지여,

七寶를 줄거나 處容아버지,

"「處容아비」의 答"

千金도 七寶도 다 말고 熱病神 저것을 날잡어 주시오,

山과 돌건너, 千里外로

어! 무서운 處容아비를 避하고 싶다(避해달어나겠습니다)

아으 熱病大神의 發願이었도다(發願이있도다)

❸ 박병채

신라의 성스러운 시대여

천하가 편안한 것은 라후의 덕이로다

처용아비여

이로써 인생에 항상 말하지 않으면

이로써 인생에 항상 말하지 않으면

삼재와 팔난이 한꺼번에 소멸하리로다

아, 아비의 모습이여, 처용 아비의 모습이여

머리에 가득 꽂은 꽃이 힘들어 기울어지신 머리와

아, 수명이 오래고 길어 넓으신 이마와

산의 모습과 비슷한 무성한 눈썹과

사랑하는 사람을 보아 원만하신 눈과
바람이 불어 뜰에 가득차 우글어지신 귀와
붉은 복숭아꽃처럼 붉으신 얼굴과
오향을 맡으시어 우묵하신 코와
아, 천금 머금으시어 넓으신 입과
백옥유리같이 희신 이빨과
남들이 칭찬하고 복이 성하여 밀어나오신 턱과
칠보를 이기지 못하여 숙이신 어깨와
기쁨과 경사를 이기지 못하여 늘이신 소매와
지혜를 모아 유덕하신 가슴과
복과 지혜를 다 갖추어 부르신 배와
홍정이 겨워 굽으신 허리와
함께 즐기고 크게 편안하여 기신 다리와
아, 계면(조에 맞추어) 도시어 넓으신 발과

처용아비를 누가 지어 세우는가
바늘도 실도 없이 바늘도 실도 없이
처용아비를 누가 지어 세우는가
많고 많은 사람들이어
십이제국이 모두 모여 세운
아, 처용아비를, 많고 많은 사람들이여
버찌야, 오얏아, 녹리야
빨리 나와 내 신코를 매어라
안 매어 있으면 나올 것이다, 나쁜 말
동경 밝은 달과 밤늦도록 노니다가
들어와 자리를 보니 다리가 넷이로구나
아, 둘은 내것이거니와 둘은 누구의 것인가
이런 때 처용아비가 보시면
열병신이야 회거리로다
천금을 주겠습니까 처용아비여

칠보를 주겠습니까 처용아비여
천금칠보도 그만두오
열병신을 날 잡아 주소서
산이나 들이나 천리외에
처용아비를 피하여 가고져
아, 열병대신의 발원이시로다

❹ 임기중

신라 성대 밝은 성대의
천하태평은 라후의 덕
처용아비여
이로써 사람들이 별말이 없게 되면
이로써 사람들이 별말이 없게 되면
모든 재앙이
일시에 소멸하시리로다.
아! 아비의 모습이여
처용 아비의 모습이여,
머리에 가득 꽂은 꽃이 무거워
기울어진 머리
아! 수명이 장수할
넓으신 이마
산 기상처럼
무성한 눈썹
애인을 바라보는 듯한
너그러운 눈
바람이 잔뜩 불어
우글어진 귀
복사꽃같이
붉은 얼굴
진기한 향내 맡으시어

우묵해진 코.
아! 천금 머금으시어
넓어진 입
백옥유리같이
하얀 이빨
복이 많다 칭찬 받아
밀어 나온 턱
칠보 무거워서
숙어진 어깨
좋은 경사 너무 많아
늘이신 소매자락
슬기를 모두어
유덕한 가슴
복과 지혜가 다 풍족하여
불룩한 배
붉은 띠 무거워
굽은 허리
태평성대를 같이 즐겨
길어진 다리
아! 계면조에 맞추어 도는
넓은 발
누가 만들어 세웠는가!
누가 만들어 세웠는가!
바늘도 실도 없이
바늘도 실도 없이
처용아비를
누가 만들어 세웠는가!
많이도 많이도 세워놓았구나!
십이 제국이
모두 만들어 세워

아! 처용아비를 많이도 세워놓았구나!

버찌아 오얏아 녹리야

빨리 나와 내 신코를 매어라

아니 곧 맨다면

궂은 말 떨어지리라

동경 밝은 달 아래

밤새도록 노닐다가

들어와 내 자리를 보니

가랑이가 넷이로구나!

아! 둘은 내 것인데

둘은 뉘 것인가

이럴 적에

처용아비만 본다면

열병신이야

횟감이로다

천금을 주랴

처용아비야

칠보를 주랴

처용아비야.

천금 칠보도 말고

열병신 잡아 날 주소서

산이나 들이나

천 리 밖으로

처용아비를

비켜갈지어다

아! 열병대신의

발원이로다

⑤ 전규태

新羅 聖代 밝은 聖代 天下太平 於羅遑(新羅王)의 德 處容 아비여!

以是人生에 相不語한다면 (사람이 이로부터 別말이 없게 되니)

以是人生에 相不語한다면 (사람이 이로부터 別말이 없게 되니)

三災八難이 一時 消滅하는도다

아아! 아비모양이여 처용아비 모양이여!

머리 가득 꽃을 꽂아 기울어진 머리에

수명 길멀어 넓은 이마에

山象 비슷(인듯) 긴 눈썹에

愛人相見(서로 보아)하야 온전한 눈에

바람이 찬 뜰에 들어 우글어진 귀에

紅桃花같이 붉은 모양에

五香 맡으셔 우묵한 코에

아! 千金(을) 먹어서 너그러운(넓은) 입에

白玉 유리같이 흰 이빨에

사람들이 칭찬하고 복이 성왕하여 내밀은 턱에,

七寶(에) 겨워서 숙어진 어깨에

吉慶(에) 겨워서 늘어진 소맷길에

슬기 모이어 有德하신 가슴에

福과 智가 다 넉넉하여 飽滿한 배(腹)에

아아! 界面調(에 맞추어 춤추며) 돌아(遍踏하여) 넓은 발에,

누구인고? 누가 지어 세웠느뇨? 누가 지어 세웠느뇨?

바늘도 실도 없이 處容아비를 누가 지어 세웠느뇨?

많은 많은 거룩한 사람이여!

十二諸國이 모이어서 (處容 아비를) 지어 세웠으니까(그 큰 힘이야 더 말할 나위 없도다)

멎아, 오얏이여, 綠李야

빨리 나아가 내 신코를 매여라

(만일) 아니 곧 매면 나릴 것이다, 재화된 말이

新羅 서울 밝은 달에 날새도록 노닐다가

(집에) 들어 내 자리를 보니 다리가 넷이로구나!

아아! 둘은 내 것이거니와, 둘은 누구의 것인고?

이런 때에 處容아비 곧 보시면 熱病이야 횟갓이로다.

千金을 줄까! 處容아비야

七寶를 줄까 處容아비야 (千金, 七寶를 줄테니 살려 달라)

千金七寶도 말고 熱病神을 날 잡아 주소서

(용서할 것 같지 않으니) 山이여! 들이여! 千里 밖에,

處容아비를 비켜가고저!

아아! 熱病大神의 發願이로소이다

❻ 최철

新羅 盛代, 밝은 盛代, 천하가 태평한 것은 다 羅侯의 덕이구나

처용 아버지

이로써 인생에 서로 (항상) 말하지 않으면, 서로 말하지 않으면 三災八難이 일시에 소멸하네

아아 아버지의 모습이여 처용아버지의 모습이여

머리에 가득 꽂힌 꽃을 이기지 못해 기울어진 머리에

수명이 길고 오래시어 넓으신 이마에

산의 모습과 비슷한 무성한 눈썹에

사랑하는 사람을 보시어 원만하신 눈에

풍악소리가 뜰에 가득해 그것을 듣노라고 우글어지신 귀에

빨간 복숭아꽃같이 붉으신 뺨에

五香을 맡으시어 우묵한 코에

千金을 머금으시어 넓으신 입에

白玉琉璃같이 흰 이빨에

사람들이 칭찬하고 복이 성하여 앞으로 나온 턱에

칠보장식을 못 이기어서 숙여지신 어깨에

吉慶자락에 겨워 늘어진 소맷길에

지혜를 모아 유덕하신 가슴에

복과 지혜가 다 족하시어 불거진 배에

紅鞓을 이기지 못하여 굽어진 허리에

함께 태평을 즐기시어 길어진 다리에

아아 계면을 도시어 넓은 발에,

누가 지어 세웠는가 누가 지어 세웠는가

바늘도 실도 없이 바늘도 실도 없이

처용아비를 누가 지어 세웠는가

어마어마한 (훌륭한) 사람이여

십이제국이 모두 지어 세운

아아 처용아비를, 어마어마한 사람이여

머자 외야자 녹리야 빨리 나와 내 신의 코를 매어라.

아니 맨다면 내릴 것이다 궂은 말

동경 밝은 달에 밤새도록 놀다가

들어와 내 잠자리를 보니 다리가 넷이구나

아아 둘은 내 것이거니와 둘은 누구의 것인가

이런 때에 처용아비가 보시며 熱病神이야 횟꺼리로다.

千金을 드릴까요 處容아바

七寶를 드릴까요 處容아바

천금 칠보도 마오, 熱病神을 나에게 잡아주소서

산이여 들이여 천리 밖에

處容아비를 피하여 가고 싶어라

아아 熱病大神의 發願이시로다

관련 기록

✓ 新羅昔日處容翁　見說來從碧海中　貝齒赬唇歌夜月　鳶肩紫袖舞春風 <『益齋亂藁』 卷4>
옛날 신라의 처용 늙은이, 푸른 바다에서 왔단 말 들었지. 흰 이 붉은 입술로 달밤에
노래하고, 제비 어깨 붉은 소매로 봄바람에 춤추네. <『익재난고』 권4>

✓ 新羅處容帶七寶　花枝壓頭香露零　低回長袖舞太平　醉臉爛赤猶未醒 <『牧隱集』 卷21 驅儺
行>
신라 처용은 칠보를 띠고, 꽃가지 머리 누르고 향기로운 이슬 떨어지네. 긴 소매 낮게
돌려 태평을 춤추니, 취한 뺨 타는 듯 붉어 아직 술이 덜깨였네. <『목은집』 권21 구
나행>

✔ 山臺結綴似蓬萊 獻果仙人海上來 雜客鼓鉦轟地動 處容衫袖逐風廻 長竿倚漢如平地 瀑火
衝天似疾雷 欲寫大平眞氣像 老臣簪筆愧非才 <『牧隱集』 卷33 自東大門至闕門前山臺雜
劇前所未見也>
동대문에서 궐문 앞까지 산대잡극이 펼쳐졌는데 예전에는 본적이 없었다. 산대는 만들
어 놓은 모양이 봉래산 같고 과일 바치는 선인은 해상에서 왔네. 잡객의 북과 징소리
땅을 뒤흔들고 처용 아바 소매는 바람따라 도네. 장간의한은 평지처럼 벌여 있고 포화
는 하늘을 찔러 빠른 번개같은데 태평시대 참 기상 그리고자해도 노신의 잠필로는 재
주없음이 부끄럽기만 하네. <『목은집』 권33>

✔ 夜久新羅曲 停盃共聽之 聲音傳舊譜 氣像想當時 落月城頭近 悲風樹杪嘶 無端懷抱惡 功
益爾何爲 <『陶隱集』 卷2 十一月十七日夜 聽功益新羅處容歌 聲調悲壯 令人有感>
늦은 밤 신라 노래 잔을 멈추고 함께 듣네. 노래 가락 옛악보에 전하고 기상은 그때를
떠올리게 하네. 지는 달은 성머리에 걸려 있고 비장한 바람은 나무끝에서 우네. 무단
히 마음만 싱숭생숭 공익이 날 어쩌리. <『도은집』 권2>

✔ 壬寅 曲宴于內殿 承宣蔡松年奏 僕射宋景仁 素善爲處容 景仁 乘作 略無愧色 <『高麗史』
卷23 世家23 高宗 23年 2月>
임인(壬寅)에 내전(內殿)에서 곡연(曲宴)할 때 승선(承宣) 채송년(蔡松年)이 아뢰기를,
"복야(僕射) 송경인(宋景仁)이 평소(平素)에 처용회를 잘한다."라고 하니 송경인(宋景仁)
이 취함을 타서 희무(戲舞)하는데 조금도 부끄러운 빛이 없었다. <『고려사』 권23 세가
23 고종 23년 2월>

✔ 庚子 元使監丞吾羅古 請享王 王曰 今日 須往妙蓮寺爲樂 吾羅古 先至候之 王率二宮人
及哺乃至 登寺北峯 張樂 天台宗僧中照起舞 王悅 命宮人對舞 王亦起舞 又命左右皆舞 或
作處容戲 <『高麗史』 卷36 世家36 忠惠王 後4年 8月>
경자(庚子)일에 원나라의 사신, 감승 오라고(吾羅古)가 왕에게 향연하기를 요청하거늘
왕이 가로되, "오늘은 모름지기 묘련사(妙蓮寺)에 가서 즐기자." 하므로 오라고(吾羅古)
가 먼저 가서 기다리니 왕이 두 궁인(宮人)을 거느리고 저녁이 지나서야 이에 이르렀
다. 절 북봉(北峯)에 올라 음악(音樂)을 베푸니 천태종(天台宗)의 승려 중조(中照)가 일
어나 춤을 췄다. 왕이 기뻐하여 궁인(宮人)으로 하여금 같이 춤추게 하고 왕도 또한
일어나 춤추며 또 좌우(左右)에 명령하여 모두 춤추게 하고 혹(或)은 처용희(處容戲)를

하기도 하였다. <『고려사』 권36 세가36 충혜왕 후4년 8월>

✔ 戊戌 太白晝見 禍畋于壺串 夜還花園 爲處容戲 司僕儀副正邊伐介 白禍曰 日奪路人馬 載
妓 人皆怨之 請取諸島牧馬 以供遊 禍然之 遣伐介 取島馬三十餘匹 <『高麗史』 卷135 列
傳48 辛禍 11年 6月>
무술(戊戌)에 태백성이 낮에 나타났다. 우(禍)가 호곶(壺串)에 사냥하고 밤에 화원(花園)
에 돌아와서 처용희를 하니 사복시 부정(司僕寺副正) 변벌개(邊伐介)가 우(禍)에게 아뢰
기를, "날마다 길가는 사람의 말을 빼앗아 기생을 태우니 사람들이 다 그것을 원망합
니다. 청컨대 여러 섬의 목마(牧馬)를 취하여 사냥하는 데에 공급하소서." 하니 우(禍)
가 그렇게 여겨 벌개(伐介)를 보내어 도마(島馬) 30여 필을 취하였다. <『고려사』 권
135 열전 48 신우 11년 6월>

✔ 禍在李仁任第 仁任妻 進大爵曰 今日三元 謹上壽 禍進爵 仍戲曰 吾一則爲孫 一則爲婢壻
今乃對飮 得無失禮耶 乃冒處容假面 作戲以悅之 <『高麗史』 卷136 列傳49 辛禍 12年
正月>
우(禍)가 이인임(李仁任)의 집에 있었는데 이인임(李仁任)의 처(妻)가 큰 잔을 올리며 말
하기를, "오늘은 삼원(三元)이므로 삼가 장수를 비나이다." 하니 우(禍)도 잔을 주면서
희롱하기를, "내가 한편으로는 손(孫)이 되고 한편으로는 사위가 되는데 이제 이에 마
주 대하고 술을 마시니 실례(失禮)가 되지 아니합니까" 하고 이에 처용(處容) 가면(假
面)을 쓰고 희무(戲舞)를 하며 즐겼다. <『고려사』 권136 열전 49 신우 12년 1월>

✔ 處容 新羅憲康王 遊鶴城 還至開雲浦 忽有一人 奇形詭服 詣王前 歌舞讚德 從王入京 自
號處容 每月夜 歌舞於市 竟不知其所在 時以爲神人 後人異之 作是歌 李齊賢 作詩解之
<『高麗史』 卷71 樂志>
처용 신라(新羅)의 헌강왕(憲康王)이 학성(鶴城)에 갔다가 개운포(開雲浦)로 돌아왔을 때
홀연히 한 사람이 기이한 몸짓과 괴상한 복색을 하고 왕앞에 나와 노래와 춤으로 덕
(德)을 찬미(讚美)하고 왕을 따라 서울로 갔다. 그는 자기를 처용(處容)이라 부르고 언
제나 달밤이면 시중(市中)에서 노래 부르고 춤추고 하였으나 끝내 그가 있는 곳을 알
지 못했다. 당시 사람들은 그를 신인(神人)이라고 생각했다. 후세(後世) 사람들이 그 일
을 기이하게 여겨 이 노래를 지었다. 이제현(李齊賢)이 시(詩)를 지어 이 노래를 풀이
하였다. <『고려사』 권71 악지>

✔ 元使監丞五羅古　請享王　王曰　今日須往妙蓮寺　爲樂　吾羅古　先至候之　王率二宮人　及晡乃

至　登寺北峰　張樂　僧中照起舞　王悅　命宮人對舞　王亦起舞　又命左右皆舞　或作處容戲

<『高麗史節要』卷25 忠惠王 4年 8月>

원나라 사신 감승 오라고가 왕에게 향연을 베풀겠다 하니, 왕이 이르기를, "오늘은 묘
련사에 가서 놀이를 하자." 하였다. 오라고가 먼저 가서 기다렸는데 왕은 궁인 두 사람
을 데리고 가서 저녁 때가 되어 그 곳에 이르러서는 절의 북봉에 올라가 놀이를 베풀
었다. 중 중조가 일어나 춤을 추니, 왕이 기뻐하여 궁인에게 명하여 같이 춤추게 하고,
왕도 일어나 춤을 추었다. 또 좌우의 사람들에게 명하여 춤을 추게 하니, 어떤 자는
처용희를 하였다. <『고려사절요』 권25 충혜왕 4년 8월>

✔ 處容呈才三聲　動動呈才一聲　無㝵呈才二聲　舞鼓呈才三聲　……　凡七十五聲　常令隷習

<『世宗實錄』 卷 126 31年 10月 3日>

"처용 정재(處容呈才) 3성, 동동 정재(動動呈才) 1성, 무애 정재 1성, 무고 정재(舞鼓呈
才) 3성 …… 75성을 예습(隷習)하게 하옵소서." 하였다. <『세종실록』 권126 31년 10
월 3일>

✔ 處容之戲　肇自新羅憲康王時　有神人出自海中　始現於開雲浦　來入王都　其爲人奇偉倜儻　好

歌舞　益齋詩所謂　貝齒赬顔歌夜月　鳶肩紫袖舞春風者也　初使一人黑布紗帽而舞　其後有五

方處容　世宗以其曲折　改撰歌詞　名曰鳳凰吟　遂爲廟廷正樂　世祖遂增其制　大合樂而奏之

初倣僧徒供佛　群妓齊唱靈山會相佛菩薩　自外廷回匝而入　伶人各執樂器　雙鶴人五　處容假

面十人　皆隨行緩唱三回　入就位而聲漸促　撞大鼓　伶妓搖身動足　良久乃罷　於是作蓮花臺戲

先是設香山池塘　周挿彩花高丈餘　左右亦有畫燈籠　而流蘇掩暎於其間　池前東西　置大蓮蕚

有小妓入其中　樂奏步虛子　雙鶴隨曲節翱翔而舞　就啄蓮蕚　雙小妓排蕚而出　或相向或相背

跳躍而舞　是謂動動也　於是雙鶴退處容入　初奏緩機處容成列而立　有時彎袖而舞　次奏中機

處容五人　各分五方而立　拂袖而舞　次奏促機繼爲神房曲　婆娑亂舞　終奏北殿　處容退列于位

於是有妓一人　唱南無阿彌陀佛　群從而和之　又唱觀音贊三周　回匝而出　每於除夜前一日夜

分入昌慶昌德兩宮殿庭　昌慶用妓樂　昌德用歌童　達曙奏樂　各賜伶妓布物　爲闢邪也　<『大

東野乘』卷1 慵齋叢話>

처용희는 신라의 헌강왕 때부터 시작되었다. 신인이 바다에서 나와 개운포에 나타났다
가 왕도로 돌아왔는데, 그 사람됨이 기걸하고 비범하여 노래와 춤추기를 좋아하였다.
익재의 시에 "흰 이 붉은 입술로 달밤에 노래하고, 제비 어깨 붉은 소매로 봄바람에

춤추네" 한 것이 이것이다. 처음에는 한 사람으로 하여금 검은 베옷에 사모를 쓰고 춤추게 하였는데, 그 뒤에 오방처용이 있게 되었다. 세종이 그 곡을 참작하여 가사를 개찬하여 봉황음이라 이름하고, 마침내 묘정의 정악으로 삼았으며, 세조가 그 제를 늘여 크게 악을 합주하게 하였다. 처음에 승도가 불공하는 것을 모방하여 기생들이 영산회상불보살을 제창하고, 외정에서 돌아 들어오면 영인들이 각각 악기를 잡는데, 쌍학인 다섯, 처용의 가면 10명이 모두 따라가면서 느리게 세 번 노래하고, 자리에 들어가 소리를 점점 돋구다가 큰 북을 두드리고 영인과 기생이 한참동안 몸을 흔들며 발을 움직이다가 멈추면 이 때에 연화대놀이를 한다. 먼저 향산과 지당을 마련하고 주위에 한 길이 넘는 높이의 채화를 꽂는다. 또 좌우에 그림을 그린 등롱이 있는데, 그 사이에서 다섯 색으로 만든 술이 어른거리며, 지당 앞 동쪽과 서쪽에 큰 연꽃 받침을 놓는데 소기가 그 속에 들어있다. 보허자를 주악하면 쌍학이 곡조에 따라 빙글빙글 춤추면서 연꽃 받침을 쪼면 두 소기가 그 꽃받침을 헤치고 나와 서로 마주 보기도 하고 서로 등지기도 하며 족도하면서 춤을 추는데, 이를 동동이라고 한다. 이리하여 쌍학은 물러가고 처용이 들어온다. 처음에 만기를 연주하면 처용이 열을 지어 서서 때때로 소매를 당기어 춤을 추고, 다음에 중기를 연주하면 처용 다섯 사람이 각각 오방으로 나누어 서서 소매를 떨치고 춤을 추며, 그 다음에 촉기를 연주하는데, 신방곡에 따라 너울너울 어지러이 춤을 추고, 끝으로 북전을 연주하면 처용이 물러가 자리에 열지어선다. 이 때에 기생 한 사람이 '나무아미타불'을 창하면, 여러 사람이 따라서 화창하고, 또 관음찬을 세 번 창하면서 빙돌아 나선다. 매양 섣달 그믐날 밤이면 창경궁과 창덕궁 양 궁진 뜰로 나뉘어 들어간다. 창경궁에서는 기악을 쓰고, 창덕궁에서는 가동을 쓴다. 새벽에 이르도록 주악하고 영인과 기녀에게 각각 포물을 하사하여 사귀를 물러나게 한다. <『대동야승』 권1 용재총화>

✔ 謹按鳳凰吟外 又有處容歌觀音讚 然本自高麗 流傳至今 但列於樂府而已 非聖朝之所常用 故二篇削之不錄 <『增補文獻備考』 卷103 樂學軌範 鄕樂呈才歌詞 鳳凰吟>
신이 삼가 살펴보건대, 봉황음외에도 처용가 관음찬이 있으나 본래 고려에서 유전하여 지금에 이르렀는데, 악부에만 열기하였을 뿐 성조에서 항상 쓰는 것이 아니기 때문에 두 편을 삭제하고 기록하지 아니합니다. <『증보문헌비고』 권103 악학궤범 향악정재가사 봉황음>

✔ 從王入京 自號處容 每月夜歌舞於市 竟不知所在 其歌舞處 後人爲月明巷 因作處容歌處容

舞假面以戲 ＜『東京雜記』＞

왕을 따라 서울에 들어가 자호를 처용이라 했다. 매달 달밤이면 시중에서 가무를 했는데 끝내 그가 있는 곳을 알지 못했다. 그가 노래하고 춤추던 곳은 후세 사람들은 월명항(달밝은 골목)이라 하였다. 이로 인해 처용가를 짓고 처용무 가면을 만들어 연희했다. ＜『동경잡기』＞

✔ 新羅時 有處容出 初使一人黑布紗帽而舞 其後有五方處容 我英廟以其曲折 命尹淮改撰歌詞 名曰 鳳凰吟 遂爲廟廷之樂 ＜『大東韻府群玉』卷8 吟＞

신라 때 처용(놀이)을 시작했는데 처음에는 한 사람이 검은 옷을 입고 사모를 써서 춤을 추었다. 이후 오방처용이 있었다. 세종 때 그 노래를 윤회에게 명하여 가사를 개찬하도록 하였는데 이름하여 봉황음이라 했다. 비로소 조정의 악장으로 삼았다. ＜『대동운부군옥』권8 음＞

✔ 且停處容舞 聽我處容歌 彼一俳優耳 君子不同科 出非蒲輪聘 盤錫又如何 當時松岳眞人降 大運歸向如奔波 宮中牝鷄待晨鳴 始林王氣陰鎖磨 淫遊逸畋方耽憛 君臣媚悅徒媕婀 明者知微可卷懷 幾人婆娑在山阿 異哉夫詭冠服 鬻身干澤誠非他 欺世取寵何事業 山中麋鹿應譏詞 流傳百代成俗戲 臺輿拍手眞笑旵 君看孤雲棄官遊方外 至今仙蹟留伽倻 ＜『星湖先生全集』卷7 海東樂府＞

이제 처용춤 멈추고, 내 처용노래 들으시오. 저들은 하나의 배우일 뿐, 군자와 같은 반열 될 수 없다오. 나아감에 부들수레 달릴 수 없고, 가죽띠 지팽이 어찌 하리오? 당시 남산의 진인이 내려오니, 큰 운수 돌아감이 성난파도 같았다오. 궁중에 암탉이 새벽을 기다려 울기에, 신라의 왕기가 점점 사라지네. 음란하게 놀고 편한 사냥 즐거움에만 빠져, 임금과 신하 기뻐하며 다만 머뭇거릴 뿐. 현명한 사람 기미알고 재능을 숨기고, 몇 사람만 산언덕에 머뭇거리고 있네. 이상하구나 저 괴이한 모자와 옷, 몸을 팔고 녹을 구한게 정말 다름아니었네. 세상 속여 은총받아 무슨일 하리! 산 속의 고라니 사슴도 응당 꾸짖으리라. 백대를 지나면서도 속희를 이루었고, 대관들도 박수치며 정말 웃고 화하네. 그대는 보았나요 최치원이 벼슬버리고 지방을 유람한 것을 지금도 가야산에 자취남아 있다오. ＜『성호선생전집』권7 해동악부＞

✔ 若有人兮秋浦雲 姣采服兮殊倫 朱絲衣兮鞠裳 紫貝齒兮鳶肩 聞夫君兮靈壽 橫六龍兮悠然 先安歌兮曼儛 北市兮西廛 總六部兮靡靡 烝以女兮威神 倈不時兮去不返 乘白龍兮蕩海津

川寂寂兮多風 巷月明兮無人 三尺頦兮五方衣 懷夫君兮徒紛紜 <『嶺南樂府』>

구름낀 가을 포구에 사람이 있으니 채색옷 입은 아름다운 모습 절륜(絶倫)하도다. 붉은 실 저고리에 황국(黃鞠)의 치마, 자주 조개 치아에 솔개의 어깨로다. 들으니 부군은 신령하여, 여섯 용 비껴타고 빨리 날아다닌다 하네. 먼저 차분히 노래하고 하늘하늘 춤추며, 북쪽 저자에서 서쪽 전방으로. 육부가 모두 덩달아, 모두들 너를 무서운 신이라 한다. 불시에 왔다가 가서는 돌아오지 않으니, 백룡을 타고 바닷가 포구를 분탕질하네. 냇물은 조용한데 바람은 많고, 마을에 달은 밝은데 사람이 없네. 석자 된 턱에 오방색 옷을 입고, 부군을 그리워하여 수선만 피우네. <『영남악부』>

✓ 鶴城雲生東海東 汀洲佛宇新玲瓏 開雲浦雲飛空 龍宮寶珠落王宮 花月丰姿醉神翁 疫神偸花翁不怒 畵翁門前神退步 靈鷲山東望海寺 <『海東樂府』處容家*>

동해 동쪽 학성에 구름이 피어나니, 물가의 절간은 새로이 영롱하네. 개운포 상공에 구름이 날아가니, 용궁의 보주가 왕궁에 떨어졌네, 춘삼월 아름다운 자태에 신용이 취하여, 역신이 꽃을 훔쳐도 신용은 성내지 않네. 신용이 그려진 문 앞에서는 역신이 뒷걸음치니, 영취산 동쪽 망해사로세. <『해동악부』 처용가>

---

* 處容歌의 誤記인 듯함.

金澤庄三郎, 「이두의 연구 – 처용가해독」, 『조선휘보』 4, 조선총독부, 1918.

鮎貝房之進, 「서동요 · 풍요 · 처용가 해독」, 『조선사강좌』 1〜3, 1922.

권덕규, 「처용가해독」, 『조선어문경위』, 광문사, 1923.

前間恭作, 「처용가 해독」, 『조선』 172, 조선총독부, 1929.

손진태, 「동경東京과 처용가에 취하여 – 안자산께 답함」, 『신생』 19, 1930.

손진태, 「처용랑 전설고」, 『신생』 16, 1930.

안자산, 「처용가에 취하여」, 『신생』 18, 1930.

손진태, 「다시 처용전설과 동경에 대하여」, 『동아』, 1931. 7.

안자산, 「처용가에 대하여」, 『조선』, 조선총독부, 1931. 7.

안 확, 「산대희와 처용무와 儺」, 『조선』 201, 1932.

송석하, 「처용무 · 나례 · 산대극의 관계를 논함」, 『진단학보』 2, 1935.

양주동, 「고가요의 어학적 연구 – 처용가 석주」, 『동아일보』, 동아일보사, 1939.

양주동, 「처용가석주」, 『동아일보』, 동아일보사, 1939.

방종현, 「서동요 · 처용가 해독」, 『훈민정음통사』, 일성당서점, 1946.

김형규, 「헌화가 · 제망매가 · 도천수대비가 · 처용가 해독」, 『국문학사』, 우리어문학
          회, 1948.

김용구, 「처용가연구」, 『충남대 졸업논문집』 1, 1956.

박종화, 「신라인의 사유 – 처용가」, 『현대문학』 37, 현대문학사, 1958.

양주동, 「처용연구의 회의 – 약간의 자랑과 감회」, 『사호』 1-2, 사호사, 1958.

최종필, 「처용가에 대한 문학사적 고찰」, 『국어국문학보』 1, 동국대, 1958.

김동욱, 「처용가 삽의, 시용향악보 가사의 배경적 연구」, 『진단학보』 17, 1961.

김동욱, 「처용가 연구」, 『동방학지』 5, 연세대, 1961.

김승찬, 「처용가 소고」, 『문리대학보』 3, 부산대, 1961.

장주근, 「처용설화의 연구」, 『국어교육』 6, 한국국어교육연구회, 1963.

황패강, 「처용가고」, 『국어국문학』 26, 국어국문학회, 1963.

김사엽, 「신라인의 용신사상과 처용가」, 『근역』 1, 대판외대, 1964.

김영수, 「처용무와 처용가」, 『불교학보』 2, 동국대, 1964.

김준영, 「처용가」, 『향가상해』, 교학사, 1964.

유시명, 「처용가의 일화 – 신라의 향가 중에서」, 『숙대신보』, 숙명여대, 1964.

김근수, 「처용가」, 『교주여요』, 1965.

김소강, 「처용가소고」, 『숙대신보』, 숙명여대, 1965.

김학주, 「鐘馗의 연변과 처용」, 『아세아연구』 20, 고려대, 1965.

김형규, 「처용가」, 『고가요주석』, 일조각, 1965.

김열규, 「처용전승시고」, 『낙산어문』 1, 서울대 국어국문학과, 1966.

김동욱, 「처용가 연구」, 『한국가요의 연구』, 을유문화사, 1967.

김선기, 「곶 얼굴 노래처용가」, 『현대문학』 155, 현대문학사, 1967.

김정업, 「처용설화의 형성고」, 『어문학논총』 8, 조선대, 1968.

박병채, 「처용가」, 『고려가요 어석연구』, 선명문화사, 1968.

전규태, 「처용가」, 『고려가요』, 정음사, 1968.

현용준, 「처용설화고」, 『국어국문학』, 1968.

이용범, 「처용설화의 고찰 – 당대 이슬람상인과 신라」, 『진단학보』 32, 진단학회, 1969.

이우성, 「삼국유사소재 처용설화의 일분석 – 고려 기인제도의 기원과의 관련에서」,
　　　　『김재원박사 회갑기념논총』, 을유문화사, 1969.

김　현, 「신화적 인물의 시적 변용 – 처용의 의미」, 『문학과 지성』 2, 일조각, 1970.

김영태, 「처용단장에 관한 노트」, 『현대시학』 16, 현대시학사, 1970.

김원경, 「처용가의 변천과 Shamanism에 대한 연구 – 특히 처용가의 설화성과 민속신앙을 중심으로」,『논문집』3, 서울교대, 1970.

서정범, 「처용가고」,『아세아여성문제연구』9, 숙명여대, 1970.

서정범, 「처용가의 새로운 해석」,『계명』1-10, 1970.

황패강, 「처용과 처용암」,『처용촌』1, 1970.

고병익, 「처용설화의 종합적 고찰」토론,『대동문화연구』별집 1, 성균관대, 1972.

김광일, 「처용설화의 종합적 고찰」토론,『대동문화연구』별집 1, 성균관대, 1972.

김동욱, 「처용설화의 종합적 고찰」토론,『대동문화연구』별집 1, 성균관대, 1972.

김완진, 「처용설화의 종합적 고찰」토론,『대동문화연구』별집 1, 성균관대, 1972.

김태곤, 「처용설화의 종합적 고찰」토론,『대동문화연구』별집 1, 성균관대, 1972.

문상희, 「처용설화의 종합적 고찰」토론,『대동문화연구』별집 1, 성균관대, 1972.

박노준, 「처용랑망해사조의 주맥」,『문화비평』13, 아한학회, 1972.

박태순, 「처용-영원한 한국인」,『샘터』30, 샘터사, 1972.

이기문, 「처용설화의 종합적 고찰」토론,『대동문화연구』별집 1, 성균관대, 1972.

이기백, 「처용설화의 종합적 고찰」토론,『대동문화연구』별집 1, 성균관대, 1972.

이두현, 「처용가무」, 「처용설화의 종합적 고찰」토론,『대동문화연구』별집 1, 성균관
　　　　대, 1972.

이상일, 「처용설화의 종합적 고찰」토론,『대동문화연구』별집 1, 성균관대, 1972.

이우성 외, 「처용설화의 종합적 고찰 - 한국학 방법론의 검토를 위한 제1회 학술심
　　　　포지움종합토론」,『대동문화연구』별집 1, 성균관대, 1972.

장주근, 「처용설화의 종합적 고찰」토론,『대동문화연구』별집 1, 성균관대, 1972.

정연욱, 「현대에 투영된 처용랑」,『동대어문』2, 동덕여대, 1972.

문학사상사 조사실, 「처용가의 현장 - 개운포」,『문학사상』14, 1973.

황패강, 「처용가의 미의식」,『국어국문학』71, 국어국문학회, 1973.

김택규, 「회고와 전망처용가의 발상지」,『신라시대의 언어와 문학』, 형설출판사, 1974.

설성경, 「처용전승의 구조적 연구」,『한국민속학』7, 민속학회, 1974.

이상비, 「처용설화의 종합적 고찰」,『국어국문학연구』1, 원광대, 1974.

김태곤, 「처용설화의 형성체계」,『국어국문학회 월례발표회』, 1975.

려증동, 「고려 처용노래 연구」,『고려가요연구』, 국어국문학회 편, 정음사, 1979 :

『고려시대의 언어와 문학』, 한국어문학회, 1975.

서대석, 「처용가의 무속적 고찰」, 『한국학논집』 2, 계명대, 1975.

윤경수, 「처용가의 현대적 고찰」, 『현대문학』 253, 현대문학사, 1975.

윤홍로, 「날개와 처용가의 거리」, 『문학사상』 32, 문학사상사, 1975.

김근수, 「향가 해독의 현위치 – 주로 처용가를 중심삼아」, 『도남조윤제박사 고희기념논총』, 형설출판사, 1976.

김상억, 「처용가고」, 『국어국문학』 72·73, 국어국문학회, 1976.

소재영·황패강·김열규·조동일 편, 「처용설화의 종합적 고찰」토론, 『고전문학을 찾아서』, 문학과지성사, 1976.

엄원대, 「처용에 관한 종합적 고찰」, 『국어국문학연구』 3, 원광대, 1976.

강신항, 「처용의 어의」, 『대동문화연구』별집 1, 성균관대, 1972 ; 『향가연구』, 국어국문학논문선 I, 민중서관, 1977.

김금희, 「처용가의 변천과정고」, 『어문교육논집』 2, 부산대 국어교육과, 1977.

김열규, 「처용전승고 – 민속학적 입장에서」, 『향가연구』 국문학논문선 I, 민중서관, 1977.

김학성, 「처용설화의 형성과 변이과정」, 『한국민속학』 10, 민속학회, 1977.

이용범, 「처용설화의 일고찰 – 당대 이슬람상인과 신라」, 『대동문화연구』별집 1, 성균관대, 1972 ; 『향가연구』, 국문학논분선 I, 민중서관, 1977.

정병욱, 「문학으로 본 처용가」, 『대동문화연구』별집 1, 성균관대, 1972 ; 『향가연구』, 국문학논문선 I, 민중서관, 1977.

김종우, 「불교의 용관념과 처용가」, 『수련』 7, 부산여대, 1972 ; 『한국문학논총』 1, 한국문학회, 1978.

박규신, 「처용설화의 배경연구」, 경희대 석사논문, 1978.

윤영옥, 「처용가의 동경」, 『국어국문학』 78, 국어국문학회, 1978.

윤영옥, 「처용문헌고」, 『영남어문학』 5, 영남어문학회, 1978 ; 『진단학보』 44, 진단학회, 1978.

김원경, 「처용가연구 – 처용가의 설화성과 민속신앙을 중심으로」, 『신라가요연구』, 국어국문학회 편, 정음사, 1979.

서정범, 「처용가의 뿌리를 다시 캐본다」, 『경희문선』 4, 경희대, 1979.

조동일, 「처용가무의 연극사적 이해」, 『연극평론』 15, 연극평론사, 『탈춤의 역사와 원리』, 홍성사, 1979.

최성호, 「처용가신석 – 문화사적 고찰을 중심으로」, 『국어국문학』 81, 국어국문학회, 1979.

홍재휴, 「처용랑망해사 설화의 신석독 시고」, 『여천서병국박사 회갑기념논총』, 형설출판사, 1979.

홍재휴, 「처용랑망해사설화의 교정자변정 – 처용랑부처의 관용, 부정설변정을 위한 주석적 고찰」, 『여성문제연구』 8, 효성여대, 1979.

김갑기, 「처용가연구」, 『국어국문학』 82, 국어국문학회, 1980.

김완진, 「처용가」, 『향가해독법연구』, 서울대학교출판부, 1980.

김준오, 「처용시학」, 『논문집』 29, 부산대, 1980.

전규태, 「처용가고」, 『한국신화와 원초의식』, 이우출판사, 1980.

최미정, 「처용의 문학전승적 본질」, 『관악어문연구』 5, 서울대, 1980.

강헌규, 「처용의 어의고」, 『논문집』 19, 공주사대, 1981.

강헌규, 「처용의 어의고」, 『한국언어문학』 20, 한국언어문학회, 1981.

김승찬, 「처용설화와 그 가요의 연구」, 『한국문학논총』 4, 한국문학회, 1981.

송재주, 「처용가의 형성연대에 대하여」, 『인문과학연구』 3, 조선대 인문과학 연구소, 1981.

임기중, 「맹아득안가와 처용가」, 『신라가요와 기술물의 연구』, 이우출판사, 1981.

정상균, 「처용·처용가 연구」, 『국어교육』 39·40, 1981.

현용준, 「처용설화고」, 『민속문학연구』 국어국문학회 편, 정음사, 1981.

홍경표, 「처용, 그 인간화와 예술화의 고정 – 처용모티브의 시적변용을 중심으로」, 『문학과 언어』 2, 문학과 언어 연구회, 1981.

岡山善一郎, 「처용과 道祖神의 비교연구」, 연세대 석사논문, 1982.

박노준, 「처용가」, 『신라가요의 연구』, 열화당, 1982.

박진태, 「처용가무에 대한 연극학적 연구」, 『국어국문학』 88, 국어국문학회, 1982.

윤영옥, 「처용가」, 『신라시가의 연구』, 형설출판사, 1982.

이명구, 「처용가 연구」, 『고려시대의 가요문학』, 새문사, 1982.

이주순, 「처용무에 관한 연구」, 『한국체육학회지』 20, 1982.

정병헌, 「처용가연구」, 『논문집』 22, 한국국어교육연구회, 1982.

정준호, 「처용설화연구」, 세종대 석사논문, 1982.

탁준호, 「처용설화의 연구」, 세종대 석사논문, 1982.

홍경표, 「처용모티브의 시적변용 – 신라정신의 현대적 재현」, 『현대문학』 325, 현대
　　　　문학사, 1982.

김태환, 「처용가 연구」, 명지대 석사논문, 1983.

박춘규, 「처용가의 무격성 고찰」, 『어문연구』 36 · 37, 1983.

설성경, 「처용의 가무행위가 지닌 의미층위」, 『동방학지』 36 · 37, 연세대 국학연구
　　　　원, 1983.

조철환, 「처용설화의 연구사적 고찰 – 삼국유사 소재 기사를 중심으로」, 단국대 석
　　　　사논문, 1983.

진영환, 「처용가연구」, 『대전공업전문대논문집』 33, 1983.

최 　철, 「처용가」, 『향가의 본질과 시적 상상력』, 새문사, 1983.

최정여, 「처용전후 구나의의 양상」, 『신라민속의 신연구』, 『신라문화제 학술발표회
　　　　논문집』 4, 신라문화선양회, 1983.

김영일, 「처용설화의 무가적 구조연구 – 무가 · 입무의식 · 고려처용가와 비교를 중
　　　　심으로」, 『인문과학 편 논문집』 11, 경남대, 1984.

박진태, 「처용가의 배경과 의미」, 『한국시가의 재조명』, 형설출판사, 1984.

정상균, 「처용가」, 『한국고대시문학사연구』, 한신문화사, 1984.

최성호, 「처용가」, 『신라가요의 연구 – 배경과 사상을 중심으로』, 1984.

고영근, 「처용가의 한 해독」, 『어문학논총』, 멱남김일근박사 화갑기념, 1985.

박기호, 「처용랑망해사연구」, 『인문연구』 4, 한양대, 1985.

이경희, 「처용가고 – 내용구조분석을 중심으로」, 『향란어문』 14, 1985.

이어령, 「초월을 향한 춤 / 처용가」, 『고전을 읽는 법』, 갑인출판사, 1985.

황패강, 「처용가 연구의 사적 반성과 일고찰」, 이우출판사, 1985.

김경수, 「처용가의 연구사적 검토」, 『신라문학의 신연구』, 신라문화선양회, 1986.

김진영, 「처용의 정체」, 『한국문학사의 쟁점』, 집문당, 1986.

이창식, 「처용전승의 형성과 그 수용양상」, 『시원김기동박사 회갑기념논문집』, 교학사, 1986.

최종률, 「처용설화의 서사구조에 관한 연구」, 충남대 교육대학원 석사논문, 1986.

김문태, 「'처용랑망해사'조의 구조와 의미 – 일연의 시각을 중심으로」, 『성대문학』 25, 성균관대, 1987.

박창원, 「처용가의 재검토」, 『우해이병선박사 회갑기념논총』, 1987.

정창일, 「처용가」, 『향가신연구』, 세종문화사, 1987.

김열규, 「처용랑망해사의 민속학적 의미」, 『처용무의 이론적 고찰』, 서울시립무용단, 1988.

박기호, 「처용랑망해사조와 처용설화 연구」, 『한양어문연구』 6, 1988.

성무경, 「심산대택과 임해정에 대하여 – 수로부인·처용랑 망해사의 경우」, 『성대문학』 26, 성균관대, 1988.

이창식, 「처용전승의 특질과 변화」, 『새국어교육』 42·43, 한국국어교육학회, 1988.

임기중, 「처용노래와 그 이야기의 변신모티브」, 『문학과 비평』 5, 1988.

장주근, 「처용설화의 고찰」, 『처용무의 이론적 고찰』, 서울시립무용단, 1988.

최진원, 「처용가의 신화상징성」, 『처용무의 이론적 고찰』, 서울시립무용단, 1988.

고정의, 「처용가 해독의 재검토」, 『울산어문논집』 5, 울산대, 1989.

김경수, 「처용가의 연구 현황」, 『처용연구논총』, 울산문화원, 1989.

김동욱, 「처용과 처용가」, 『처용연구논총』, 울산문화원, 1989.

김완진, 「처용가해독3」, 『처용연구논총』, 울산문화원, 1989.

박진태, 「굿의 맥락에서 본 처용설화와 처용가」, 『논문집』 34, 한국국어교육연구회, 1989.

서대석, 「처용가의 무속적 고찰」, 『처용연구논총』, 울산문화원, 1989.

윤광봉, 「처용가무의 변이 양상」, 『송하이종출박사 회갑기념논문집』, 태학사, 1989.

이근표, 「처용설화의 연구 – 구조적 변이 및 제의적 양상을 중심으로」, 『국어국문학 논문집』 37, 서울대, 1989.

장주근, 「처용설화의 연구」, 『처용연구논총』, 울산문화원, 1989.

정은미, 「처용가의 무속적 성격 고찰」, 『사림어문연구』 6, 창원대, 1989.

최용수, 「처용가고」, 『영남어문학』 16, 1989.

김영수, 「처용가연구 재고-연구사를 중심으로」, 『신라문화』 7, 동국대, 1990.

소용섭, 「처용가의 배경설화 연구」, 원광대 교육대학원 석사논문, 1990.

안태욱, 「처용설화의 불교적 연구」, 동아대 교육대학원 석사논문, 1990.

김학성, 「선불교적 배경과 처용가」, 『불교와 역사』, 한국불교연구원, 1991.

박진태, 「처용가의 제의적 구조와 기능」, 『고전시가의 이념과 표상』, 임하최진원박
　　　사 정년.

최남희, 「처용가 제8구에 대하여」, 『들메서재극박사 환갑기념논문집』, 계명대 출판
　　　부, 1991.

나경수, 「처용가의 서사적 이해」, 『국어국문학』 108, 국어국문학회, 1992.

임기중, 「처용가의 변신모티브」, 『고전시가의 실증적 연구』, 동국대 출판부, 1992.

최재남, 「처용가의 성격」, 『한국고전시가작품론1』, 집문당, 1992.

금기창, 「처용가에 대하여」, 『어문학』 54, 한국어문학회, 1993.

윤경수, 「처용가의 현대적 고찰」, 『향가·여요의 현대성 연구』, 집문당, 1993.

윤영옥, 「처용가」, 『향가문학연구』, 일지사, 1993.

최용수, 「처용가 연구의 현황」, 『영남어문학』 23, 1993.

최용수, 「처용가에 대한 연구사적 검토」, 『영남어문학』 24, 1993.

민긍기, 「처용가의 생성적 의미에 관한 일고찰」, 『고전문학연구』 8, 한국고전문학
　　　연구회, 1994.

민긍기, 「처용랑설화의 생성적 의미에 관한 일고찰」, 『연민학지』 2, 연민학회, 1994.

이도흠, 「처용가의 和諍記號學的 硏究」 『漢陽大韓國學論集』 1994.

최용수, 「처용가에 대하여」, 『배달말』 19, 배달말학회, 1994.

김학성, 「처용가와 관련설화의 생성기반과 의미」, 『대동문화연구』 30, 성균관대, 1995.

윤영옥, 「처용가 연구의 검토」, 『한국고시가의 연구』, 형설출판사, 1995.

신은경, 「처용가에 대한 정신분석적 검토」, 『한국시가연구』 1, 한국시가학회, 1997.

양희철, 「<處容歌>의 語文學的 硏究 : 誤判의 狀況的 反語와 戲引을 중심으로」,
　　　『淸州大人文科學論集』 17, 1997.

전복규, 「향가에 나타난 무교의식의 양상 : 혜성가 도솔가 처용가 원가에서」, 『어문
연구』 한국어문교육연구회, 1997.

박노준, 「鄕歌, 그 現代詩로의 변용Ⅱ : 「處容歌」 등 5편을 중심으로」, 『민족문학
사연구』 15, 2000.

윤철중, 「處容說話와 屈阿火國 神話의 阿尼神母」, 『도남학보』 19, 2001.

허혜정, 「<처용가處容歌>를 통해 본 달의 에로티즘 연구」, 『동서비교문학저널』,
한국동서비교문학회, 2004.

허혜정, 「<처용가>와 현대의 문화콘텐츠」, 『현대문학의 연구』 28집, 한국문학연구
학회, 2006.

허혜정, 「천일야화, 비단길, 처용의 문화」, 『동서비교문학저널』 14호, 한국동서비교
문학회, 2006.

"The Arabian Nights", the Silk Road, and erotic motif in 'Cheoyongga(處容歌)'

Korea Cyber University
Academic department ; Creative Writing
pr. Huh Hyejung

1. Introduction

This article aims to explore eroticism in Cheoyongga and "The Arabian Nights" and also to elucidate its possible relationships with the Arabic culture represented in the work. Cheoyongga is a Korean poem of 8 characters, a kind of tetrametre, where Cheoyong, one of the seven sons of the King in Donghae (East Sea), comes to the capital with King Wongang in 879, and becomes a high and distinguished official, finally marrying a very beautiful lady in return for his achievements and supporting the government of the country. One day, while serving the government as a minister, called a "Keupgan" in the period, he comes back home late and finds a scene of adultery between his wife and Yeoksin, one of the evil spirits. Instead of becoming furious, he performs a song and dance which ultimately touches the bottom of the evil spirit's heart making him regret his inappropriate demeanour. This poem is not merely a simple literary work for it has now become a very important cultural asset as a crucial part of court-feasts in Korea, and has been developed into multi-dimensional texts throughout history. Therefore, there has been much consideration regarding the origins of the powerful tradition of Cheoyongga. One possible answer stems from the aftereffect of the cultural impact caused by the Arabs, whose foreign culture had much influence in Korea directly and indirectly. In this article I would like to examine Cheoyongga in relation to "The Arabian Nights" and shed light on an influential Arabic factor, Sufism (Persian : صوفى گرى, Arabic : تصوف,), represented in the poem.

In two of my previous articles, I suggested reading Cheoyongga and appreciating its aestheticism not from the limited perspective of a Korean folktale but in a wider narrative paradigm of Asian culture. In this kind of study, the spread of Medieval Asia and Arabic culture should be taken into account to grasp the true significance of the poem. In a word, Cheoyongga should be reread in consideration of the Arabic culture that was imported through the Silk Road. A comparative reading of the poem in conjunction with The Arabian Nights will help to realize such peculiar literary and cultural features of the work.

2. A Bard in the Silk Road, Cheoyong

As well known, the Silk Road was not only a major trade route between the Far East and Europe from the first century B.C. but was also a passage that enabled an exchange of science, religion and technology between the two worlds. It is not difficult to infer from the many historical documents that Shilla, which produced Cheoyongga, was a country replete with exchanges with Arabic culture via China. It has been proven that this culture even greatly influenced Buddhism in this period and that it saturated into many aspects of culture of the later Korean dynasty.

Given that many Asian countries are eager to import new foreign cultures, the powerful attraction of Cheoyongga might have originated from its exoticism based on Arabic culture. One of the greatest contemporary influences was definitely from China but what is important is that China had a very close relationship with the Arabs and played the role of bridging them with Korea. It is not easy to find a concrete document to prove the direct connection between Cheoyongga and The Arabian Nights but an example of cultural interchanges between them can be inferred from their music. As proven, the formation of the culture envisaged in Cheoyongga was clearly administered by the exchange of music via the Silk Road. For example, a few western musical instruments were seen in Shilla following the model of Goguryeo, which imported western music through Tang. A percussion instrument called a "Bakpan", string instruments such as "Tangbeepa" and "Gongwho" and wind instruments like the "Piree" and the "Hoengjuk" were used in the music of mid-Shilla. According to Hyang-ak Japyung Osoo, a book about major forms of entertainment in those days, there were five popular pastimes, including Keum Whan (Golden Ball : a ball-throwing game) and they originated from the West. In particular, Sanye is practiced as a kind of traditional Korean art even in the present day and age. These facts are enough to demonstrate the influence of the West during Shilla and consequently enable us to draw an inference of their cultural connections in the formation of Cheoyongga.

In the medieval age when the Arabs technically dominated the world, and their culture was imported into Shilla and Korea via China, the most conspicuous clue that confirms the inter-relationship between Cheoyongga and Arabia can be found in the fact that Korean songs of the period followed the format of the songs from the Song and Yuan dynasties which were in turn influenced by Islamic music. Korean popular songs originated and flourished with the help of Yuan songs that emerged as a result of the close relationship between China, Arabia and the Mongol empire. Myungjoon Kim documented in his book Akjanggasa a demonstration of the "fusion of Korean folk music with foreign musics in Tangand Soo dynasties." He says that their relationships were very close. In this respect, it is not unreasonable to conclude that Cheoyongga was born as a result of the influence of Chinese songs which were rich with Arabic tones and tints.

3. The Motif of Eroticism in Cheoyongga

In Korean literature, Cheoyongga was the first poem that had ever adopted a male soliloquy to include a sexual motif courtesy of an exotic figure such as Cheoyong. Without a doubt, Eroticism is the most conspicuous theme within the work—but where is it rooted? This article makes the supposition that it stems from the sexual mood and motif of A Thousand Tales, which is the prototype of The Arabian Nights. In general, A Thousand Tales is believed to have its origin stemming from India even though there are many controversies surrounding the origin and formation of The Arabian Nights.

Indian folk tales started to become embellished with Islamic colour in the eighth century which was actually a century earlier than Cheoyongga. India was the mecca for Buddhist pilgrims from China so there were a great number of Koreans who travelled to the West or at least to the Western part of the world. Indian culture, which absorbed a wide range of Islamic culture, gave birth to Sufism, which forms the core of Islamic mysticism. This mystic Sufism constituted the undercurrent of the literary atmosphere that produced The Arabian Nights.

The Abath dynasty, the time around which The Arabian Nights

was written, existed for approximately 500 years until the Mongols seized Bagdad in 1258. Its history can be divided into two major periods—the Golden period that flourished in politics and culture from 750 to 1055 and the Silver period that faded from 1055 to 1258 (Heuman Sa 249). The Golden period was a contemporary time for Korea which enjoyed carnival-culture and consequently went on to produce Cheoyongga. Given that the influence of Yuan (the reign of Mongol) was widely demonstrated in aspects ofhistory, literature and culture, there must be many historical events and places which share a close relationship with Cheoyongga. In particular, Samarkand, which covered the Middle East and parts of China, demands much attention with regard to the places mentioned in The Arabian Night and Cheoyongga. The Sasan Dynasty, which was reigned over by King Shariyar, is the main setting for the stories, and is actually located in an area of China and the name of China is clearly mentioned within The Tale of a Hunchback.

In terms of the story's construction, there are numerous similarities between Cheoyongga and The Arabian Nights. The Arabian Nights exists in various versions and texts due to its oral tradition. When both are categorized into a few groups by theme and motif, the similarities between them become clear. The Arabian Nights has a story structure in whicha wife betrays her husband and is involved in sexual relationships as shown in "King Shariyar and his brother." This motif literally is the main theme of Cheoyongga. In terms of narrative aspect, The Arabian Nights features a story within a story, a mixture of prose and verse, and colloquialism, all of which are again the characteristics of Cheoyoungga. From the perspective of content, a few of the most conspicuous similarities are the voyeurism of the King and Cheoyong, the adulterous behaviour of the female characters and the descriptions of the female body. Cheoyongga includes pornographic descriptions called "Garari Nehierha", which are shocking, even to many modern readers. Likewise, The Arabian Nights assigns much space to describe female bodies in detail. In particular, the sexual intercourse between a human being and a god is a common trait which has a culturally significant meaning in terms of the mixture of the secular and the religious. The fact that a character who was in sexual aberration comes to realize the mystery of life and the importance of truth is also one of the most meaningful similarities between them. Last but not least, an important similarity is that they both overcome the erotic problem with language, or the power of words, and not by physical power.

First, there is a catalyst to connect Cheoyongga and The Arabian Nights in motif. The sexual aberration and the betrayal of the spouse in Cheoyongga was the first appearance of such a concept in Korean literature. It is a matter of a love triangle and a theme of "the seduction and loss of the beloved." In this respect, there is a concrete example demonstrating the motif which bridges the two works, moving eastward through the Middle East. The geographical line from Iran, through the West and the Middle East to China and Korea was envisaged in the story called "Seorim". The popular story of a legendary beauty Seorim includes the theme of seduction and loss of one's beloved along the Silk Road from Persia through Iran to Singang in China in the seventh and eighth centuries. The theme itself was also very common in these places even though Cheoyongga is the only one that remains in Korea. A love triangle formed the backbone of many stories in those days, including The Arabian Nights of Persia courtesy of the influence of Arabic culture, and Seorim of China, due to the influence of Persia.

From a thematic respect, the question of what comprises a woman is one of the crucial elements in The Arabian Nights and Cheoyongga. The absence of Cheoyong, the invasion of the evil spirit and the betrayal of the wife during her husband's absence raised a question of mystery about female sexuality and this question resulted in many similar stories about permanently incomprehensible femininity. The quest to understand the mystery of female sexuality and men's unavoidable destiny of female betrayal, led to an attempt to solve mysteries in life and in the cosmos. This quest eventually ended up with the realization of futility in such sexual aberrations and foolish behaviours. This enlightenment usually resulted in the termination of those fruitless adventures. In short, the question about women concerns an understanding of life and the world, which consequently returns the protagonist to a state of good will and behaviour after the defeat of evil by a wise endeavour.

Such a question about women is not just a matter of ethics but plays a role in leading human beings to enlightenment. In this respect, Cheoyong's reaction to his wife's betrayal epitomizes this process with great success.

The third significant similarity is the introduction of a dark character to administer to the realization of mystery in the world. The evil spirit which occupies a core part in Cheoyong's conflict is similar to a black slave or supernatural Jinnis and has a crucial role in the motif of the love triangle in The Arabian Nights. In Seorim, the dark existence is played by the King's nephew. They appear to be varied and different in detail but can be regarded as mere variations of an evil spirit that commits illegal adultery. The evil spirit in Cheoyongga is not unlike the black Jinnis who holds the female character in custody. The Jinnis wears a black robe which is regarded as the color of religious godliness. This kind of blackness, which was sometimes represented by a black man, has religious connotations in Sufism. In Cheoyongga, Cheoyong's blue robe can be interpreted as the colour of the son of the sea, and superior to the black colour of the evil spirit.

Such elements of Sufism begin to have a more convincing relationship when the descriptions of erotic pleasure in Cheoyongga are compared to those in the poems written by Islamic Sufi poets. In fact, the erotic descriptions are very similar to those in Sufi poems. The main theme of these poems is love. "This is a love with a human and a variety of humans are represented as symbolic existences in them." Particularly, the love triangle is one of the common themes in the poems written by Muslim Sufis. The "Complicated relationships and love stories" contained within them are often transformed into a great number of different stories about a woman's beauty and her courtiers but there the motif of the love triangle still remains. The love triangle in Cheoyongga can also be seen as an influence of the motif of "the seduction of the beloved" which moved eastward from Persia through to China and eventually to Korea.

4. Cheoyong's culture and Sufism

The eroticism in Cheoyongga is not just a matter of ethics and social justice, which is the usual interpretation by lay people since it can also be regarded as the cosmological symbol of overcoming hardship. In this respect, Cheoyong culture translated into a ceremony of "Byeoksajinkyung" and so becomes significant. In the Dance of Cheoyong during the ceremony, what is emphasized is the colour of his robe. The "Ohbansak"(five multi-colours) of his robe, which is a way to express the order of the universe, has a very peculiar sexual connotation. According to Honggu Lee, the robe was decorated with flowers such as peach flowers and tendrils as though to suggest a festoon of flowers scattered on the dress of mother earth. In addition, Cheoyong's attire, like his square hat and accessories, are very feminine and decorated with peach flowers which are a symbol of female sexuality. The intention of using such a sensuous and female-oriented costume can become more apparent when we take into account the atmosphere of Sufi literature such as The Arabian Nights.

Costumes, dance and prayer, all of which are highlights of Cheoyong culture, also have special significance in Sufism. Sufism absorbed both traditions of folk beliefs in the Near East that worshipped earth and of mysticism in India so that it possessed different traits from orthodox Islam. One of the differences is dance. Sufism places emphasis on the sacred movements and dancing as a way of ascetic mental practice to unite with godliness. This dance performed with the chant of Zikr is based on the aboriginal culture known as "the Dance of Earth" that helps to reach a state of trance. It is Whirling Dance that represents the circle or gyre of the cosmic order of the soul. Some monks walked round and round as part of their ascetic mental practice of enlightenment. Such circular movement is the main element of Cheoyong's dance, too. Martin Lings said that "the body symbolizes the axis of the universe, it is nothing but the Tree of Life. Dance is a ritual of immersion and a taste of lost center."(84) The tree of worship in the Kuran is the olive but it is represented by a peach or bamboo tree in Cheoyong culture. Cheoyongga, a Korean song which parodied Shilla's folk song, includes a great number of sexual metaphors using tree-like images. Like Cheoyong's costumes, the tree metaphors can be interpreted as another tradition to refer to the sacredness of the earth through sexual ritual. Like a ritualistic dance in Sufi, the dance expresses the unity of oneself with sacredness, amid the passion of elated love.

Another connection between Sufism and Cheoyong culture is their movements. "Sufi dance has the very strict movements of the rhythmic ups and downs of body"(Lings 85). Cheoyong's dance also includes some very similar vertical movements. According to a document, as soon as the drummer hits the side of the drum in the middle of the music, five Cheoyong dancers have to bend their backs forwards, raise their arms up high and then lay them on their laps. Such vertical movements during the circular progress of round-dance and lineal steps, are emphasized in Cheoyong dance.1) Many documents including "Gunahang" in Mokeumjip 21 and 33 reiterate the importance of circular movements in Cheoyong dancing, which are similar to those found in Sufi dance. To enhance existence and to unite oneself with the universe is the true purpose of both Cheoyong and Sufi dances. When Sufism was combined with Buddhism, it evolved into ascetic practices to reach Nirvana by cleansing souls from evil. In Cheoyong dancing, the ritual of the body to be freed from trouble and to reach godliness emphasizes the clothes as a substitute for the mind. Therefore when Cheoyong performs the dance and chant in a similar fashion to the movements depicted by Sufi dancing, he can be regarded as a Sufi monk.

5. Conclusion

This article has attempted to illustrate the possible relationships between Cheoyongga and Sufism, one of the Arabic cultures. The inspection of the significance of the motif of the love triangle in the seduction of one's beloved, the sexual aberration of the female character and the demonic mysterious existence of the evil spirit in Cheoyongga and The Arabian Nights is intended to reveal the various forms of cultural exchange between the two worlds. In many respects, they have a great number of similarities as a way to deliver a message about human nature and mysteriousness in the universe. Eroticism represented in both works provides a mechanism to enlighten the character against evil. To show these close relationships between the two, this article examined the style, the theme, the narrative structure of Cheoyongga in light of The Arabin Nights and also compared the dance and costumes of the Cheoyong dance with those of Sufism. At the end of the article I boldly stated that Cheoyong is another Sufi monk. This was because I aimed to highlight an interchange of Asian cultures represented in Cheoyongga. The intent was also to shed light on the importance of cultural communication and complete absorption of exoticism as a crucial part of Cheoyong culture and its attraction through long history in Korea. Finally, I hope this article may encourage the reader to reconsider and re-evaluate the global trait of medieval Asian culture on multiple layers.

Cheoyongga(處容歌) and Contemporary Cultural Contents

Korea Cyber University

Academic department ; Creative Writing

pr. Huh Hyejung

It is no exaggeration to say that the present age is that of "cultural war", and in this contemporary days, the development and exploitation of our creative world-class cultural goods lies in the assignment which our cultural circle should bear in the top priority order. In this regard, the ⟨Cheoyongga⟩ that transfused numerously into our cultural tradition and the Cheoyong-related modern cultural contents are important cultural resources that can maintain the cultural uniqueness of us and the cultural universality of the world, simultaneously. Coming nto modern times, the Cheoyong-related cultural contents are divided as such realms as the creative art including literature, music, dance, play, opera, and performance, etc. the literature-centered individual creative works, and recreation and public performances for amusement and leisure.

Though it is not easy for them to be classified distinctly, as their contents and forms range over the excessively huge scopc, the Cheoyong-related contents have been renovating our cultural succession through the various ways of intangible cultural treasure, scenic spots and places of historic interest, monuments, folklore collection, paintings, phonograph records, performance and presentation. and exhibition, and so forth, interworking with the trend of the modern culture. Especially, it hangs absolutely in the wind how Cheoyong would take its own shape, from the viewpoint of the digital works of art which make their recent appearance. Therefore, it would be necessary that the actualized manner of Cheoyong that enters the stage newly should be positioned from the contemporary context, and the Cheoyong-related contents that have been already established from the huge fields should be searched for their cubical interpretation and standpoint, as well.

〈Cheoyongga〉 can be said as a myth of our culture that is in existence by the synthesis of the endless translation and imagination of the general public, being considered by the range of those who are in nostalgists, its transmissible power, and its text-based productivity, and so on. The culture of the "Cheoyong" belongs to a very rare example in which there is no severance of 'tradition and modernity' as a living tradition that stimulates the imaginative desire of the public at large, not a simple 'culture of an era' nor a 'traditional culture' which vanished from its record. The 〈Cheoyongga〉 and the various contents that are derived from this epochally historic ode lie in the superb resources in which the recognition of Korean culture can be given wider publicity and publicized most effectively and even attempt the commercial gains, in a flow of the 'regionalism' and 'globalization' in progress concurrently.

A Study of the Lunar Eroticism Seen through
〈處容歌, Cheoyong-ode〉

Korea Cyber University

Academic department ; Creative Writing

pr. Huh Hyejung

Intrinsically, Hyangga(鄕歌, the rhymed verse peculiar to ancient Korea) and the lunar symbol had been profoundly intertwined each other. However, as seen in 〈Cheoyong-ode〉 (處容歌, a rhymed verse chanted by Cheoyong), this very "luna" seems to be comprehensively acknowledged as the lunar goddess with an ominious chastity or the principle of Yin(陰, the feminine nature), rather than an symbolical emblem in an sentiment Koreanized or an emanation laid in the Buddhistic emotion. The various texts of 〈Cheoyong-ode〉 that have been handed down tells that the pregnancy given birth to by "this" moon-god comes to mingle with the shamanistic context freely, which is re-composed into an erotic metaphor and image. 〈Cheoyong-ode〉 is a work that depicted pointedly horror, evil, and the clandestineness overwhelmed by the destined power that is of the greatest jeopardy and weirdness. The erotic incident in 〈the work〉 is a kind of symbolical paintings against the fateful experience of the existence that was penetrated by the natural and universal force. The pestilent denotation fatal to the human society was a metaphorical one for the feasibility in which human being can experiences, going beyond the interpretation of human subsistence dominated by the social fundamentals.

The core implication of the erotical code that 〈Cheoyong-ode〉 sends out is "nature", a vital spot. that nestles itself as a form of disease, in the inner part of human existence, being a social disaster as well. The wife of 'Cheoyong' is an image of a spirit medium that is governed by 'the' nature of 'such a kind'. If the fiendish evil spirit can be an incinuation not only into the impure vandalism of masculine desire, but also into the cosmic might and main that are adverse and negative, being symbolized as the luna, then, the erotical invasion of the 'evil spirit' can be possibly interpretated as the 'being possessed by itself'. In other words, the erotical cucumstances of 〈Cheoyong-ode〉 should be decoded by the spiritual matter itself, which leads, in this context, us to pay attention to both; the shamanism in Korea and the religious susceptibility in Arab region, which are relevant to the lunar religion. The existential calamity followed by the destined rhythm of nature is implied by the word, 'Samjae'(三災, the Three Disasters from baleful stars), and it is because 〈Cheoyong-ode〉 was able to express the universal truth embracing the dualism of virtue and vice simultaneously that the inherited diverse texts of 'Cheoyong' were accepted as the meaning of the practice of exorcising to the general commoners.

'Cheoyong' was an aesthetic human being who sang the murky and implacable force that pierced the 'being' with the language that overpassed the social dogma. That he withdrew himself inscrutably from the spot is not from a humane forgiveness or resignation, but from his artistic attitude on shamanisticness so as to placate the perilous power of nature. Hyangga, according to the major notion of Shilla people in ancient times, possessed a force that could pacify the forcefulness of heaven and earth. That the fatefully calamitous event is driven out by the 'virtue and dignity' of 'Cheoyong' from what has been handed down in a folkloric way, adds persuasion to the interpretation of ⟨Cheoyong-ode⟩ in the spiritual context. 'Cheoyong' who came to have an insight into the two-faced cosmic truth of good and evil is adored as a deified being that can be a match for no one else in the history of Korean literature. And the vulgar and obscene description in which 'she has four legs' is repeatedly chanted as an well-known phrase that revealed the great truth of existence. The lunar eroticism that unfolds in the symbolically magnetic field, while, being alluded as 'the luna with its whole appearance illuminated' is of an aesthetic heart that bores itself through ⟨Cheoyong-ode⟩.

미 주

제1장

01 박장순, 『문화콘텐츠 해외 마케팅』 커뮤니케이션 북스, 2005, 23쪽.

02 박장순, 위의 책, 14쪽.

03 한국문화콘텐츠진흥원 홈페이지 http://www.kocca.or.kr 참고.

제3장

01 第四十九憲康大王之代　自京師至於海內　比屋連墻　無一草屋　笙歌不絶道路　風雨調於四時　於是大王遊開雲浦(在鶴城西南　今蔚州)　王將還駕　晝(*晝字之訛)歇於汀邊　忽雲霧冥에　迷失道路　괴問左右　曰(*日字之訛)官奏云　此東海龍所變也　宜行勝事以解之　於是勅有司　爲龍창佛寺近境　施令已出　雲開霧散　因名開雲浦　東海龍喜　乃率七子現於駕前　讚德獻舞奏樂　其一子隨駕入京　輔佐王政　名曰處容　王以美女妻之　欲留其意　又賜級干職　其妻甚美　疫神欽慕之　變無(*爲字之訛)人　夜至其家　竊與之宿　處容自外至其家　見寢有二人　乃唱歌作舞而退　歌曰//"東京明期月良/夜入伊遊行如可/入良沙寢矣見昆/脚烏伊四是良羅/二肹隱吾下於叱古/二肹隱誰支下焉占/本矣吾下是如馬於隱/奪叱良乙何如爲理古"//時神現形　跪於前曰　吾羨公之妻　今犯之矣　公不見怒　感而美之　誓今已後　見畵公之形容　不入其門矣　因此　國人門帖處容之形　以僻(*辟字之訛)邪進慶　王旣還　乃卜靈鷲山東麓勝地　置寺　曰望海寺　亦名新房寺　乃爲龍而置也　又幸鮑石亭　南山神現舞於御前　左右不見　王獨見之　有人現舞於前　王自作舞　以像示之　神之名或曰祥審　故至今國人傳此舞　曰御舞祥審　或曰御舞山神　或云　旣神出舞　審象其貌　命工摹刻　以示後代　故云象審　或云霜髥舞　此乃以其形稱之　又幸於金剛嶺時　山岳神呈舞　名玉刀鈐　又同禮殿宴時　地神出舞　名地伯級干(*于字之訛)　語法集云　于時山神獻舞　唱歌云　智理多都波都波等者　盖言以智理國者　知而多逃　都邑將破云謂也　乃地神山神知國將亡　故作舞以警之　國人不悟　謂爲現瑞　耽樂滋甚　故國終亡　＜三國遺事　卷2　紀異. 處容郎　望海寺＞

02 『삼국유사』(정덕본) 리상호 번역, 고전연구실, 과학원 출판사, 1960, 207~208쪽.

03 『연산군일기』 권33 5년 4월 18일(정미) : 권56 10년 12월 15일(신미)·18일(갑술)·19일(을해)·21일(정축)·25일(신사) ; 권57 11년 1월 3일(기축) ; 3월 6일(신묘) : 4월 2일(정사)·7일(임술).

04 정철현, 『문화연구와 문화정책』, 도서출판 서울경제경영, 2005, 216쪽.

05 대표적인 몇 가지 예를 들면, <처용가>는 향악정재(鄕樂樂才)의 하나로 창제·공연 되었고, 국한문의 가사로 된 <처용가>는 학연화대처용무합설(鶴蓮花臺處容舞合說)에 서 여기(女妓)에 의해 노래로도 불려졌다. 세종 때 윤회(尹淮)가 <처용가>의 곡조를 개찬(改撰)한 <봉황음(鳳凰吟)>의 악보가 『세종실록』에 수록되어 있다. <봉황음>은 조선 세종 때 윤회(尹淮)가 지은 별곡체 악장이다. <처용가>의 가사만 <봉황음>으 로 바꾸고 악곡은 <처용가>의 악곡을 그대로 얹어 부를 수 있도록 지은 작품으로 나라와 왕가(王家)에 대한 송축가이다. 그 가사가 『세종실록』 권146에 악보와 함께 실 려 있고, 나례의식(儺禮儀式) 후 거행된 학연화대처용무합설(鶴蓮花臺處容舞合說)에서 <처용가> 등이 연주되었다는 기록이 있다. 『악학궤범(樂學軌範)』 권5 <시용향악정재 조(時用鄕樂呈才條)>에 <동동>, <정과정> 등의 고려가요와 함께 실려 전하는 <처용 가>의 가사는 언제나 '춤과 노래'를 통해 대중들에게 1,300여 년간 향수되어왔다.

06 처용 문화의 전승상황은 김명준 선생의 박사학위논문 [악장가사연구](도서출판 다운 샘, 2003), 139~145쪽의 내용을 각주 그대로 발췌하였음을 밝힌다.

07 『고려사』 권36 세가36 충혜왕 후4년 8월 ; 『고려사절요』 권25 충혜왕 4년 8월 ; 『고 려사』 권135 열전 48 신우 11년 6월 ; 『고려사』 권136 열전 49 신우 12년 1월.

08 "新羅處容帶七寶　花枝壓頭香露零　低回長袖舞太平　醉臉爛赤猶未醒." 『牧隱集』　卷21 <驅儺行>.

　　"신라 처용은 칠보를 띠고, 꽃가지 머리 누르고 향기로운 이슬 떨어지네. 긴 소매 낮게 돌려 태평을 춤추니, 취한 뺨 타는 듯 붉어 술이 덜 깬듯."

　　"山臺結綴似蓬萊　獻果仙人海上來　雜客鼓鉦轟地動　處容衫袖逐風迴　長竿倚漢如平地　瀑 火衝天似疾雷　欲寫大平眞氣像　老臣簪筆愧非才." 『牧隱集』　卷33 <自東大門至闕門前山 臺雜劇前所未見也>.

　　"산대는 만들어 놓은 모양이 봉래산 같고 과일 바치는 선인은 해상에서 왔네. 잡객 의 북과 징소리 땅을 뒤흔들고 처용 아바 소매는 바람따라 도네. 장간의한은 평지처 럼 벌여 있고 포화는 하늘을 찔러 빠른 번개같은데 태평시대 참 기상 그리고자해도 노신의 잠필로는 재주없음이 부끄러울 뿐이네."

　　"夜久新羅曲　停盃共聽之　聲音傳舊譜　氣像想當時　落月城頭近　悲風樹杪嘶　無端懷抱惡 功益爾何爲." 『陶隱集』　卷2 <十一月十七日夜聽功益新羅處容歌聲調悲壯令人有感>

　　"늦은 밤 신라 노래 잔을 멈추고 함께 듣네. 노래 가락 옛악보에 전하고 기상은 그 때를 떠올리게 하네. 지는 달은 성머리에 걸려 있고 비장한 바람은 나무끝에서 우네. 무단히 마음만 싱숭생숭 공익이 날 어찌리."

　　이외에도 이곡(李穀, 1298~1351)의 <개운포(開雲浦)>(『가정집(稼亭集)』 권20 차정중 부위주팔영(次鄭仲孚蔚州八詠)), 정포(鄭誧, 1309~1345)의 <개운포(開雲浦)>(『운곡집 (雲谷集)』 하 울주팔경(蔚州八景)), 이첨(李詹, 1345~1405)의 <월명항(月明巷)>(『동경 잡기(東京雜記)』 권2 고적) 등이 있다.

09 윤회가 <처용가>를 참고하여 <봉황음>을 개찬했다고 했는데, 이는 대체가 아니라 또 다른 노래의 파생이라 할 수 있다. 왜냐하면 『악학궤범』 학연화대처용무합설에서

이 두 노래가 연달아 연주되고 처용무를 계속 추고 있기 때문이다.

10 "世宗以其曲折 改撰歌詞 名曰鳳凰吟 遂爲廟廷正樂 世祖遂增其制 大合樂而奏之." 『慵齋叢話』 卷1 ; 『大東韻府群玉』 卷8.

"세종이 그 곡을 참작하여 가사를 개찬하여 <봉황음>이라 이름하고, 마침내 묘정의 정악으로 삼았으며, 세조가 그 제를 확대하여 크게 악을 합주하게 하였다."

"鳳凰吟者 世宗朝尹淮所撰." 『芝峰類說』 卷18 技藝部 音樂.

"<봉황음>은 세종조에 윤회가 지은 것이다."

11 『세종실록』 권30 7년 12월 29(갑오) ; 권47 12년 2월 19일(경인) ; 권99 25년 1월 25일(신사).

12 『세종실록』 권126 31년 10월 3일(경술).

13 『악학궤범』 권5 시용향악정재도의 학연화대처용무합설. 『악학궤범』 <처용가>와 <봉황음>이 함께 불려지게 된 것은 앞서 언급한 세종과 세조의 노력이라고 볼 수 있다.

14 『연산군일기』 권28 3년 12월 28일(을미) ; 권56 10년 12월 30일(병술) ; 권57 11년 1월 1일(정해).

15 『연산군일기』 권33 5년 4월 18일(정미) ; 권56 10년 12월 15일(신미)·18일(갑술)·19일(을해)·21일(정축)·25일(신사) ; 권57 11년 1월 3일(기축) ; 3월 6일(신묘) ; 4월 2일(정사)·7일(임술).

16 『연산군일기』 권32 5월 3일 8일(정묘) ; 권56 10년 12월 13일(기사)·16일(임신)·28일(갑신) ; 권57 11년 1월 9일(을미)·12(무술) ; 권60 11년 12월 4일.

17 『연산군일기』 권53 10년 5월 22일(신해) ; 권60 11년 10월 9일(경신).

18 『중종실록』 권1 1년 12월 26일(경오) ; 권23 10년 12월 22일(갑술).

19 『중종실록』 권52 19년 12월 10(경자).

20 『중종실록』 권60 22년 12월 30일(계유) ; 권94 35년 12월 30일(정해).

21 "方且大張處容之戲 錯以鼓樂 樂與之觀聽 達曙而罷." 『中宗實錄』 卷100 38年 1月 8日(癸丑).

22 『광해군일기』 권98 7년 12월 9일(신해). 이 때부터 분리된 학무, 연화대무, 처용무는 이후 독자적인 춤으로 공연된 것으로 보이며 『정재무도홀기』에 이르면 독립적인 정재목록으로 기록되기에 이른다.

23 『광해군일기』 권116 9년 6월 27일(경신).

24 국립중앙박물관 소장 <사궤장겸기로회도(賜几杖兼耆老會圖)>(1623) 51.1×32.7cm.

25 경기도 박물관 소장 『사궤장연회도첩(賜几杖宴會圖帖)』 <내외선온도(內外宣醞圖)>(1668).

26 『숙종실록』 권44 32년 8월 27일(임자).

27 『숙종실록』 권55 40년 9월 19일(정사).

28 『숙종실록』 권64 45년 9월 28일(정유).

29 『숙종실록』 권63 45년 4월 18일(경신). 이 잔치에 관한 제반 기록은 『숙종조 기해년 진연의궤』(1719)에 있다. 대전진연에 <여민락>, <보허자>, <정읍만기>의 악곡과 초무 아박무 향발 무고 광수무 처용무를 공연하였으며, 이날 그린 그림에(호암미술관 소장 『기사계첩(耆社契帖)』 제5폭, <기사사연도>)에 오방 복색의 처용이 춤을 추고 있음을 확인할 수 있다.

30 경종 4년(1724) 5월 2일 갑진기사연(甲辰耆社宴)* : 영조 20년(1744) 기로소입사연(耆老所入社宴)** ;『영조실록』 권106 41년 10월 11일(계축) ; 권107 42년 7월 13일(신사) ; 8월 27일(갑자) ; 권120 49년 윤3월 1일(경신) ; 권121 49년 7월 27일(갑신) : 『정조실록』 권42 19년 윤2월 13일(을미).

　* 성균관대학교 박물관 소장 『갑진기사연회첩(甲辰耆社宴會帖)』 <갑진기사연회도(甲辰耆社宴會圖)>.

　** 국립중앙도서관 소장 『기사경회첩(耆社慶會帖)』 제5폭 <본소사연도(本所賜宴圖)> 있다. 위 두 그림에 관한 자세한 고찰은 박정혜, 『조선시대 궁중기록화 연구』(일지사, 2000), 179~249쪽에 있다.

31 『헌종 무신년 진찬의궤』 권수 도식 처용무 : 국립전주박물관 소장 『무신진찬도병』 제8폭. 『무신진찬도병』에 관한 자세한 고찰은 남상숙, 「무신년 진찬도에 관한 고찰」, 『국악원논문집』 제3집(국립국악원, 1991)에 있다.

32 『정재무도홀기』 : 『고종실록』 권42 39년 5월 27일.

33 "謹按鳳凰吟外 又有處容歌觀音讚 然本自高麗 流傳至今 但列於樂府而已 非聖朝之所常用 故二篇削之不錄."『增補文獻備考』 卷103 樂考14 樂歌6 樂學軌範 鄕樂呈才歌詞.

　"신이 삼가 살펴보건대, 봉황음 외에도 처용가 관음찬이 있으나 본래 고려에서 유전하여 지금에 이르렀는데, 악부에만 열기하였을 뿐 성조에서 항상 쓰는 것이 아니기 때문에 두 편을 삭제하고 기록하지 아니합니다."

34 조선시대 처용무에 관한 변화는 구성 및 인원 등이 있었으나, 창사는 변하지 않았다. 처용무의 시대적 변천은 다음 연구서에서 자세히 정리하였다. 이홍구, 『처용무』(화산문화, 2000), 174~183쪽.

35 경술국치(1910) 이후 궁중 내 처용무 전승은 단절되었지만 1923년 순종 탄생 50주년을 맞이하여 이왕직 아악부 주최로 공연되기도 하였다. 이승렬, 「처용무의 역사적 전승과 벽사의 특징」, 『국악원논문집』 제4집(국립국악원, 1992), 73~74쪽.

36 사대부들의 각종 私宴에 처용무를 즐겼음을 기록화를 통해 확인할 수 있다. 그 대표적인 예로 李敏求(1589~1670)·尹挺之(1579~?)·洪憲(1585~1672) 등이 司馬試 합격 60주년(현종 10년, 1669)을 기념한 契會에서 처용무 공연이 있었다(윤진영, 「도판해설」, 『조선시대 연회도』, 국립국악원, 2001, 226쪽). 고려대학교 박물관 소장 <萬曆己酉司馬榜會圖>(1669) 59.2×41.8cm ; 1724년 月城 李氏 李鍾垕의 8남매가 모두 건강한 깃을 기념한 자리에서 처용무를 추었다(진준현, 「도판해설」, 『조선시대 음악풍속도 1』, 국립국악원, 2002, 224~226쪽). 權玉淵 소장 『湛樂宴圖』 제2폭.

37 "史臣曰 … 私宴之用舞童處容 亦多有之."『英祖實錄』 卷50 15年 10月 15日(戊子).

38 "鶴城雲生東海東 汀洲佛宇新玲瓏 開雲浦雲飛空 龍宮寶珠落王宮 花月丰姿醉神翁 疫神儱
花翁不怒 畵翁門前神退步 靈鷲山東望海寺."『休翁集』別集 海東樂府.

"동해 동쪽 학성에 구름이 피어나니, 물가의 절간은 새로이 영롱하네. 개운포 상공에
구름이 날아가니, 용궁의 보주가 왕궁에 떨어졌네, 춘삼월 아름다운 자태에 신옹이
취하여, 역신이 꽃을 훔쳐도 신옹은 성내지 않네. 신옹이 그려진 문 앞에서는 역신이
뒷걸음치니, 영취산 동쪽 망해사로세."

"且停處容舞 聽我處容歌 彼一俳優耳 君子不同科 出非蒲輪聘 盤錫又如何 當時松岳眞人
降 大運歸向如奔波 宮中牝鷄待晨鳴 始林王氣陰鎖磨 淫遊逸畋方耽懽 君臣媚悅徒婥婀 明
者知微可卷懷 幾人婆娑在山阿 異哉夫詭冠服 鬻身干澤誠非他 欺世取寵何事業 山中麋鹿
應譏詞 流傳百代成俗戱 臺輿拍手眞笑啞 君看孤雲棄官遊方外 至今仙蹟留伽倻."『星湖先
生全集』卷7 海東樂府.

"이제 처용 춤 멈추고, 내 처용 노래 들으시오. 저들은 하나의 배우일 뿐, 군자와 같
은 반열 될 수 없다오. 나아감에 부들수레 달릴 수 없고, 가죽띠 지팡이 어찌하리오?
당시 남산의 진인이 내려오니, 큰 운수 돌아감이 성난 파도 같았다오. 궁중에 암탉이
새벽을 기다려 울기에, 신라의 왕기가 점점 사라지네. 음란하게 놀고 편한 사냥 즐거
움에만 빠져, 임금과 신하 기뻐하며 다만 머뭇거릴 뿐. 현명한 사람 기미 알고 재능
을 숨기고, 몇 사람만 산언덕에 머뭇거리고 있네. 이상하구나 저 괴이한 관과 옷, 몸
을 팔고 녹을 구한 게 정말 다름 아니었네. 세상 속여 은총 받아 무슨 일 하리! 산
속의 고라니 사슴도 응당 꾸짖으리라. 백대를 지나면서도 속희를 이루었고, 대관들도
박수치며 정말 웃고 화하네. 그대는 보았나요 고운(최치원 - 필자주)이 벼슬 버리고
지방을 유람한 것을 지금도 가야산에 자취 남아 있다오."

"… 而一尺者頤乎 廣全布者衣乎…"『員嶠集』卷1 東國樂府.

"… 한 자나 되는 긴 턱, 온 필의 넓이로 만든 것 같은 옷…"

"若有人兮秋浦雲 姣采服兮殊倫 朱絲衣兮鞠裳 紫貝齒兮鳶肩 聞夫君兮靈壽 橫六龍兮倏然
先安歌兮曼儛 北市兮西廛 總六部兮靡靡 烝以女兮威神 倐不時兮去不返 乘白龍兮蕩海津
川寂寂兮多風 巷月明兮無人 三尺頰兮五方衣 懷夫君兮徒紛紜."『洛下生全集』嶺南樂府.

"추운포에 사람이 있으니 채색옷 입은 아름다운 모습 절륜하도다. 붉은 실 저고리에
황국의 치마, 자주 조개 치아에 솔개의 어깨로다. 들으니 부군은 신령하여, 여섯 용
비껴 타고 빨리 날아다닌다 하네. 먼저 차분히 노래하고 하늘하늘 춤추며, 북쪽 저자
에서 서쪽 전방으로 육부가 모두 덩달아, 모두들 너를 무서운 신이라 한다. 불시에
왔다가 가서는 돌아오지 않으니, 백룡을 타고 바닷가 포구를 분탕질하네. 냇물은 조
용한데 바람은 많고, 마을에 달은 밝은데 사람이 없네. 석자 된 턱에 오방색 옷을 입
고, 부군을 그리워하여 수선만 피우네."

39 울산시 남구 황성동 668-1 - 지정별 / 울산광역시 기념물 제4호 - 지정일 / 1997년 10월
9일. 이 바위에서 처용이 나왔기 때문에 이렇게 부르게 되었다고 한다. 처용랑(處容
郞) 설화와 관계 있는 유서 깊은 바위이다.

제 4 장

01 폴 펠리오, <중앙아시아에서의 3년>, <기록과 증언>, 『실크로드』, 시공디스커버리
   총서 004, 시공사, 1995, 170쪽.

02 이슬람 문명권과 한문명권 간의 상호이해가 증진되면서 1천여 년 전에 이미 이루어진
   신라와 이슬람 세계간의 교류와 만남은, 고려시대부터는 한국측 문헌기록에서도 찾아
   볼 수 있다시피 여러 형태의 접촉으로 확장되었다. 이에 관한 방대한 자료는 이미 정
   수일교수의 저술로 소개되어 있는 상태이다(이븐바투타, 정수일 역, 『이븐바투타 여행
   기』, 창작과비평사, 2001 ; 정수일, 『新羅·西域交流史』, 檀國大學校出版部, 1992 ; 『문
   명교류사 연구』, 사계절, 2002 ; 『문명의 루트 실크로드』, 효형출판, 2002 ; 『이슬람
   문명』, 창작과비평사, 2002 ; 이희수, 『한·이슬람교류사』, 문덕사, 1991 등).

03 일례로 초기의 인도 음악체계는 압데라만 2세의 재위 기간에 시리아인, 바그다드의
   가수이자 시인였던 지르얍을 거쳐 전파되었으며, 몇몇 노래에서 보이듯 화성에 있어
   서의 기교적 측면, 반복적이고 장식적인 스타일이 알려지게 되었다(예를 들면, 쿠로
   두르세의 시기리야). 이슬람의 노래와 음악은 (중국-이란에서 유래된) "구전 음계"와
   "리듬"이라는 새로운 음악 계통을 도입하는 기회를 제공해 주었다. 판당고 및 그것에
   관련된 수많은 변주에는 이러한 영향이 표현되어 있으며, 빈번한 멜로디의 활용은 플
   라멩꼬와 현재의 북아프리카 노래에서 공통적인 특징이 되어 있다(『Ricardo Molina &
   Antonio Mairena : 깐떼 플라멩꼬의 세계와 형식, 세비야, 알 안달루스 서점, 1971년,
   pp.25~34).

04 허룡구, <양태사의 시가에서 본 발해문화의 일각>, 허호일 교수 정년퇴임기념 논문
   집, 간행위원회, <한중문학비교연구>, 국학자료원, 1997, 209~211.

05 원나라(1271~1368)의 희곡은 음악에 시적인 드라마를 덧붙인 것으로 Yuan Zaju,라고
   부른다. 이것이 무르익은 시기에는 극장공연물의 형식으로 상류사회에 유행하였는데,
   이 시기 다양하고 특이한 예술적 창조가 이루어졌다. 원나라 문학의 가장 주목할만한
   특색으로, 이것은 초창기에 현재 베이징인 다두Dadu에 중심으로 두고 북중국까지 드
   넓게 퍼져나갔다. 남쪽의 송나라(1127~1279)가 원나라에 자리를 내준 이후, Zaju는
   국가적 드라마가 되었다. 그것은 무수히 쓰인 희곡과 함께 유통되었다. 이 원곡은 예
   술과 사회 속에서 전체 속에서 개발된 것이다. 예술의 발전을 고려하여 보면 내면적
   구조와 외면적 표현은 원나라에 수년간 성숙하다가 갑작스레 개화하였다. 이 기간은
   역설적으로 전통적 시가, 즉 당나라(618~907)와 송나라(960~1279)의 시가가 퇴보하
   던 시기이다. 일반적으로 원곡은 서곡과 4개의 장으로 이루어져 있는 주요 이야가로
   구성되어 있다. 서곡은 꽤 짧지만, 노래는 중요한 원곡의 표현방식이다. 각각의 장은
   중국의 고대 음악과 노래의 모드를 드러내지만, 주도적인 남성 혹은 여성 캐릭터가
   부르는 노래는, Canjun play의 영향을 받았다. 원곡의 음송recitation은 즉흥적이고 우
   스운 몸짓과 말들로 가득 차 있다. 이것은 드라마와 함께 하는 노래로 무르익었다.

06 빙심, 동내빈, 전리군 지음(김태민 외 3인 옮김), 『중국문학 오천년』, 예담, 2000, 178쪽.

07 고려가요 성립과 음악의 관계에 대한 이에 대한 전체적인 논의로는 김명준, <악장가

사의 성립과 소재 작품의 전승양상>, 고려대학교 박사학위논문, 2003이 있다. 발췌는 김명준, 『악장가사 연구』, 도서출판 다운샘, 2003.

08 광둥에 있는 아랍 상인들은 대개 이슬람교도였다. 물론 중국 배들도 인도와 페르시아 만까지 진출했다. 광대한 목초지를 중심으로 침략을 계속하던 몽고는 칭기즈 칸 시절 중앙아시아는 물론 페르시아, 투르크, 아프가니스탄을 통합하고, 1279에는 쿠빌라이가 중국의 화남까지 정복했다.

제 5 장

01 처용의 외양은 악학궤범의 전승에 의하면 이렇게 묘사된다.
- 어와 아비 즈싀여 處容아비 즈싀여 – 아 아비의 모양이여 처용아비의 모양이여
- 滿頭揷花 계오샤 기울이신 머리예 – 머리에 가득 꽂은 꽃이 겨워 기울어지신 머리와
- 아으 壽命長願ᄒ샤 넙거신 니마해 – 아 수명이 길고 오래시어 넓으신 이마와
- 山象이슷 깅어신 눈닙에 – 산의 모습과 비슷한 무성하신 눈썹과(박병채), 山象은 '罔象'(물과 하늘이 합하여 물건이 표류하는 것)의 誤記(김완진)
- 愛人相見ᄒ샤 오ᅀᆞᆯ어신 눈네 – 사랑하는 사람을 보시어 온전하신 눈과
- 風入盈庭ᄒ샤 우글어신 귀예 – 바람이 불어 뜰에 가득차 우글어지신 귀와(박병채), 德風이 가득하신 듯 우글어지신 귀와(지헌영)
- 紅桃花ᄀ티 븕거신 모야해 – 붉은 복숭아꽃같이 붉으신 얼굴과
- 五香 마ᄐ샤 웅긔어신 고해 – 오향나무 맡으시어 우묵한 코와
- 아으 千金 머그샤 어위어신 이베 – 아 천금 머금으시어 넓으신 입과
- 白玉琉璃ᄀ티 히여신 닛바래 – 백옥유리같이 희신 이빨과
- 人讚福盛ᄒ샤 미나거신 튁애 – 남들이 칭찬하고 복이 성하여 밀어나오신 턱과
- 七寶 계우샤 숙거신 엇게애 – 칠보에 겨워 숙이신 어깨와
- 吉慶 계우샤 늘의어신 ᄉ맷길혜 – 길흥자락(비단)에 겨워 늘어진 소맷길에(최철)
- 설믜 모도와 有德ᄒ신 가ᅀᆞ매 – 지견(知見) 모아 유덕하신 가슴과
- 福智俱足ᄒ샤 브르거신 비예 – 복과 지혜가 다 족하시어 부르신 배와
- 紅鞓 계우샤 굽거신 허리예 – 붉은 가죽띠에 못이겨 굽으신 허리와
- 同樂大平ᄒ샤 길어신 허튀에 – 함께 즐기고 크게 편안하시어 기신 다리와
- 아으 界面 도르샤 넙거신 바래 – 아 계면조 도시어 넓으신 발과
<봉좌문고본(蓬左文庫本), 『악학궤범(樂學軌範)』, 권(卷)5, 시용향악정재도의(時用鄕樂呈才圖儀). 학연화대처용무합설(鶴蓮花臺處容舞合設)>

02 處容 新羅憲康王 遊鶴城 還至開雲浦 忽有一人 奇形詭服 詣王前 歌舞讚德 從王入京 自號處容 每月夜 歌舞於市 竟不知其所在 時以爲神人 後人異之 作是歌 李齊賢 作詩解之 <『高麗史』 卷71 樂志>

03 "若有人兮秋浦雲 姣采服兮殊倫 朱絲衣兮鞠裳 紫貝齒兮鳶肩 聞夫君兮靈壽 橫六龍兮偠然 先安歌兮曼儷 北市兮西廛 總六部兮靡靡 烝以女兮威神 倈不時兮去不返 乘白龍兮蕩海津

川寂寂兮多風 巷月明兮無人 三尺頗兮五方衣 懷夫君兮徒紛紜." 『洛下生全集』 嶺南樂府.

04 고려조에 처용에 관련된 총 열 여덟군데의 관련 기록이 보인다. 개중 관련 기록을 몇 가지만 보면 다음과 같다. 1. 新羅昔日處容翁 見說來從碧海中 貝齒頹脣歌夜月 鳶肩紫袖舞春風 <『益齋亂藁』 卷4> 옛날 신라의 처용 늙은이, 푸른 바다에서 왔단 말 들었지. 흰 이 붉은 입술로 달밤에 노래하고, 제비 어깨 붉은 소매로 봄바람에 춤추네. <『익재난고』 권4> // 2. 新羅處容帶七寶 花枝壓頭香露零 低回長袖舞太平 醉臉爛赤猶未醒 <『牧隱集』 卷21 驅儺行> 신라 처용은 칠보를 띠고, 꽃가지 머리 누르고 향기로운 이슬 떨어지네. 긴 소매 낮게 돌려 태평을 춤추니, 취한 뺨 타는 듯 붉어 아직 술이 덜깨였네. <『목은집』 권21 구나행> // 3. 處容 新羅憲康王 遊鶴城 還至開雲浦 忽有一人 奇形詭服 詣王前 歌舞讚德 從王入京 自號處容 每月夜 歌舞於市 竟不知其所在 時以爲神人 後人異之 作是歌 李齊賢 作詩解之 <『高麗史』 卷71 樂志> 처용 신라(新羅)의 헌강왕(憲康王)이 학성(鶴城)에 갔다가 개운포(開雲浦)로 돌아왔을 때 홀연히 한 사람이 기이한 몸짓과 괴상한 복색을 하고 왕앞에 나와 노래와 춤으로 덕(德)을 찬미(讚美)하고 왕을 따라 서울로 갔다. 그는 자기를 처용(處容)이라 부르고 언제나 달밤이면 시중(市中)에서 노래 부르고 춤추고 하였으나 끝내 그가 있는 곳을 알지 못했다. 당시 사람들은 그를 신인(神人)이라고 생각했다. 후세(後世) 사람들이 그 일을 기이하게 여겨 이 노래를 지었다. 이제현(李齊賢)이 시(詩)를 지어 이 노래를 풀이하였다. <『고려사』 권71 악지> // 4. 若有人兮秋浦雲 姣采服兮殊倫 朱絲衣兮鞠裳 紫貝齒兮鳶肩 聞夫君兮靈壽 橫六龍兮悠然 先安歌兮曼儛 北市兮西廛 總六部兮靡靡 烝以女兮威神 倐不時兮去不返 乘白龍兮蕩海津 川寂寂兮多風 巷月明兮無人 三尺頗兮五方衣 懷夫君兮徒紛紜 <『嶺南樂府』> 구름 낀 가을 포구에 사람이 있으니 채색옷 입은 아름다운 모습 절륜(絶倫)하도다. 붉은 실 저고리에 황국(黃鞠)의 치마, 자주 조개 치아에 솔개의 어깨로다. 들으니 부군은 신령하여, 여섯 용 비껴타고 빨리 날아다닌다 하네. 먼저 차분히 노래하고 하늘하늘 춤추며, 북쪽 저자에서 서쪽 전방으로 육부가 모두 덩달아, 모두들 너를 무서운 신이라 한다. 불시에 왔다가 가서는 돌아오지 않으니, 백룡을 타고 바닷가 포구를 분탕질하네. 냇물은 조용한데 바람은 많고, 마을에 달은 밝은데 사람이 없네. 석 자 된 턱에 오방색 옷을 입고, 부군을 그리워하여 수선만 피우네. <『영남악부』>

제 6 장

01 『삼국유사』에서 발췌된 처용 본문 이외의 전승텍스트들은 김명준의 [고려속요집성], 다운샘, 2002에서 발췌하였음을 밝힌다.

02 「'처용가處容歌'를 통해 본 달의 에로티즘 연구」, 『동서비교문학저널』 제10호(2004년 봄, 여름호), 2004 동서비교문학회 춘계심포지엄 발표 및 동학회지 수록 논문.

03 『삼국유사』, 리상호 번역, 고전연구실, 과학원 출판사, 1960, 207쪽.

04 從王入京 自號處容 每月夜歌舞於市 竟不知所在 其歌舞處 後人爲月明巷 因作處容歌處容舞假面以戲 <『東京雜記』> 왕을 따라 서울에 들어가 자호를 처용이라 했다. 매달 달밤이면 시중에서 가무를 했는데 끝내 그가 있는 곳을 알지 못했다. 그가 노래하고 춤

추던 곳은 후세 사람들은 월명항(달밝은 골목)이라 하였다. 이로 인해 처용가를 짓고 처용무 가면을 만들어 연희했다. <『동경잡기』>

05 고려조에 처용에 관련된 총 열 여덟군데의 관련 기록이 보인다. 개중 관련 기록을 보면 다음과 같다. 1. 新羅昔日處容翁 見說來從碧海中 貝齒頳脣歌夜月 鳶肩紫袖舞春風 <『益齋亂藁』卷4> 옛날 신라의 처용 늙은이, 푸른 바다에서 왔단 말 들었지. 흰 이 붉은 입술로 달밤에 노래하고, 제비 어깨 붉은 소매로 봄바람에 춤추네. <『익재난고』 권4> // 2 .新羅處容帶七寶 花枝壓頭香露零 低回長袖舞太平 醉臉爛赤猶未醒 <『牧隱集』 卷21 驅儺行> 신라 처용은 칠보를 띠고, 꽃가지 머리 누르고 향기로운 이슬 떨어지네. 긴 소매 낮게 돌려 태평을 춤추니, 취한 뺨 타는 듯 붉어 아직 술이 덜깨었네. <『목은집』 권21 구나행> // 3. 夜久新羅曲 停盃共聽之 聲音傳舊譜 氣像想當時 落月城頭近 悲風樹杪嘶 無端懷抱惡 功益爾何爲 <『陶隱集』 卷2 十一月十七日夜 聽功益新羅處容歌 聲調悲壯 令人有感> 늦은 밤 신라 노래 잔을 멈추고 함께 듣네. 노래 가락 옛 악보에 전하고 기상은 그때를 떠올리게 하네. 지는 달은 성머리에 걸려 있고 비장한 바람은 나무끝에서 우네. 무단히 마음만 싱숭생숭 공익이 날 어찌리. <『도은집』 권2> // 3. 處容 新羅憲康王 遊鶴城 還至開雲浦 忽有一人 奇形詭服 詣王前 歌舞讚德 從王入京 自號處容 每月夜 歌舞於市 竟不知其所在 時以爲神人 後人異之 作是歌 李齊賢 作詩解之 <『高麗史』 卷71 樂志> 처용 신라(新羅)의 헌강왕(憲康王)이 학성(鶴城)에 갔다가 개운포(開雲浦)로 돌아왔을 때 홀연히 한 사람이 기이한 몸짓과 괴상한 복색을 하고 왕앞에 나와 노래와 춤으로 덕(德)을 찬미(讚美)하고 왕을 따라 서울로 갔다. 그는 자기를 처용(處容)이라 부르고 언제나 달밤이면 시중(市中)에서 노래 부르고 춤추고 하였으나 끝내 그가 있는 곳을 알지 못했다. 당시 사람들은 그를 신인(神人)이라고 생각했다. 후세(後世) 사람들이 그 일을 기이하게 여겨 이 노래를 지었다. 이제현(李齊賢)이 시(詩)를 지어 이 노래를 풀이하였다. <『고려사』 권71 악지> // 4. 若有人兮秋浦 雲 姣采服兮殊倫 朱絲衣兮鞠裳 紫貝齒兮鳶肩 聞夫君兮靈壽 橫六龍兮倏然 先安歌兮曼儺 北市兮西廛 總六部兮靡靡 烝以女兮威神 徠不時兮去不返 乘白龍兮蕩海津 川寂寂兮多風 巷月明兮無人 三尺頦兮五方衣 懷夫君兮徒紛紜 <『嶺南樂府』> 구름 낀 가을 포구에 사람이 있으니 채색옷 입은 아름다운 모습 절륜(絕倫)하도다. 붉은 실 저고리에 황국(黃鞠)의 치마, 자주 조개 치아에 솔개의 어깨로다. 들으니 부군은 신령하여, 여섯 용 비껴타고 빨리 날아다닌다 하네. 먼저 차분히 노래하고 하늘하늘 춤추며, 북쪽 저자에서 서쪽 전방으로. 육부가 모두 덩달아, 모두들 너를 무서운 신이라 한다. 불시에 왔다가 가서는 돌아오지 않으니, 백룡을 타고 바닷가 포구를 분탕질하네. 냇물은 조용한데 바람은 많고, 마을에 달은 밝은데 사람이 없네. 석자 된 턱에 오방색 옷을 입고, 부군을 그리워하여 수선만 피우네. <『영남악부』>

06 이는 『아라비안 나이트』같은 전 이슬람 문학 속에 폭넓게 그 흔적이 남아있다. 수많은 모슬림들이 알라가 이미 모하메트가 오기 전에 아랍 이방인들에 의해 메카의 카바에서 숭배되었음을 받아들이기를 바라지 않지만, 어떤 모슬림들은 이런 사실에 직면하는 것에 대해 분노하지만, 역사는 그들의 편이 아니다. 전 이슬람 문학은 이것을 증명하고 있다(G. J. O. Moshay, *Who Is This Allah?*, Dorchester House, Bucks, UK, 1994, p.134).

07 아랍은 본래 많은 부족신들을 가지고 있었다. 그러나 마호메트는 특별히 알라ALLAH를 경배했다. 그가 태어나기 전에 부족들이 알라를 경배했고, 알라는 당시 메카의 카바 Kaaba에서 가장 일등신이었기 때문이었다. 그것은 당시 마호메트가 태어난 Quraysh 종족에 의해 메카가 지배받고 있었음을 뜻한다. 그래서 오직 메카의 카바(신들의 집)에서 알라만이 최고신이 될 권리가 있었다(Morey, Robert, *The Islamic Invasion: Confronting the World's Fastest Growing Religion*, Christian Scholars Press, Las Vegas, Nevada, 1992, p.51). 메카에서 알라는 특별한 신이었으며 특히 종족에게 '예언'을 주는 신이었다, 알라는 세 명의 딸을 가지고 있었다(Van Ess, John, *Meet the Arab*, New York : The John Day Co. 1943, p.29). 이 외의 중요한 서지(F. E. Peters, *The Hajj*, UP of Princeton, 1996, pp.24~25)를 보면, 아랍에서 수백의 신들이 있었지만 이슬람 전야에 가장 인기 있었던 신들은 AL-UZZA, ALLAT, AND MANAT였고 이들은 모두 여신이다. 이들은 알라의 딸들로 인식되었고, 일반적으로 Hijaz 종족에 의해 숭배되었다. 그 아랍의 만신전에서 마호메트가 알라를 최고의 신으로 선포하였을 때 알라가 신들의 우두머리가 되었다. 이교도 아랍인들이 숭배하던 신을 마호메트는 유일신으로 숭배했는데, 그는 마호메트 이전에도 숭배되던 신이었고, 그는 Quraysh의 부족신이었다. 마호메트의 청년 시절, 그가 일반적으로 숭배되어 있었기에 말이다. 카바신의 우두머리신에 대한 역사는, 알라가 HUBAL이라고도 불렀음을 알려준다. 그는 카바의 으뜸신이었고, 후벌에 대한 역사가와 학자들의 연구를 살펴보면, Quraysh는 카바 안에 그리고 주위에 몇 개의 우상을 가지고 있었는데, Quraysh에 의해 숭배되던 신들 중에 가장 위대한 신은 후벌이었다(F. E. Peters, *The Hajj*, UP of Princeton, 1996, pp.24~25)회교성전인 카바에는 360의 우상이 안치되어 있는데 가장 중요한 으뜸신은 달신인 후벌이다. 신이라는 이름 al-ilah는 주인이란 뜻이며(the Lord) 거기서 알라라는 말이 나왔고, 그는 카바에서 숭배되던 만신전의 최고 신이었다. 후벌은 카바의 최고 신으로 자리 잡고 있었고, 카바는 곧 달신의 집(house of the moon god)이다.

08 알라는 모하메트의 부족에게 초승달의 상징이었다. 그것을 모하메트가 이슬람으로 가져왔고, 바로 그 상징이 모스크의 광탑minarets, 성물shrines, 그리고 아랍의 국기에 남아 있다. 전 이슬람 시대의 애니미스틱한 아랍전통에서 보면 아랍인들은 나무, 달, 동굴, 봄, 과 같은 자연물을 통해 신성과 접촉했다. 모하메트들이 검은 돌에 입맞추는 것은 월석(月石)이 후벌에게 신성한 것이기 때문이다. 이슬람의 순례는 고대에 카바에 안치된 신성한 돌을 위함이었고, 그러한 습관은 모하메트 이전에도 오래도록 이어져 내려왔다.

09 고대의 매춘부는 대지적인 여신들의 신전에 거주하는 성녀였다. 그들은 다수의 이방인을 위한 신부이며 창녀였다. 여신의 거대한 권력을 가진 매춘부 대지는 모든 생명을 자신의 자궁으로 불러들인다. 사원의 신녀들로 존재하는 여인들의 매춘은 특별한 성화의 의미가 있다. 손님은 신이다. 이방인은 인간 안에서의 멸시된 신이며 여성의 자궁은 신이 거하는 내실이다. 그러나 서구적 문맥에서, 이런 여성성에 대한 숭배는 사탄, 죄, 죽음이라는 지옥의 삼위일체의 논리 속에서 축출당한다. 하지만 이러한 재현의 과정은 애초부터 모순성을 안고 출발한다. 왜냐하면 그 코드가, 신의 절대성에 근거하는 것이 아니라, 그 신이 원래부터 정의로운 신이라는 배타적 해석의 보편성에

근거하고 있기 때문이다. 그 보편의 논리로 구축된 의미화의 과정은, 사탄의 부정적 이미지가 투영되어 있는 여성 타자화의 역사와 절대로 무관할 수 없다. 사탄이 원한 것은 신의 '권위'를 찬탈하고 자신의 '본래적' 영광을 찾으려는 것이었다. 사탄은 자기의 타락이 '자존심과 야망'이라는 것을 안다. 밀턴의 <실낙원>에서 사탄은 불굴의 의지와 용기와 자신감을 가진 자로 나타난다. 사탄이라는 인물의 원형은 악당이 아니라 서사시의 영웅으로 드러난다. 사탄의 처음, 고통 속에서 깨어난다. 지옥의 광경은 고통으로 가득차 있다. 기쁨도 없고 삶도 없는 바로 그곳이 죽음의 세계이다. 사탄의 몸에는 원래 천사로 있을 때만큼의 '하늘의 빛light of heaven'(<Paradise Lost> 1. 73)이 나지 않는다. 결국 사탄은 그 빛을 다시 찾기 위해 멀고 험한 투쟁을 하는 것이다. Nicolson은 사탄을 가리켜 '어떤 언어 속에서도 가장 위대한 창조물의 하나'라고 언급한다. 이에 관한 흥미로운 논의는 한규조, <사탄과 인간의 타락을 통하여 나타나는 삶과 죽음의 패러독스>, 『밀턴 연구』, 한국 밀턴 학회, 1992, pp.239~251.

10 임기중, 「맹아득안가와 처용가」, 『신라가요와 기술물의 연구』, 이우출판사, 1981 ; 「처용노래와 그 이야기의 변신모티브」, 『문학과 비평』 5, 1988 ; 「처용가의 변신모티브」, 『고전시가의 실증적 연구』, 동국대 출판부, 1992.

11 그 놀라운 흔적은 바빌론과 '바벨탑'으로 소급한다. 산산히 흩어진 바벨탑은 세계로 퍼져나간 언어적 분열을 상징한다. 세계의 여행자이자 고대의 역사가인 헤로도투스는 Herodotus는 신비로운 종교와 수많은 국가의 의례를 목격하고 있는데, 어떻게 바빌론이 꽃 숭배의 모든 체계로부터 태고의 근원이 비롯되었는지 말하고 있다. 원시 바벨의 종교는 바빌로니아의 신 벨과 바알Bel and Baal은 똑같은 신성을 가진 자인데, 바알의 딸 또한 셋이다. Leick, Gwendolyn, *Sex and Eroticism in Mesopotamian Literature*, Routledge, London, 1994, p.13

12 『악학편고』에는 국문을 병기하지 않았다.

13 '相'(『악학궤범』).

14 이는 충렬왕 16년(1290) 이후 공민왕대에 형성된 <처용가>의 일부이다. 조선조의 처용전승에 관해서는, 김명준 <악장가사의 성립과 소재 작품의 전승양상>, 고려대학교 박사학위논문, 2003, pp.135~142에서 재인용.

15 處容之戲 肇自新羅憲康王時 有神人出自海中 始現於開雲浦 來入王都 其爲人奇偉倜儻 好歌舞 益齋詩所謂 貝齒赬顔歌夜月 鳶肩紫袖舞春風者也 初使一人黑布紗帽而舞 其後有五方處容 世宗以其曲折 改撰歌詞 名曰鳳凰吟 遂爲廟廷正樂 世祖遂增其制 大合樂而奏之 初倣僧徒供佛 群妓齊唱靈山會相佛菩薩 自外廷回匝而入 伶人各執樂器 雙鶴人五 處容假面十人 皆隨行緩唱三回 入就位而聲漸促 撞大鼓 伶妓搖身動足 良久乃罷 於是作蓮花臺戲 先是設香山池塘 周挿彩花高丈餘 左右亦有畵燈籠 而流蘇掩暎於其間 池前東西 置大蓮蕚 有小妓入其中 樂奏步虛子 雙鶴隨曲節翶翔而舞 就啄蓮蕚 雙小妓排蕚而出 或相向或相背 跳躍而舞 是謂動動也 於是雙鶴退處容入 初奏緩機處容成列而立 有時彎袖而舞 次奏中機 處容五人 各分五方而立 拂袖而舞 次奏促機繼爲神房曲 婆娑亂舞 終奏北殿 處容退列于位 於是有妓一人 唱南無阿彌陀佛 群從而和之 又唱觀音贊三周 回匝而出 每於除夜前一日夜 分入昌慶昌德兩宮殿庭 昌慶用妓樂 昌德用歌童 達曙奏樂 各賜伶妓布物 爲闢邪也 <『大

東野乘』 卷1 慵齋叢話> 처용희는 신라의 헌강왕때부터 시작되었다. 신인이 바다에서 나와 개운포에 나타났다가 왕도로 돌아왔는데, 그 사람됨이 기결하고 비범하여 노래와 춤추기를 좋아하였다. 익재의 시에 "흰 이 붉은 입술로 달밤에 노래하고, 제비 어깨 붉은 소매로 봄바람에 춤추네" 한 것이 이것이다. 처음에는 한 사람으로 하여금 검은 베옷에 사모를 쓰고 춤추게 하였는데, 그 뒤에 오방처용이 있게 되었다. 세종이 그 곡을 참작하여 가사를 개찬하여 봉황음이라 이름하고, 마침내 묘정의 정악으로 삼았으며, 세조가 그 제를 늘여 크게 악을 합주하게 하였다. 처음에 승도가 불공하는 것을 모방하여 기생들이 영산회상불보살을 제창하고, 외정에서 돌아 들어오면 영인들이 각각 악기를 잡는데, 쌍학인 다섯, 처용의 가면 10명이 모두 따라가면서 느리게 세 번 노래하고, 자리에 들어가 소리를 점점 돋구다가 큰 북을 두드리고 영인과 기생이 한참동안 몸을 흔들며 발을 움직이다가 멈추면 이 때에 연화대놀이를 한다. 먼저 향산과 지당을 마련하고 주위에 한 길이 넘는 높이의 채화를 꽂는다. 또 좌우에 그림을 그린 등롱이 있는데, 그 사이에서 다섯 색으로 만든 술이 어른거리며, 지당 앞 동쪽과 서쪽에 큰 연꽃 받침을 놓는데 소기가 그 속에 들어있다. 보허자를 주악하면 쌍학이 곡조에 따라 빙글빙글 춤추면서 연꽃 받침을 쪼면 두 소기가 그 꽃받침을 헤치고 나와 서로 마주 보기도 하고 서로 등지기도 하며 족도하면서 춤을 추는데, 이를 동동이라고 한다. 이리하여 쌍학은 물러가고 처용이 들어온다. 처음에 만기를 연주하면 처용이 열을 지어 서서 때때로 소매를 당기어 춤을 추고, 다음에 중기를 연주하면 처용 다섯 사람이 각각 오방으로 나누어 서서 소매를 떨치고 춤을 추며, 그 다음에 촉기를 연주하는데, 신방곡에 따라 너울너울 어지러이 춤을 추고, 끝으로 북전을 연주하면 처용이 물러가 자리에 열지어선다. 이 때에 기생 한 사람이 '나무아미타불'을 창하면, 여러 사람이 따라서 화창하고, 또 관음찬을 세 번 창하면서 빙돌아 나선다. 매양 섣달 그믐날 밤이면 창경궁과 창덕궁 양 궁전 뜰로 나뉘어 들어간다. 창경궁에서는 기악을 쓰고, 창덕궁에서는 가동을 쓴다. 새벽에 이르도록 주악하고 영인과 기녀에게 각각 포물을 하사하여 사귀를 물러나게 한다. <『대동야승』 권1 용재총화>

제 7 장

01 2006년 4월 22일 단국대학교 서관에서 발표한 <아라비안 나이트, 실크로드 그리고 '처용'의 문화>(중세 아랍 시문학의 자장 속에 존재했던 안달루스 무왓샤하트와 고려가요의 비교연구 학술대회, '단국대학교 아시아 아메리카 문제연구소' 주최)를 발표하며 처용과 실크로드를 중심으로 느리게 퍼져온 [천일야화]와 중앙아시아에 널리 분포되어 있는 서림 모티프와의 연관성을 논증하였다. 또한 처용의 아랍 도래설을 더욱 깊이 논증하기 위해 <천일야화, 비단길, '처용'의 문화>라는 제목으로(동서비교문학회 2006년 춘계 학술대회 발표 [동서비교문학저널] 14호 수록, 2006. 6) 처용의 문화와 수피즘의 연관성을 논증하였다.

02 8~9세기 경에 이슬람교 안에서 새로운 종교적 강조점이 개발되는데, 이는 이슬람의 비개인적이고 형식적인 종교전통에 대항한 반동이다. 가장 깊은 영혼의 갈망을 충족

시키지 못하는 이슬람교에 대항해 수피즘으로 알려진 헌신적인 금욕주의와 결합된 신비주의 전통이 발생한다(Andrew Rippin, *Muslims : Their Religious Beliefs and Practices*, New York : Routledge, 1990, p.118).

03 이들은 힌두이즘과 상당히 흡사한 수행을 하며, 엄청난 영적 힘을 지닌 힌두교의 수도사guru와 비슷한 역할을 한다.

04 "인도의 설화들이 6세기경 페르시아의 사산왕조에 전해져 『천가지 이야기』로 불려지다가. 8세기경에 아랍에 유입되어 바그다드를 중심으로 아랍, 이슬람적 색채로 강하게 윤색되어, 12세기경부터 『천일야화』로 불리게 되었고, 12~17세기 이집트의 카이로에서 전체 분량의 반 가량의 이야기가 추가되면서 최종적인 틀을 갖추게 된 것으로 보인다."(김영애 외, 『아시아 아프리카 문학』, 한국외국어대학교 출판부, 2003, 152쪽) 이 『천일야화』의 기원은 6세기경 사산(Sasan)왕조 때 페르시아에서 전해지는 설화들을 수집하여 엮은 『천의 이야기』가 8세기 말경까지 아라비아어로 번역되었으며 여기에 다시 바그다드를 중심으로 한 많은 이야기가 덧붙여져 그 후 이집트의 카이로를 중심으로 발전을 거듭한 끝에 15세기경 현존의 것으로 완성되었다. 많은 설화가 인도로부터 페르시아에 전해졌으므로 이 이야기 속에는 인도, 이란, 이집트, 이라크, 시리아, 아라비아 등지의 온갖 설화가 포함되어 있으며, 그리스 인과 유대인으로부터도 많은 이야기기 취합되고 있다.

05 사희만, 『아랍의 언어와 문학』, 조선대학교 출판부, 2000, 249쪽.

06 『천일야화』의 전체적인 구성은 통일성 있게 되어 있지 않지만, 그 책의 앞과 뒤에서, 혹은 가운데서 간간이 전체적인 틀을 잡아주는 테두리 이야기가 존재하여 어느 정도 구조적인 통일성을 잡아주고 있다. 『천일야화』에서 '밤'이란 무수한 이야기를 담아내기 위한 세트인 것이다. 『천일야화』의 가장 커다란 이야기 프레임은, 아내의 성적 배신에 상처입고 매일밤 처녀와 결혼하여 그를 죽이는 왕에게 시집간 세라쟈드의 이야기 형식으로 구축되어 있다. 매일밤 신방으로 들어온 처녀와 결혼하고, 여인의 배신을 막기 위해 처녀를 죽이는 잔혹한 왕에게 시집간 세라쟈드는 밤마다 무수한 이야기를 들려줌으로써 왕의 지혜로운 눈을 되찾게 하고, 결국 이로 인해 왕국의 처녀들의 끊임없이 죽어나가는 재난은 끝나게 된다. 세라쟈드는 그녀의 어린 자매 디나쟈드 Dinarzad를 침실로 호출하여 매일밤 이야기 하나 해달라고 조르게 한다. 수많은 이야기는 바로 이런 상황설정 하에 퍼즐박스처럼 이 이야기 안에 연결되어 있다.

07 『천일야화』의 배경은 크게 실존의 세계와 상상의 세계로 나뉠 수 있다. 실존의 세계 가운데는 이라크, 페르시아, 샴, 이집트, 메카, 메디나, 마그립, 안달루시아와 같은 이슬람국가와, 인도차이나, 중국과 같이 무슬림들과 상호관계를 맺었던 지역, 프랑스, 오스트리아, 제노아, 콘스탄티노플과 같이 무슬림들과 적대관계를 맺었던 나라가 있다. 상상의 세계에 속하는 도시는 '불멸의 섬' 귀신들의 섬, 땅 밑의 세계, 바다 속, 알려지지 않은 장소 등과 같이 상상적인 혹은 전설적인 지명이 등장한다. 실존의 장소와 마찬가지로 이러한 상상의 장소는 인간 세계와 구별될 어떠한 특징도 지니고 있지 않다. 단지 놀라운 사건이 일어나는 배경에 불과하다(조희선, 『아랍문학의 이해』, 명지출판사, 1999, 39~41쪽).

08 필자의 논문 <처용가處容歌를 통해 본 달의 에로티즘 연구>, 『동서비교문학저널』 제 10호(2004년 봄, 여름호).

09 처용은 아마도 주흥에 취하여 아내를 놀려주려는 듯 살금살금 들어왔던 듯하다. 문을 여는 대신 장지문에 구멍을 뚫고 잠이 들었나 혹은 무엇을 하나 하며 초승달처럼 찡 그린 눈을 하고 엿보기를 했던 처용의 모습을 우리는 상상해볼 수 있다.

10 조희선, 『아랍문학의 이해』, 명지출판사, 1999, 51쪽.

11 <샤리야르 왕과 그 아우 이야기>, 『아라비안 나이트』 Richar francis Burton / 이경석 옮김, 홍신문화사, 2005, 31~45쪽.

12 『천일야화』 속에는 남성에 절대적으로 복종해야 하는 수많은 여성 노예, 첩이 나온 다. 반대로는 세라쯔드의 위트와 용기, 왕의 불신과 광기를 다루는 여성이 나온다. 그녀는 도시에 남은 유일한 처녀이며, 여성에 대하여 믿을 만한 여성과 믿지 못할 여성, 마법의 힘을 지닌 여성, 어리석은 여성이 나온다. 여성의 성적 권능과 나약함 에 대한 다각적인 묘사는 단순히 남성권력의 희생자나 피지배자가 아니다.

13 『천일야화』에서 노예 혹은 지니는 다양한 유색인종으로 나타난다. 지니의 신비로운 빛깔은 이슬람의 수피교Sufis의 상징이다. 수피교는 검은 빛을 영원한 생명을 상징하 는 에머랄드빛 다음으로 신성한 빛깔로 여긴다. 역사적으로 무슬림에서는 흑인노예는 중요한 위치를 차지한다. 흑인은 단순히 주인의 지배를 받는 노예가 아니다. 논자는 어두운 신성을 매개하는 역신을 지니 혹은 흑인노예의 의미와 관련지어보고 있는데, 그것이 달의 원형과 통하는 천연두의 역신으로 변용생성된 것이 아닌가 하는 견해를 가지고 있다.

14 람 아와드 디웨디, 노영자 역, [힌디문학의 이해], PUFS. 1995, 1판 : 2001년 2판 참 고, 61쪽.

15 [힌디문학의 이해], 61~62쪽.

16 [힌디문학의 이해], 61~67쪽.

17 이홍구, 『처용무』, 화산문화, 2000, 221~222쪽.

18 <처용가處容歌>를 통해 본 달의 에로티즘 연구, 『동서비교문학저널』 제10호(2004년 봄, 여름호), 2004년 동서비교문학회 춘계심포지엄 발표 및 동학회지 수록 논문.

19 바빌로니아의 여신 이슈타르의 시적인 신화는 고대 메소포타미아Mesopotamia. 가나안 Canaan, 그리고 아나톨리아Anatolia를 중심으로 하는 여성숭배적인 대한 유전계보를 가지고 있다.

20 그것은 엄마 대지의 자궁, 대지의 갈라진 음부에서 일어난 신화적 상상력 속에서 비 롯된 것이다. Leick, Gwendolyn, *Sex and Eroticism in Mesopotamian Literature*, *Routledge*, London, 1994, p.13.

21 원초의 부모인 하늘과 땅이 교접하고 첫 번째 인간커플이 태어난다는 이 신화적 모 티프는, 많은 근동지방의 고대 텍스트의 직계계보 설화에서 역사의 시간으로 이행한 다. 가령, 헤브루 텍스트에서, 아담과 이브의 자손인 열두 아들이 각 이스라엘 지파

의 선조가 된다는 식이다. 그러나 이러한 단선적인 기술은, 성적인 메타포를 통해 우주적 창조 과정을 해석해내기 위한 하나의 모델일 뿐이다.

22 수메루 여신 닌릴NilLil은 이렇게 창조를 노래한다. "네 신의 정액이, 그 빛나는 정액이 내 자궁 안에 있네 sperm of your Lord, the shining sperm is in my wombLeick" Gwendolyn. p.44.

23 가령, 수메루인의 텍스트에서 보면, 남성의 정액은 탄생의 자궁에 받아들여진다. 이것이 신 엔키Enki에 의해 포고된 운명의 법령이다. 바벨로니안들의 텍스트 속에서 보면, 인간의 탄생이 살해된 신의 신성한 피에서 비롯되었다는 상상력 또한 여성의 창조적 신성과 결부된 재생산의 주제와 연관되어 있는 것이다. 이 임신과 분만의 제의적 측면에 대한 집중은 여러 문서에서 다양하게 나타난다. 남성의 정액은 생명을 창조하는 물이다. Leick, Gwendolyn. p.28. 그리고 28면에 관련된 각주 주해를 참고할 것. p.278.

24 이것은 노자가 '물'로 비유한 지혜의 근원에 대한 사고를 상징적으로 보여주고 있다.

25 <Sufism & Dance> http://ourworld.compuserve.com/homepages/sharonmijares/ruha.htm

26 Martin Lings, *What is Sufism?*, London : George Allen & Unwin Ltd., 1975, p.85.

27 Martin Lings, p.84.

28 "수피들은 자아와 우주 사이의 근본적인 일체를 실현시키고자 노력하였다. 자아와 우주 즉 인간과 신의 관계를 합리적, 이성적인 면에서가 아닌 감성적인 면에서 일체감을 갖도록 하였다. 그들이 도달하고자 한 목표는 신의 사랑만큼 격앙된 사랑의 열광 안에서 그리고 절대자의 사랑과 떨어지거나 절대자의 실재가 다른 그들의 존재인식을 잃어버리는 자기방종, 포기 안에서, 격정적으로 감성적인 도달을 하려고 하였다. 그러므로 그들의 자아소멸의 분위기인 – 수피주의는 숭배유형과 철학의 한 분파로서, 철학 숭배 두 가지의 진실로 매혹적인 면을 소유하려고 하였으며, 이러한 주의를 끌려고 하였다."([힌디문학의 이해], 67쪽)

29 Martin Lings, p.85.

30 춤동작 및 순서에 관해서는 『처용무』, 50~100쪽.

31 新羅處容帶七寶 花枝壓頭香露零 低回長袖舞太平 醉臉爛赤猶未醒 <『牧隱集』 卷21 驅儺行>

32 山臺結綴似蓬萊 獻果仙人海上來 雜客鼓鉦轟地動 處容衫袖逐風廻 長竿倚漢如平地 瀑火衝天似疾雷 欲寫大平眞氣像 老臣簪筆愧非才 <『牧隱集』 卷33 自東大門至闕門前山臺雜劇前所未見也>

33 수피즘은 또한 올페즘에서도 영향을 받았는데, 미에 대한 숭배, 수피즘 자체의 갑작스럽고 예기치 않은 환영, 축복의 엑스타시, 신성의 감각, 존재감과 감각이 무화되는 경지, 공(空nothingness)의 경지 등은 처용가를 가로지르는 정서와 유사한 요소를 가진다. 수피즘은 범신론적 pantheistic 사유 속에서 창조를 설명한다. 수피즘은 영혼은 어떤 단계를 통과함에 따라 고양될 수 있다. 영혼은 정열, 욕망, 감각적 욕망, 소망으로부터 정화되는 과정으로 고양된다. 자연의 신성 때문에, 영혼은 불멸이다. 그리고

일시적이고 덧없는 존재로 퇴화할 수도 있다. 영혼은 그 의미를 이해해야 한다. 영혼은 사랑을 통해 그 자체에 대한 지식에 의해 광희로 고양된다. 존재의 이해는 사랑에 의해 가능해진다. 사랑은 신의 현현이며, 사랑에 의해 특별한 우주적 지식을 성취할 수 있다. Kamuran Godelek, <The Neoplatonist Roots of Sufi Philosophy> http://www.bu.edu/wcp/Papers/Comp/CompGode.htm

제 8 장

01 이와 같은 현상은 처용 전승이 결코 단일하지 않았음을 보여준다고 할 수 있다. 박노준, 「고려처용가의 형성 과정」, 『고려가요의 연구』(새문사, 1990) : 하태석, 「무가계 고려속요의 성격 연구」, 『어문논집』 43집(민족어문학회, 2001). 김명준, <악장가사의 성립과 소재 작품의 전승양상>, 고려대학교 박사학위논문, 2003에서 재인용.

02 사랑하는 남녀가 재회를 갈망하는 「서경별곡西京別曲」과 「만전춘별사滿殿春別詞」, 군신(君臣)간의 이별을 의리로 노래한 「정과정곡鄭瓜亭曲」과 같은 시가(詩歌)가 있긴 하나 고려시가의 중심흐름은 남녀간의 이별이 그 중심 모티브가 되고 있다. 또한 조선조에 변용되어 전승되는 처용가를 보아도, 유교적 인본주의의 상징인 여필종부(女必從夫)의 관념이나 충효(忠孝)사상이 그 축을 이루는 춘향전과 같은 당대의 일반적인 문학적 코드와 일치하지 않는다. 윤리적 코드와 결합된 사랑이 아니라 욕망이라는 특이한 메시지를 전지고 있으며, 향가로서 창작된 이 작품이 고려속요의 전통 속에 유입되고, 에로틱한 메시지를 광범위하게 던져왔다.

03 모두 402~421행으로 구성된 장시(長詩)이다. 1941년 <문장>지에 발표하기 시작하여 1959년 시집 <바라춤>이 완성되기까지 18년여를 거쳐 완성된 작품으로 바라춤이라는 불교적 제재를 통해 세속의 인연, 욕망, 번뇌를 초극하려는 종교적 구도 사이의 갈등을 그렸다. '바라춤'은 승무(僧舞)의 일종으로, 부처에게 재(齋)를 올릴 때 천수다라니경(千手陀羅尼經)을 외며 바라를 치면서 추던 춤이다.

04 「바라춤 序詞」는 1930년대 후반에 씌어졌을 것으로 짐작되는데 시 「바라춤 序詞」는 1941년 4월 『문장』 4호에 처음 「바라춤」이라는 제목으로 발표되었으나 이후 신석초 본인은 이 시기 작품들이 1933년에서 1938년 사이에 씌어졌다고 밝히고 있다(『석초시집』(乙酉文化社, 1946) 서문 참조). 「바라춤」의 本詞가 완결되어 함께 수록된 시집 『바라춤』(통문관, 1959)에 실린 「바라춤 序詞」는 『문장』 발표본에서 몇 구절의 수정이 있을 뿐 그 형태를 거의 유지하고 있다.

05 조동일 선생이 『한국문학통사』에서 밝혔듯이 아랍의 영향을 짐작할 수 있는 <향악잡영>(『삼국사기』)과 같은 민속학적이고 문학적인 유산들이 남아있다. 서역의 춤패와 신라의 놀이패가 어우러진 이 독특한 놀이는 <향악잡영>이라는 신명나는 공연으로 대중들 속으로 퍼져나갔다. 그리고 오늘날 북청사자놀이와 봉산탈춤으로 이어지는 사자춤 역시 서역에서 들어와 당나라와 일본, 그리고 고려에서 사랑을 받았다. 고려 시대부터 전승되어 오는 사자 탈춤을 소재를 삼아 신석초의 시는 호쾌하고 적극적인 왕도 정신을 구현한다.

06 통상적으로, 「처용단장 제2부」를 대표적인 리듬형 무의미시라고 한다. 김춘수는 「처용단장 제2부」의 시작 경위에 대하여 다음과 같이 말하고 있다. "지각을 못 가지고 시를 쓰다 보니 남은 것은 토운 뿐이었다. 이럴 때 나에게 불어 닥친 것은 걷잡을 수 없는 관념에의 기갈이라고 하는 강풍이었다. 그 기세에 한 동안 휩쓸리다 보니, 나는 어느새 허무를 앓고 있는 내 자신을 보게 되었다. 나는 이 허무로부터 고개를 돌릴 수가 없었다. 이 허무의 빛깔을 나는 어떻게든 똑똑히 보아야 한다. 보고 그것을 말할 수 있어야 한다. 의미라고 하는 안경을 끼고는 그것이 보이지가 않았다. 나는 말을 부수고 의미의 분말을 어디론가 날려 버려야 했다. 말에 의미가 없고 보니 거기 구멍이 하나 뚫리게 된다. 그 구멍으로 나는 요즘 허무의 빛깔이 어떤 것인가를 보려고 하는데, 그것은 보일 듯 보일 듯하고 있다. 그래서 나는 「처용단장 제2부」에 손을 대게 되었다." 김춘수, 「의미에서 무의미까지」. 이승훈 엮음, 『한국현대 대표시론』, 태학사, 2000, 114쪽.

07 이성근, 「고려속요 어음형성의 무속적 배경」, 『어문교육논집』, 「어문교육논집」, 부산대학교 사범대학 국어교육과, 1982, 178쪽.

08 현재 연재되고 있는 사이트는 http://cafe.daum.net/Besellnet

09 http://www.imbc.com/broad/tv/culture/timemachine/1384303_2666.html

10 http://blog.daum.net/soft-ice/4648738

제 9 장

01 김명준, 『악장가사 연구』, 도서출판 다운샘, 2003, 138쪽.

02 김명준, 『악장가사 연구』, 도서출판 다운샘, 2003, 138~144쪽.

03 1967년 4월 20일 만들어진 울산공업축제가 1991년 제25회 때부터는 '울산공업축제'의 명칭에서 환경과 문화예술적 의미를 더욱 강화하여 '처용문화제'로 축제명을 변경하였다.

04 조선시대 처용무에 관한 변화는 구성 및 인원 등이 있었으나, 창사는 변하지 않았다. 처용무의 시대적 변천은 다음 연구서에서 자세히 정리하였다. 이홍구, 『처용무』(화산문화, 2000), 174~183쪽(김명준, 앞의 책, 138~144쪽에서 재인용).

05 이승렬, 「처용무의 역사적 전승과 벽사의 특징」, 『국악원논문집』 제4집(국립국악원, 1992), 73~74쪽(김명준, 앞의 책, 138~144쪽에서 재인용).

06 윤회(尹淮, 1380~1436)는 <처용가>를 참고하여 <봉황음(鳳凰吟)>을 파생시켰으며, 이 두 노래를 세종과 세조 때에 중요 궁중 가무악으로 삼기도 하였다(김명준, 『악장가사 연구』, 도서출판 다운샘, 2003, 138~144쪽).

07 이홍구, 『처용무』, 화산문화, 2000, 12~13쪽.

08 http://cheoyong.avamode.co.kr/per01.htm

09 <한·중·일 탈놀이가 한 자리에>(2005년 2월 2일 다음미디어. 화보자료 포함).

10 <조선일보> 박돈규 기자, 2005년 3월 7일자(화보자료 포함)

11 <주간조선>, 2006년 5월 9일(화보자료 포함)

제10장

01 "앨범 전체가 성과 관련한 코드로 전개되며 성 행위를 직접 묘사한 음반은 없었다."
는 점에서 금지곡 처분을 받았다. 힙합 가수 G-Masta(20)가 2003년 3월 중순 발매한
싱글 앨범 는 남녀 성기를 직접 가사에 언급했을 뿐 아니라 앨범 전체에 섹스 관련
용어들로 가득하다. 웬만한 포르노 영화를 능가하는 섹스 표현이 난무한다. 이 때문
에 소속사인 IC엔터테인먼트는 처음부터 '19세 이상 이용가' 딱지를 붙여 음반을 발
매했다. 음반 전체의 내용은 나이트클럽에서 만난 한 남성과 여성의 이야기를 드라마
형식으로 그렸다. 나이트클럽에서 만나 부킹에 성공한 남자와 여자와 하룻밤 정사를
하고, 여자가 또 다른 남성과 성행위를 하는 장면을 목격하는 내용으로 전개된다.
<신처용가>는 과격한 표현 수위로 금지곡 처분을 받았다, G-masta는 "원래 요즘 젊
은 층의 유흥문화에 관심이 많았다. 젊은 층의 모습을 2003년 3월 26일 일간스포츠
그대로 보여주려 했을 뿐이다"라고 밝혔고, 지난 24일 MTV(금요일 오후 9시 30분)
무대에서 첫 방송을 했다(『일간스포츠』, 2003년 3월 26일).

02 최근의 고전시가 연구에 의하면 나말여초 당시 무역이 활발하게 이루어졌던 남포(개
경)에 유입된 이국적인 노래들이 궁중에 수용되었을 가능성을 배제할 수 없다. 충렬
왕 자신이 원나라의 문물제도를 적극 받아들였고, 원 세조의 딸인 아내를 깊이 사랑
했던 것으로 보아 당시 이국적인 문물에 대단히 우호적이었음을 알 수 있다. 또한 왕
자신이 지나칠 정도로 음주가무를 즐겼으며, 아마 국내 노래뿐만 아니라 원나라 체류
시 원곡(元曲)이나 기타 외국 노래를 깊이 접했을 가능성도 부인할 수 없다. 이는 관
련기록에서도 나타난다. "元使監丞五羅古 請享王 王曰 今日須往妙蓮寺 爲樂 吾羅古 先
至候之 王率二宮人 及哺乃至 登寺北峰 張樂 僧中照起舞 王悅 命宮人對舞 王亦起舞 又
命左右皆舞 或作處容戱 <『高麗史節要』卷25 忠惠王 4年 8月> // 원나라 사신 감승 오
라고가 왕에게 향연을 베풀겠다 하니, 왕이 이르기를, "오늘은 묘련사에 가서 놀이를
하자." 하였다. 오라고가 먼저 가서 기다렸는데 왕은 궁인 두 사람을 데리고 가서 저
녁 때가 되어 그 곳에 이르러서는 절의 북봉에 올라가 놀이를 베풀었다. 중 중조가
일어나 춤을 추니, 왕이 기뻐하여 궁인에게 명하여 같이 춤추게 하고, 왕도 일어나
춤을 추었다. 또 좌우의 사람들에게 명하여 춤을 추게 하니, 어떤 자는 처용희를 하
였다. <『고려사절요』권25 충혜왕 4년 8월>

03 『중종실록』권1 1년 12월 26일(경오) ; 권23 10년 12월 22일(갑술).

04 사대부들의 각종 私宴에 처용무를 즐겼음을 기록화를 통해 확인할 수 있다. 그 대표
적인 예로 李敏求(1589~1670)・尹挺之(1579~?)・洪憲(1585~1672) 등이 司馬試 합
격 60주년(현종 10년, 1669)을 기념한 契會에서 처용무 공연이 있었다(윤진영, 「도판
해설」, 『조선시대 연회도』, 국립국악원, 2001, 226쪽). 고려대학교 박물관 소장 <萬曆
己酉司馬榜會圖>(1669) 59.2×41.8cm ; 1724년 月城 李氏 李鍾垕의 8남매가 모두 건

강한 것을 기념한 자리에서 처용무를 추었다(진준현, 「도판해설」, 『조선시대 음악풍
속도 1』, 국립국악원, 2002, 224~226쪽). 權玉淵 소장 『湛樂宴圖』 제2폭(김명준, 『악
장가사 연구』, 도서출판 다운샘, 2003, 138~144쪽에서 재인용).

05 매스미디어를 통해 의심할 여지없이 성의 가시도는 증대되왔다. 상업적인 이윤을 위
해 그것이 얼마나 강력하게 섹시즘을 공고화시키는지는 남성과 여성의 모델로 만들
어진 섹스 어필하는 이미지에서 단적으로 찾아볼 수 있다. 육체의 범람은 몸과 관련
된 상품의 범람으로 이어진다. 성적인 이미지는 상업적 어필과 동의어로 받아들여져
도 좋다고 할 것이다. 그 어필의 증거로 '의미심장한' 육체적 아름다움은 명확한 집
중을 유도해낸다. 그것은 더 유형적으로, 더 고착화된 이미지를 생산하며, 설득력 있
는 상업적 호소력으로 보증된다. 아무리 이론적인 설득을 해도, 그 호소력의 강도는
제거되기 힘들고, 그러한 공고화에 기대고 있는 의도적인 전달은 우리의 의식 속에
응고된 사물로 남는다. 이러한 매혹이 그냥 사물화된 의미로 그냥 다루어진다면 그것
은 어떤 문학적인 창조도 이루어진 것이라고 볼 수 없다. 인식의 반응 속에 구축된
이미지는 소비적 수동성의 태도에서 받아들여지는 것이기 때문에 창조라고 할 수는
없기 때문이다.

06 한스 M. 엔첸스베르거, <미디어 이론의 제요소>, 『뉴미디어 영상미학』, 민음사, 1994,
195쪽.

제11장

01 이와 관련하여, '반책(anti-book)', '비책(non-book)', '책성(book-ness)' 등의 다양한 규
정들이 만들어진다. 이제 예술가의 책은 여타 문화와의 교차형식 속에서 소통되는 매
개자이지, 닫혀 있는 하나의 객체로서 존재하지 않는다. Margot Lovejoy, "Artists'
books in the Digital Age", pp.113~114, Substance 82, UP of Wisconsin, 1997.

02 책에 대한 다양한 논의들은, 우리의 문화 속에 책의 형식이 이미 상징적인 전환점에
와 있음을 시사해준다. 가령, 퍼포먼스, 전시회 등과 같은 개념적 공간으로서의 책,
전화책과 같은 음성 전송방식으로서의 책, 영화, TV, 비디오, 아트, 사진, 홀로그램
등 영상부분까지 포괄하는 시각적 형식으로서의 책 등은, 책에 대한 우리의 일반적인
관념을 무너뜨리는 예들이 될 수 있을 것이다. "텍스트는 계속 존재할 것이다. 그러
나 페이지는 사라질 것이다." Pierre Levy, "Artificial Reading", 앞의 책, p.14.

03 Margot Lovejoy, 앞의 문, p.116.

04 Margot Lovejoy, 앞의 문, p.114.

05 합성미학(Syn-aesthetic)은 '합성의(synthetic)'와 '미학(aesthetic)'이 결합된 말이다. 합성
미학 비평은, 여러 장르 혹은 방법들이 뒤섞인 텍스트에 대한 확장된 이해를 가능케
해줄 것이다. 하지만 우리는 단지 '종합된 것'을 찾는 것이 아니라, '재가치화 된 형
식들'에 관심을 기울인다. 거기서 지배적인 모티프나 패턴은 중요한 분석대상이 된다.
참고로, 제1회 '현대시 엔터테인먼트' 세미나(1999. 10. 24)에서, 디지털 시대의 예술

이 추구하는 미학에 어떤 이름을 붙일 것인가에 대한 간략한 논의가 있었다. 종합미학(이승훈) 통합미학(정과리)과 같은 용어가 제기되었으나, 필자는 97년 「너는 죽을 것이다, 시인이 아니기 때문에」(『내일의 시』 가을호)와 「시와 영상매체, 그 합성미학의 가능성」(『엑스칼리버』 8월호)에서 '합성미학'이라는 용어를 사용한 바 있다. 이것은 Kaplan의 논문으로부터 시사받은 것임을 밝혀둔다. 간략히 설명하면, 미적 가치를 변경시키거나 새롭게 나타내는 형식 속에서 합성된 모티프, 친숙하게 여겨지는 오브제나 패턴을 분석의 대상으로 하는 데서 합성미학은 비평전략을 발견할 수 있다. Kaplan, Carter, "Games Critics Play", 앞의 책, 64~65쪽.

제 12 장

01 박장순, 『문화콘텐츠 해외 마케팅』, 커뮤니케이션 북스, 2005, 12쪽.

02 울산시 남구 황성동 668-1. – 지정별 / 울산광역시 기념물 제4호. – 지정일 / 1997년 10월 9일. 이 바위에서 처용이 나왔기 때문에 이렇게 부르게 되었다고 한다. 처용랑(處容郎) 설화와 관계 있는 유서 깊은 바위이다.

03 『조선일보』, 2005년 9월 26일.

04 "그 세가지 층이란 살아있는 문화, 시대의 문화, 전통의 문화이다. 살아있는 문화란 동일시기와 동일 장소에 사는 사람들이 함께 경험하는 문화다. 같은 시기에 같은 장소에서 생활하는 사람들은 같은 감정의 구조를 갖게 된다. 그러나 살아있는 문화가 기록될 때는 재구성되고 이는 살아있는 문화와는 다른, 약간은 그 내용이 소실된 문화다. 역사적으로 시간이 지나면서 기록된 시대의 문화인 것이다"(정철현, 『문화연구와 문화정책』, 도서출판 서울경제경영, 2005, 28쪽)